Retribuciones salariales, cotización y recaudación

Almudena Carmona Ruiz

ic editorial

Retribuciones salariales, cotización y recaudación
© Almudena Carmona Ruiz

1ª Edición

© IC Editorial, 2024

Editado por: IC Editorial
c/ Cueva de Viera, 2, Local 3
Centro Negocios CADI
29200 Antequera (Málaga)
Teléfono: 952 70 60 04
Fax: 952 84 55 03
Correo electrónico: iceditorial@iceditorial.com
Internet: www.iceditorial.com

ISBN: 978-84-1184-299-0
Depósito Legal: MA 110-2024

Impresión: PODiPrint
Impreso en Andalucía – España

Nota de la editorial: IC Editorial pertenece a Innovación y Cualificación S. L.

Presentación del manual

El **Certificado de Profesionalidad** es el instrumento de acreditación, en el ámbito de la Administración laboral, de las cualificaciones profesionales del Catálogo Nacional de Cualificaciones Profesionales adquiridas a través de procesos formativos o del proceso de reconocimiento de la experiencia laboral y de vías no formales de formación.

El elemento mínimo acreditable es la **Unidad de Competencia.** La suma de las acreditaciones de las unidades de competencia conforma la acreditación de la competencia general.

Una **Unidad de Competencia** se define como una agrupación de tareas productivas específica que realiza el profesional. Las diferentes unidades de competencia de un certificado de profesionalidad conforman la **Competencia General,** definiendo el conjunto de conocimientos y capacidades que permiten el ejercicio de una actividad profesional determinada.

Cada **Unidad de Competencia** lleva asociado un **Módulo Formativo,** donde se describe la formación necesaria para adquirir esa **Unidad de Competencia,** pudiendo dividirse en **Unidades Formativas.**

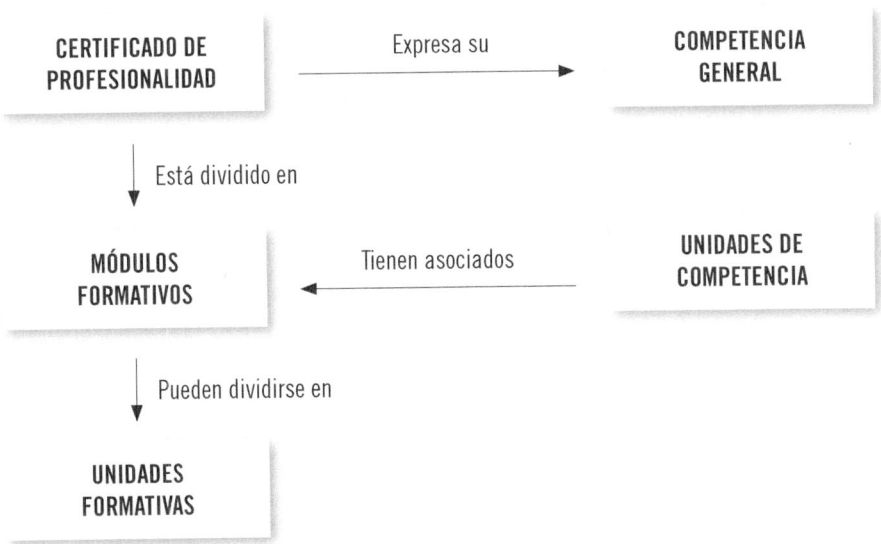

El presente manual desarrolla la Unidad Formativa **UF0343: Retribuciones salariales, cotización y recaudación,**

perteneciente al Módulo Formativo **MF0237_3: Gestión administrativa de las Relaciones Laborales,**

asociado a la unidad de competencia **UCO237_3: Realizar la gestión y control administrativo de recursos humanos,**

del Certificado de Profesionalidad **Gestión integrada de Recursos Humanos.**

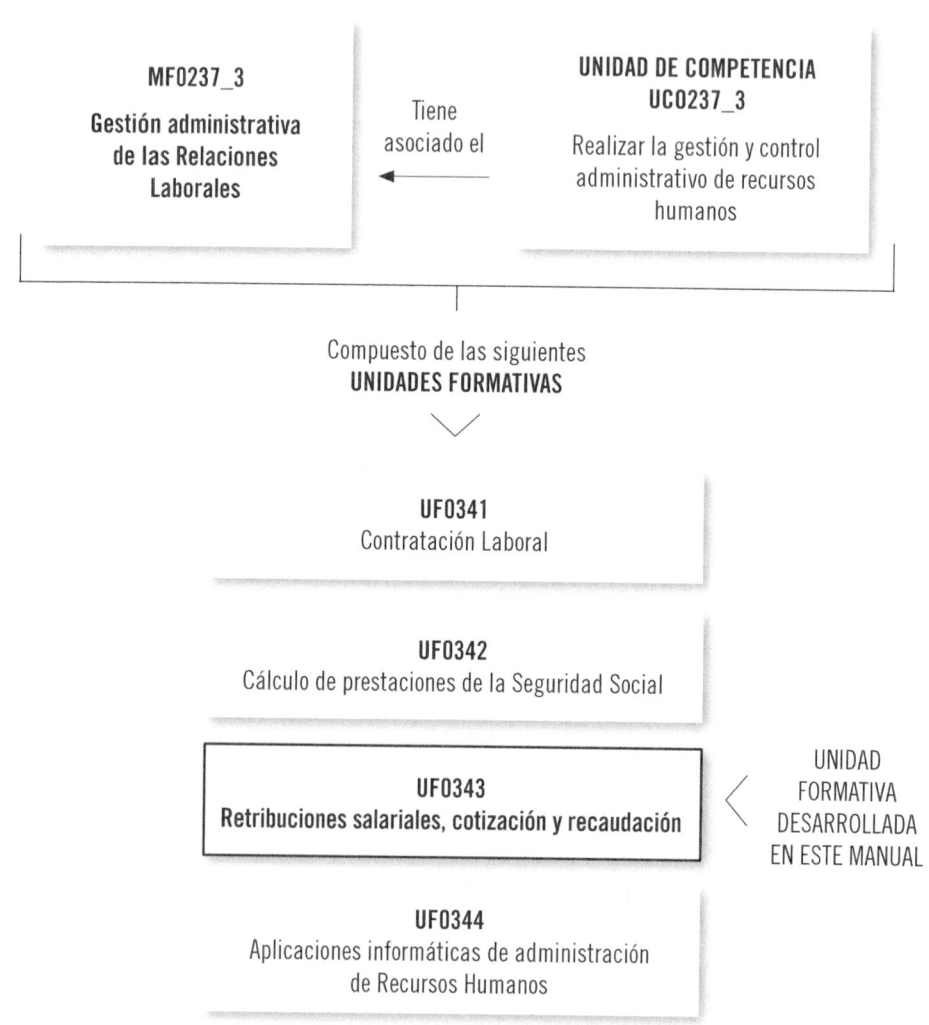

MF0237_3

Gestión administrativa de las Relaciones Laborales

Tiene asociado el

UNIDAD DE COMPETENCIA UCO237_3

Realizar la gestión y control administrativo de recursos humanos

Compuesto de las siguientes
UNIDADES FORMATIVAS

UF0341
Contratación Laboral

UF0342
Cálculo de prestaciones de la Seguridad Social

UF0343
Retribuciones salariales, cotización y recaudación

UNIDAD FORMATIVA DESARROLLADA EN ESTE MANUAL

UF0344
Aplicaciones informáticas de administración de Recursos Humanos

FICHA DE CERTIFICADO DE PROFESIONALIDAD

(ADGD0208) GESTIÓN INTEGRADA DE RECURSOS HUMANOS (R. D. 1210/2009, de 17 de julio, modificado por el R. D. 645/2011, de 9 de mayo)

COMPETENCIA GENERAL: Realizar la gestión administrativa de las actividades vinculadas a la administración de recursos humanos y de la información derivada en el marco de una organización, de acuerdo con los objetivos marcados, las normas internas establecidas y la legislación vigente.

Cualificación profesional de referencia		Unidades de competencia	Ocupaciones o puestos de trabajo relacionados:
ADG084_3 ADMINISTRACIÓN DE RECURSOS HUMANOS (R. D. 295/2004, modificado por R. D. 107/2008, de 1 de febrero)	UC0237_3	Realizar la gestión y control administrativo de recursos humanos	• 2412.001.4 Técnico superior de Recursos Humanos, en general • 2912.001.9 Técnico medio en Relaciones Laborales • 4011.003.5 Administrativo de personal • Administrativo del departamento de Recursos Humanos • Responsable de personal en PYME • Gestor de nóminas • Técnico de Recursos Humanos
	UC0238_3	Realizar el apoyo administrativo a las tareas de selección, formación y desarrollo de recursos humanos	
	UC0987_3	Administrar los sistemas de información y archivo en soporte convencional e informático	
	UC0233_2	Manejar aplicaciones ofimáticas en la gestión de la información y la documentación	

Correspondencia con el Catálogo Modular de Formación Profesional

Módulos certificado	Unidades formativas	Horas
MF0237_3: Gestión administrativa de las relaciones laborales	UF0341: Contratación Laboral	60
	UF0342: Cálculo de prestaciones de la Seguridad Social	30
	UF0343: Retribuciones salariales, cotización y recaudación	90
	UF0344: Aplicaciones informáticas de administración de Recursos Humanos	30
MF0238_3: Gestión de Recursos Humanos	UF0345: Apoyo administrativo a la gestión de Recursos Humanos	60
	UF0346: Comunicación efectiva y trabajo en equipo	60
	UF0044: Función del mando intermedio en la Prevención de Riesgos Laborales	30
MF0987_3: Gestión de sistemas de información y archivo	UF0347: Sistemas de archivo y clasificación de documentos	30
	UF0348: Utilización de las bases de datos relaciones en el sistema de gestión y almacenamiento de datos	90
	UF0319: Sistema operativo, búsqueda de la información: Internet/Intranet y correo electrónico	30
	UF0320: Aplicaciones informáticas de tratamiento de textos	30
MF0233_2: Ofimática	UF0321: Aplicaciones informáticas de hojas de cálculo	50
	UF0322: Aplicaciones informáticas de bases de datos relacionales	50
	UF0323: Aplicaciones informáticas para presentaciones: gráficas de información	30
MP0078: Módulo de prácticas profesionales no laborales		120

Índice

Capítulo 1
Retribución salarial

  1. Introducción   7
  2. Disposiciones legales que regulan la retribución salarial   7
  3. Concepto de salario   17
  4. Tipo de percepciones   39
  5. Los complementos salariales   45
  6. Retribuciones de vencimiento superior a un mes   65
  7. Retribuciones de carácter no salarial   78
  8. Control de presencia laboral y el salario   93
  9. Estructura del recibo de salarios   96
10. Resumen   108
     Ejercicios de repaso y autoevaluación   111

Capítulo 2
Cotizaciones al Régimen General de la Seguridad Social

  1. Introducción   117
  2. La cotización de empresa y trabajador al Régimen General
     de la Seguridad Social   118
  3. Documentos de liquidación de cuotas   152
  4. Cálculo y liquidación de los boletines de cotización
     a la Seguridad Social   173
  5. Resumen   203
     Ejercicios de repaso y autoevaluación   205

Capítulo 3
El Impuesto sobre la Renta de las Personas Físicas (IRPF)

  1. Introducción   211
  2. Normas fiscales aplicables a los salarios   211
  3. Retenciones salariales a cuenta del IRPF   261
  4. Determinación del tipo de retención   271
  5. Regularización de retenciones   283
  6. El certificado de retenciones   288

7. Otros aspectos sobre la liquidación de las retenciones
   a cuenta del IRPF   292
8. Resumen   296
   Ejercicios de repaso y autoevaluación   299

Glosario   303

Bibliografía   307

Capítulo 1
Retribución salarial

Contenido

1. Introducción
2. Disposiciones legales que regulan la retribución salarial
3. Concepto de salario
4. Tipo de percepciones
5. Los complementos salariales
6. Retribuciones de vencimiento superior a un mes
7. Retribuciones de carácter no salarial
8. Control de presencia laboral y el salario
9. Estructura del recibo de salarios
10. Resumen

1. Introducción

El trabajo genera una relación entre la persona que lo desempeña y aquella para la cual lo lleva a cabo, es decir, entre el trabajador y el empresario.

El contrato de trabajo es la fuente de la relación laboral, donde se recoge el acuerdo entre el empresario y el trabajador, comprometiéndose este a realizar una actividad o prestar determinados servicios bajo la dirección y supervisión del empresario, recibiendo a cambio una remuneración.

Es en el contrato de trabajo donde se fijan las características de la relación laboral, entre las que se encuentra: la jornada de trabajo, duración, funciones a despeñar o el salario a recibir.

El salario es el elemento principal del contrato, ya que es el motivo por el que el trabajador va a realizar la actividad.

En este capítulo se van a tratar todos los aspectos relacionados con el salario, como la estructura del salario, la elaboración del recibo de salario, los tipos de percepciones, los complementos salariales o las retribuciones de carácter no salarial, y, además, se verá cómo se fija el salario mínimo de España.

2. Disposiciones legales que regulan la retribución salarial

Como determina la Constitución Española, en su artículo 35, todos los españoles tienen el deber de trabajar y el derecho al trabajo, a la libre elección de profesión u oficio, a la promoción a través del trabajo y a una remuneración suficiente para satisfacer sus necesidades y las de su familia, sin que en ningún caso pueda hacerse discriminación por razón de sexo.

Para que exista una relación laboral, deben existir una serie de requisitos:

- La prestación del trabajo debe ser personal e individual.
- El trabajador debe realizar su labor de forma voluntaria, es decir, no puede ser obligado a realizar el trabajo en contra de su voluntad.

- El trabajo realizado debe ser por cuenta ajena, es decir, el producto del trabajo o el rendimiento obtenido es para el empresario, no del trabajador, ya que este último trabaja de forma ajena y por cuenta del empresario.
- Es una relación de dependencia y subordinación, ya que el trabajador trabajará bajo las órdenes del empresario, el cual le proporcionará los medios necesarios para realizar su actividad.
- La relación laboral debe ser retribuida, es decir, el trabajador recibe un salario por su trabajo.

La relación jurídica laboral que surge mediante el contrato de trabajo está fundada en una relación de dependencia entre el trabajador y el empresario, y en el desempeño de una actividad por cuenta ajena.

 Importante

La norma que regula los derechos y obligaciones por los que se rige la relación laboral entre empresarios y trabajadores es el Derecho Laboral.

2.1. Fuentes del Derecho Laboral

Las fuentes del Derecho Laboral se pueden clasificar, según su origen, tal y como se recoge en la siguiente tabla:

Fuentes del Derecho Laboral	Fuentes internas (Normas del ordenamiento jurídico español)	- Constitución Española. - Ley Orgánica de Libertad Sindical. - Ley de Prevención de Riesgos Laborales. - Real Decreto Legislativo, texto refundido del Estatuto de los Trabajadores. - Real Decreto Legislativo, texto refundido de la Ley General de la Seguridad Social. - Ley reguladora de la jurisdicción social.

Continúa en página siguiente >>

<< Viene de página anterior

Fuentes del Derecho Laboral	Fuentes internas (Normas del ordenamiento jurídico español)	- Real Decreto Legislativo, texto refundido de la Ley de Infracciones y Sanciones en el Orden Social. - Real Decreto por el que se fija el salario mínimo interprofesional. - Real Decreto sobre jornadas especiales de trabajo. - Demás normas y órdenes relacionadas con la materia laboral.
	Fuentes externas (Normas procedentes de la Organización Internacional del Trabajo y la Unión Europea aplicables en el Estado español)	- Reglamentos comunitarios y Directivas comunitarias de la UE. - Convenios de la OIT.

Además de las fuentes del Derecho Laboral mencionadas, hay otras fuentes que tienen carácter profesional, como son los convenios colectivos, los contratos de trabajo o los usos y costumbres laborales.

Importante

Todos los trabajadores tienen derecho a obtener una remuneración suficiente para satisfacer sus necesidades y las de su familia, sin que exista discriminación por razón de sexo, y a promocionarse a través de su trabajo.

Para una correcta aplicación de las normas que regulan las relaciones laborales, se debe tener en cuenta que las normas están ordenadas según su importancia, y se debe destacar que siempre prevalecen las normas de rango superior, tal y como muestra la siguiente estructura:

Jerarquía de las normas laborales

Para aplicar la normativa laboral adecuada, se debe seguir el procedimiento de consulta y aplicación de la normativa laboral, tal y como se indica a continuación:

1. **Identificación del elemento de consulta,** es decir, se debe determinar cuál es el aspecto o la cuestión sobre la que es necesario encontrar la normativa reguladora.
2. **Localización de la fuente y de la norma correspondiente,** como, por ejemplo, Estatuto de los Trabajadores, orden sobre la regulación del salario, convenio colectivo o contrato de trabajo.
3. **Lectura y análisis de la normativa.** Se debe realizar la lectura y el análisis del articulado que recoge la norma que hay que aplicar sobre el supuesto que se está consultando.
4. **Interpretación y aplicación de la norma con relación al supuesto que se está consultando.** Se resuelve el supuesto mediante la interpretación y la aplicación de la norma adecuada.

 **Actividades**

1. Determine qué normativas del ordenamiento jurídico español afectan a la relación laboral entre el empresario y el trabajador, y analice cómo influyen en el proceso de retribución salarial en el trabajo por cuenta ajena.

Todos los empresarios están obligados a pagar a los trabajadores, por el trabajo realizado, un sueldo acorde a las características y a la responsabilidad de la tarea encomendada, para ello, deben conocer las normas que influyen en la fijación de los salarios, como son:

- Real Decreto Legislativo 2/2015, de 23 de octubre, por el que se aprueba el texto refundido de la Ley del Estatuto de los Trabajadores.
- Real Decreto Legislativo 8/2015, de 30 de octubre, por el que se aprueba el texto refundido de la Ley General de la Seguridad Social.
- Real Decreto 2064/1995, de 22 de diciembre, por el que se aprueba el Reglamento General sobre Cotización y Liquidación de otros Derechos de la Seguridad Social.
- Orden de 27 de diciembre de 1994 por la que se aprueba el modelo de recibo individual de salarios.

 Sabía que...

Anualmente se aprueba el real decreto por el que se fija el Salario Mínimo Interprofesional.

Desde un punto de vista jurídico, la función del salario es la de remunerar el trabajo realizado, es decir, es la contraprestación recibida a cambio de sus servicios; no obstante, si se analiza el concepto de salario desde otros puntos de vista, se puede determinar que:

- El salario cumple una función social, ya que, mediante la remuneración, el trabajador debe ser capaz de mantenerse y subsistir.
- El salario es entendido desde una perspectiva económica, ya que es el precio que se paga por la realización de un trabajo.

 Nota

El salario tiene una triple función: jurídica, económica y social; esto justifica la intervención del Derecho que, a través de diversos mecanismos legales, busca garantizar su efectiva percepción.

2.2. Regulación legal del salario

En la fijación del salario, el ordenamiento jurídico permite que exista autonomía entre las partes. Se concreta anualmente un salario mínimo interprofesional, el cual debe garantizarse a todos los trabajadores por cuenta ajena; pero, por encima de esa cuantía, es donde interviene la negociación colectiva y la autonomía individual.

Negociación colectiva y fijación del salario

Dentro de la negociación colectiva, las organizaciones de trabajadores o sindicatos y el colectivo empresarial pueden establecer criterios en materia retributiva, incluyendo pautas para los incrementos salariales, la cláusula de revisión salarial, inaplicación salarial y previsión social complementaria.

 **Nota**

La negociación colectiva se realiza entre los representantes de los trabajadores de una empresa o sector y la empresa o representantes de empresas de un sector, cuyo objetivo es llegar a un acuerdo sobre las condicionales laborales aplicables a los trabajadores del ámbito en el que lleva a cabo la negociación.

Mediante la negociación colectiva se influye en la fijación de los salarios.

Los convenios o acuerdos colectivos pueden establecer las cantidades de salario que van a percibir los trabajadores que se encuentren dentro de su aplicación, siempre que no se vulnere ningún derecho fundamental y no se discrimine a ningún trabajador.

 Importante

La negociación colectiva constituye la principal fuente de fijación de los salarios y es considerada el instrumento más adecuado para llevar a cabo una regulación salarial adaptada a cada sector o actividad.

La negociación salarial ha permitido a los trabajadores obtener condiciones salariales más favorables.

Mediante la negociación colectiva, se llega a un pacto sobre la cuantía y la estructura salarial, en concreto, las tablas salariales de los convenios establecen:

- El salario base para cada categoría profesional.
- Los pluses personales y funcionales.
- La retribución de las horas extraordinarias.
- La cantidad de las pagas extraordinarias.
- El establecimiento de los días de vacaciones.

- Los sistemas de primas e incentivos.
- Las modalidades de salario en especie.
- Las percepciones extrasalariales.

 Nota

La estructura salarial se determina mediante la negociación colectiva o por contrato individual.

Por tanto, si existe negociación colectiva hay que guiarse por lo establecido en ella, y no por el contrato de trabajo individual, al que solo se le hace caso cuando no existe negociación colectiva.

La negociación colectiva influye en la revisión de los salarios y en los incrementos salariales, donde debe tenerse en cuenta la evolución de la masa salarial. Obtenida esa masa salarial, se puede calcular el incremento del salario.

 Nota

Dentro de la masa salarial se encuentran los conceptos de retribución salarial, extrasalarial y gastos de acción social devengados en el año anterior al que se negocia el salario.

Quedan fuera las cotizaciones a cargo del empresario, las indemnizaciones y las cantidades abonadas en concepto de suplidos.

En concreto, es normal que en los convenios colectivos se establezca una cláusula de revisión salarial, donde se prevea un aumento automático de los salarios, en el supuesto de que, durante la vigencia del convenio, el IPC supere la cifra prevista por el Gobierno para ese período.

Actividades

2. Busque información sobre la aplicación de los convenios colectivos y determine con qué periodicidad se negocian las condiciones del convenio y cuál es el período de vigencia del mismo.

También, existe la posibilidad de no aplicar las condiciones establecidas en un convenio, en relación a la retribución salarial, cuando una empresa tenga una difícil situación económica, eso se fija mediante la inclusión en el convenio de una cláusula de descuelgue salarial. Por lo que si la estabilidad económica de la empresa pudiera verse perjudicada como consecuencia de la aplicación del régimen salarial establecido en el convenio, se aplicaría esta cláusula. En caso de que en el convenio no se aprecie esta cláusula, puede ser sustituida por un acuerdo entre el empresario y los representantes de los trabajadores de la empresa.

Autonomía individual y la fijación del salario

No obstante, el salario también puede fijarse mediante el pacto al que llegue el empresario y el trabajador, o mediante decisión unilateral por parte del empresario, pudiendo mediante estas vías mejorar las retribuciones fijadas en los acuerdos de la negociación colectiva.

Dentro del contrato de trabajo se fija la cuantía de salario, y esta puede establecerse mediante un nivel particular y exclusivo para la relación laboral establecida en dicho contrato. Esto permite que el acuerdo salarial sea individual, y no extensible a todos los trabajadores de la misma categoría o que desempeñen las mismas funciones, ya que la cuantía que se fije en el contrato es aplicable solo al trabajador que lo firme.

Esta situación en la que el salario es fijado por el empresario o mediante un pacto entre las dos partes de la relación laboral (empresario y trabajador) puede servir para suplir un pacto colectivo.

Sabía que...

Con carácter general, salvo que se pacte otra cosa, las cantidades acordadas mediante el contrato suelen ser brutas, y sobre ellas se deberán calcular y restar las deducciones legales correspondientes a la cotización a la Seguridad Social y las retenciones del IRPF.

En este tipo de fijación de salarios, las partes contratantes tienen libertad y autonomía para fijar la cuantía de la retribución de los trabajadores, pero deben respetar el principio de no discriminación y el salario mínimo interprofesional establecido.

 Nota

En el supuesto de que no exista acuerdo individual entre las partes, se aplicará el salario fijado en el convenio colectivo del sector o empresa que corresponda en función de la categoría profesional del trabajador. Si no existiera, tampoco, convenio colectivo aplicable, se adoptará el SMI que anualmente fija el Gobierno.

 Actividades

3. ¿Es posible pactar con los trabajadores un salario inferior al establecido en el convenio colectivo? Justifique su respuesta.

 Aplicación práctica

Marta es autónoma, tiene un comercio, y decide contratar a una persona que le ayude en el negocio. Es el primer trabajador que contrata y desconoce cómo debe fijar el salario de su empleado. ¿Qué debe tener en cuenta Marta para fijar la retribución de ese trabajador?

SOLUCIÓN

En primer lugar, Marta debe saber que anualmente el Gobierno fija un SMI cuya cuantía se debe garantizar al trabajador, por lo que Marta no puede pagar a su empleado un salario que esté por debajo de esa cantidad.

Además, Marta debe conocer el convenio colectivo de aplicación a su sector de actividad, donde se establecerá el salario que van a percibir los trabajadores que se encuentren dentro de su aplicación. Normalmente, el salario fijado en el convenio colectivo será superior al SMI, por lo que esta situación será más beneficiosa para el trabajador.

Por otro lado, Marta puede acordar un salario con el empleado y fijarlo en el contrato de trabajo, pero debe tener en cuenta que esa cantidad debe mejorar lo acordado por la negociación colectiva.

3. Concepto de salario

Según el Estatuto de los Trabajadores, se considerará salario la totalidad de las percepciones económicas de los trabajadores, en dinero o en especie, por la prestación profesional de los servicios laborales por cuenta ajena, ya retribuyan el trabajo efectivo, cualquiera que sea la forma de remuneración, o los períodos de descanso computables como de trabajo.

En concreto, el salario sirve para remunerar las siguientes situaciones:

- El trabajo efectivo, es decir, las tareas realizadas durante la jornada fijada en el contrato o en el convenio colectivo.
- Los períodos de descanso computables como de trabajo, los cuales son:

- El descanso semanal y días festivos.
- Las vacaciones anuales.
- El descanso, no inferior a 15 min, en jornada que excede de 6 h diarias, si así está establecido mediante acuerdo (contrato o convenio colectivo).
- Las ausencias justificadas al trabajo con derecho a retribución (permisos retribuidos).
- Las interrupciones del trabajo que sean imputables al empresario por falta de trabajo, o tiempo de tramitación en despidos declarados nulos improcedentes.

3.1. Consideraciones generales del salario

El concepto legal de salario es amplio, ya que se entiende dentro del concepto salarial todas las percepciones económicas que reciben los trabajadores. Pero, como se ha visto, esto tiene sus limitaciones, puesto que existen determinadas percepciones que no tienen carácter salarial.

 Importante

No tendrán la consideración de salario las cantidades percibidas por el trabajador en concepto de indemnizaciones o suplidos por los gastos realizados como consecuencia de su actividad laboral, las prestaciones e indemnizaciones de la Seguridad Social y las indemnizaciones correspondientes a traslados, suspensiones o despidos.

Las cantidades indicadas son percibidas por el trabajador como compensación por los gastos que supone el desarrollo del trabajo, para cubrir situaciones de inactividad no aplicable al trabajador, o para indemnizarle por los posibles daños que les hubiera podido causar.

Actividades

4. ¿Se puede entender el salario como cualquier cantidad de dinero que el empresario entrega al trabajador? Justifique su respuesta.
5. ¿Está obligado el empresario a pagar en efectivo el salario al trabajador? Justifique su respuesta.

En concreto, el salario puede hacerse efectivo de dos formas:

- **Salario en metálico:** consiste en pagar al trabajador mediante dinero en la moneda de curso legal. El pago se hace efectivo mediante un talón o a través de un ingreso en una cuenta bancaria.
- **Salario en especie:** consiste en entregar al trabajador determinados bienes, servicios o elementos que le ayuden a su manutención o alojamiento, no pudiendo superar el 30 % de las percepciones salariales, ni dar lugar a la minoración de la cuantía íntegra en dinero del salario mínimo interprofesional. Este tipo de bienes se pueden dar al trabajo de forma gratuita o a un precio inferior al de mercado. Como ejemplo de prestaciones en especie, se pueden considerar: entrega de ordenadores, cesión de automóvil, cesión de vivienda o pago de alojamiento, seguro de vida, seguro de enfermedad o préstamos con un tipo de interés inferior al tipo de interés vigente.

Aplicación práctica

Leonor trabaja por cuenta ajena y cobra un salario de 1.200 € mensuales a través de ingreso en cuenta bancaria. Además, disfruta de un vehículo de empresa, del que puede disponer los días laborales. También se le ha hecho entrega de un cheque restaurante con un límite de 9 € por cada día de trabajo, y un ordenador para que pueda desempeñar sus funciones, el cual tiene disponible los días laborales.

¿Qué conceptos pueden considerarse salario en especie?

Continúa en página siguiente >>

<< Viene de página anterior

SOLUCIÓN

Leonor percibe un salario en metálico de 1.200 € y un salario en especie formado por un vehículo y un ordenador.

En lo que respecta al cheque restaurante, si son entendidos como vales o tarjetas que se hacen entrega al trabador para que pueda almorzar durante los días laborables, se está hablando de salario en especie. No obstante, si la cantidad que el trabajador gasta en concepto de almuerzos es pagada en metálico, no sería un salario en especie.

3.2. Salario Mínimo Interprofesional (SMI)

Según establece el Estatuto de los Trabajadores, el Gobierno fijará, previa consulta con las organizaciones sindicales y asociaciones empresariales más representativas, anualmente, el salario mínimo interprofesional, teniendo en cuenta:

- El índice de precios de consumo.
- La productividad media nacional alcanzada.
- El incremento de la participación del trabajo en la renta nacional.
- La coyuntura económica general.

 Nota

Igualmente, se fijará una revisión semestral para el caso de que no se cumplan las previsiones sobre el índice de precios citado. La revisión del salario mínimo interprofesional no afectará a la estructura ni a la cuantía de los salarios profesionales cuando estos, en su conjunto y cómputo anual, fueran superiores a aquel.

Por tanto, el SMI es la retribución mínima que se debe garantizar a todos los trabajadores por cuenta ajena. El valor que toma el SMI lo fija el Gobierno de forma anual. El ministerio fijó para 2023 el salario mínimo interprofesional en los siguientes valores:

- Salario mínimo diario: 36 €.
- Salario mínimo mensual (14 pagas): 1.080 €.
- Salario mínimo mensual (12 pagas): 1.260 €.
- Salario mínimo anual: 15.120 €.
- Salario mínimo diario eventuales y temporeros: 51,15 €.
- Salario mínimo empleados de hogar hora: 8,45 €.

 Importante

El salario mínimo interprofesional suele incrementarse anualmente, según lo establecido en los Presupuestos Generales del Estado. Sin embargo, no hay ninguna normativa que determine una revisión salarial transcurrido cierto tiempo desde la vigencia del acuerdo, ya sea colectivo o individual.

No obstante, con la aprobación del Real Decreto-ley 3/2004, de 25 de junio, para la racionalización de la regulación del SMI y para el incremento de su cuantía, el SMI se desvincula de las cuantías de todas las prestaciones, ayudas y subvenciones en ámbitos distintos del sociolaboral (justicia, vivienda, educación...). Todas estas prestaciones pasan a estar referenciadas por el denominado Indicador Público de Rentas de Efectos Múltiples (IPREM).

Importante

Anualmente, en la Ley de Presupuestos Generales del Estado, se determinará la cuantía del IPREM, al menos, la previsión u objetivo de inflación utilizado en ella y el SMI.

Las cuantías del IPREM para 2023 son:

a. EL IPREM diario, 20 €.
b. EL IPREM mensual, 600 €.
c. EL IPREM anual, 7.200 €.

En los supuestos en que la referencia al salario mínimo interprofesional ha sido sustituida por la referencia al IPREM en aplicación de lo establecido en el Real Decreto-ley 3/2004, de 25 de junio, la cuantía anual del IPREM será de 8.400 € cuando las correspondientes normas se refieran al salario mínimo interprofesional en cómputo anual, salvo que expresamente excluyeran las pagas extraordinarias; en este caso, la cuantía será de 7.200 €.

Sabía que...

Si los salarios profesionales son, en conjunto y en cómputo anual, superiores, la elevación de la cuantía del salario mínimo interprofesional no implica, de modo automático, un incremento retributivo.

En definitiva, el salario mínimo interprofesional tiene las siguientes características:

- Lo fija anualmente el Gobierno.
- No se puede embargar.
- Cualquier acuerdo tiene que respetar el salario mínimo interprofesional.

Actividades

6. ¿Cuáles son las diferencias entre el SMI y el IPREM?

3.3. Salario base/salario de convenio

Los convenios colectivos son los que suelen determinar el importe y la estructura de los salarios, aunque estos pueden ser pactados libremente entre el empresario y el trabajador. No obstante, la cuantía resultante de ese pacto no puede ser inferior a la establecida por convenio.

El salario base es la cantidad que va a percibir el trabajador por el servicio prestado, fijado por unidad de tiempo, de obra o ambas a la vez.

Importante

Con carácter general, el salario base se asigna por el convenio colectivo, pero si en el convenio aplicable a la empresa no existe referencia al salario base, se fijará en el contrato individual de trabajo. No obstante, si están fijados en el convenio colectivo, se pueden mejorar por el contrato de trabajo.

El salario base es fijo y permanente, es decir, este concepto no puede ser modificado por cambios en el trabajo, ni sustituido por nuevos conceptos salariales.

En concreto, el salario base puede establecerse en función de:

- El Salario Mínimo Interprofesional (SMI).
- El Salario base que se establece por convenio.
- El Salario pactado entre el empresario y el trabajador.

En cuanto al salario establecido por convenio, se debe tener en cuenta que deja de ser el salario mínimo obligatorio el SMI para aquellos trabajadores a los que resulte de aplicación el salario fijado en convenio colectivo, debiendo este ser, en su conjunto y cómputo anual, superior al SMI.

 Nota

Los convenios determinan unas tablas salariales aplicables a los sectores que regulan, donde se diferencia a los trabajadores por su categoría profesional. En concreto, cada categoría profesional tiene establecida una cantidad de salario en el convenio colectivo.

En concreto, la estructura salarial está formada por:

- El salario base del grupo o salario de contratación como retribución fijada por unidad de tiempo o de obra.
- Los complementos salariales son los que completan al salario base y retribuyen circunstancias o cualidades del trabajador, condiciones y circunstancias específicas en las que se desarrolla el trabajo, o condiciones propias de la empresa.

 Actividades

7. Determine si es lo mismo el salario base y el SMI. Justifique su respuesta.

3.4. Salario o retribución pactado

Como se ha visto, el salario puede acordarse según negociación entre el empresario y el trabajador, eso es lo que se conoce como salario o retribución pactada, ya que se llega a un acuerdo entre las partes.

Pactar el salario ha sido una práctica extendida en el ámbito de las relaciones laborales, pero esta situación puede presentar desigualdades entre trabajadores que desempeñan la misma función y que son retribuidos de forma diferente.

Cuando se pacte un salario superior en el contrato de trabajo, el establecido por convenio dejará de ser efectivo.

 Importante

El salario puede verse incrementado cuando el empresario considere que puede ofrecer una mejora de la retribución de un trabajador o varios, en función de la calidad del trabajo prestado o de la buena marcha económica de la empresa. Este salario será obligatorio y prevalecerá sobre lo establecido en el convenio o el SMI.

3.5. Salario bruto y salario líquido

Dos conceptos que todo trabajador debe diferenciar correctamente son el salario bruto y el salario neto.

El **salario bruto** incluye todos los conceptos que va a recibir el trabajador, es decir, es el total devengado en la nómina, y está formado por el salario base, los complementos salariales, horas extraordinarias, gratificaciones, complementos no salariales, etc.

Pero esa cantidad, salario bruto, no es la cuantía que realmente percibe el trabajador, ya que sobre esa cantidad se deben descotar las aportaciones que debe realizar el trabajador a la Seguridad Social y la parte del Impuesto sobre la Renta de las Personas Físicas que debe pagar por su salario.

El **salario líquido o neto** es la cantidad que resulta de restar al salario bruto la deducción por cotizaciones a la Seguridad Social y la deducción por IRPF a cargo del trabajador, es decir, es la cantidad que realmente va a recibir el trabajador.

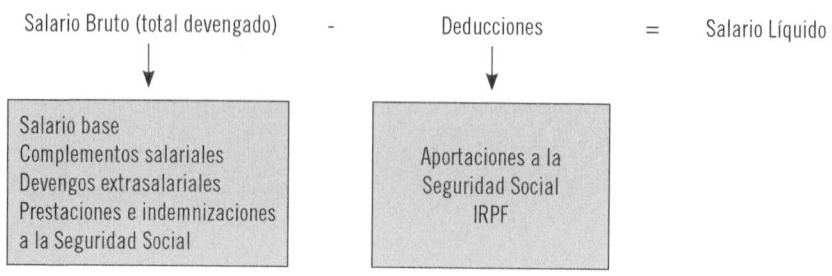

Salario Bruto (total devengado)   −   Deducciones   =   Salario Líquido

Salario base
Complementos salariales
Devengos extrasalariales
Prestaciones e indemnizaciones
a la Seguridad Social

Aportaciones a la
Seguridad Social
IRPF

Actividades

8. ¿Cuáles son las diferencias entre el salario bruto y el neto? Justifique su respuesta.

Aplicación práctica

Adela trabaja por cuenta ajena y recibe un salario bruto mensual de 1.900 €. A esta trabajadora se le practica una deducción por cotización a la Seguridad Social de 140 € al mes y, atendiendo a su situación personal y familiar, se le practica un porcentaje de retención por IRPF del 18 %. ¿Cuál sería el salario real que percibe mensualmente esta trabajadora?

SOLUCIÓN

El salario real que percibiría Adela sería el salario líquido o neto. Para calcularlo, hay que saber cuánto se deduciría del salario bruto. Se sabe que la deducción por aportación a la Seguridad Social es de 140 €, pero hay que obtener la parte del IRPF que aportará la trabajadora. Para ello, se debe realizar el siguiente cálculo: 1.900 x 18 % = 342.

En definitiva, el salario líquido será: 1.900 − 140 − 342 = 1.418 €.

Por tanto, Adela recibirá realmente 1.418 € al mes por su trabajo.

3.6. Liquidación y pago del salario

Según el Estatuto de los Trabajadores, la liquidación y el pago del salario deben realizarse de forma puntual y deben documentarse mediante el recibo de salarios.

 Nota

El período de tiempo a que se refiere el abono de las retribuciones periódicas y regulares no podrá exceder de un mes.

Por tanto, el salario debe abonarse en la fecha establecida en el convenio colectivo o en el contrato de trabajo, y, si no se hace referencia en ninguno de estos instrumentos, se realizará lo que marquen los usos y las costumbres, pero en ningún caso el pago puede exceder de un mes.

 Sabía que...

También se reconoce al trabajador el derecho de percibir, si lo necesita y lo pide, anticipos a cuenta del trabajo realizado.

Si el empresario es impuntual en pagar el salario, incurrirá en mora, por lo que tendrá que abonar al trabajador un interés anual del 10 % de lo que le debe. No obstante, el recargo por mora solo es procedente cuando se trate de exigir el cumplimiento de una obligación salarial por cantidad exigible, vencida y líquida, sin que su fijación dependa de un litigio.

Sabía que...

El impago del salario faculta al trabajador para exigirlo judicialmente ante el Juzgado de lo Social con el recargo de mora correspondiente.

No obstante, la falta de pago o los retrasos continuados constituyen una causa justa de extinción de la relación laboral, en base a la cual el trabajador podrá instar la resolución judicial de su contrato.

El empresario debe realizar el pago del salario mediante la moneda de curso legal o mediante cheque u otra modalidad de pago similar a través de entidades de crédito.

3.7. Compensación y absorción de salarios

Mediante el sistema de absorción y compensación de salarios, el empresario puede neutralizar las subidas de los salarios que indiquen los convenios colectivos o el salario mínimo interprofesional, ya que esas subidas son absorbidas por el salario superior que estaría percibiendo el trabajador.

Mediante ese sistema, lo que se pretende es evitar la superposición de incrementos salariales que tengan su origen en diferentes fuentes reguladoras.

Nota

Normalmente, el salario que cobra un trabajador es el que se recoge en el contrato de trabajo, siendo este salario siempre como mínimo el que recoge el convenio colectivo de acuerdo al grupo profesional en el que se encuadre el trabajador o, en su defecto, el SMI.

Para comprender mejor en qué consiste la compensación y absorción de salarios, suponiendo que, en una relación laboral entre un empresario y un trabajador, se pacta un salario superior al establecido en el convenio colectivo, en esta situación se debe tener en cuenta que todos los incrementos salariales que se produzcan con posterioridad al salario que se ha pactado serán absorbidos de forma automática, es decir, la subida del salario queda neutralizada, ya que el salario que percibía el trabajador es mayor.

 Importante

Se debe tener en cuenta que siempre que el salario pactado sea superior al salario establecido por el convenio colectivo, no se van a tener en cuenta los futuros incrementos de salario fijados en el convenio colectivo.

La misma situación surge con las subidas del SMI que, con carácter general, se realizan de forma anual. Estas subidas son absorbidas por los salarios superiores de los trabajadores, acordados en el contrato o convenio colectivo, por lo que el incremento del SMI no repercute en la mayoría de los salarios existentes.

 Nota

Lo normal es que los salarios sean superiores al SMI, por lo que un aumento del SMI es compensable, con los ingresos que recibe el trabajador, en cómputo anual y por todos los conceptos, ya que el incremento del SMI quedará absorbido por las mejoras que ya venía percibiendo el trabajador.

No obstante, en caso contrario deberán incrementarse los salarios pactados que queden por debajo del SMI hasta, al menos, igualarlo.

La compensación y absorción es un sistema que puede establecerse en el contrato de trabajo o puede acordarse mediante pacto individual. Es una medida automática, salvo pacto en contrario. Sin embargo, el empresario tiene capacidad de renunciar al sistema de compensación y absorción, accediendo de esa forma a subir el salario de los empleados, en la proporción que aumenta el salario, el convenio colectivo o en su caso el SMI. En tal caso, el trabajador se beneficiaría de los sucesivos incrementos salariales que se establezcan por el convenio colectivo aplicable.

En definitiva, cuando los trabajadores reciban salarios que sean superiores a los salarios fijados en el convenio colectivo o, en su defecto, al SMI, se absorben y se compensan los incrementos que puedan producirse, no afectando dichos aumentos a la retribución del trabajador.

 Aplicación práctica

El año pasado, Andrés ha tenido un salario anual de 18.500 €, estando el SMI en la cantidad de 14.000 € anuales.

Para el año en curso, se ha subido el SMI, estableciendo el salario anual en 15.120 €. ¿Esta subida del SMI tiene alguna repercusión en el salario que percibirá Andrés? Justifique su respuesta.

SOLUCIÓN

La respuesta es no, ya que el incremento que ha sufrido el SMI no afectará al salario que cobrará Andrés, puesto que percibe una cantidad superior al SMI, de forma que en el salario de Andrés se absorbe y compensa la subida del SMI.

Para que se pueda aplicar la compensación o absorción de salarios, deben darse los siguientes requisitos:

- Que sean conceptos de naturaleza salarial y periodicidad fija. Por ejemplo, salario base.

- Que sean complementos salariales que se reciben en base al puesto de trabajo y que su percepción no dependa del desarrollo de la actividad, como por ejemplo un plus de nocturnidad, o en atención a la calidad o cantidad de trabajo, ya que se retribuyen circunstancias específicas, como por ejemplo una prima por la producción o comisiones.

 Nota

Los salarios a compensar o absorber deben tener una naturaleza homogénea y no deben vulnerar los derechos adquiridos por los trabajadores.

En definitiva, la compensación y absorción de salarios, según lo establecido en el Estatuto de los Trabajadores, se realizará sobre los salarios realmente abonados, en su conjunto y cómputo anual. Por lo que para conocer realmente qué puede absorberse, debe identificarse qué conceptos son considerados como salario y cuáles como complementos salariales. En virtud de determinadas sentencias, se puede identificar que:

- Los complementos salariales establecidos en base a cantidad o calidad del trabajo no pueden ser absorbidos por el aumento legal del salario.
- Un concepto que no podrá ser utilizado para compensar un aumento salarial es el plus convenio, si queda recogido en el convenio de forma independiente al salario base.
- Los complementos personales voluntarios que se establezcan con la finalidad de incrementar el salario base sí pueden utilizarse para compensar las subidas salariales, porque se deduce que es un pago equiparable al salario base.
- Se podrán compensar y absorber los complementos que las partes hayan pactado como absorbibles y compensables.

3.8. Garantías y protección del salario

Gracias al salario, las personas pueden vivir y desarrollarse, el salario es el principal medio de vida de los ciudadanos y eso conlleva que la regulación laboral tome partido para proteger las malas prácticas que pueden incidir sobre el salario.

Dentro del derecho o la jurisdicción legal, se otorga al trabajador una protección sobre el salario, surgiendo las siguientes situaciones:

- Inembargabilidad del salario
- Privilegios del crédito salarial
- Fondo de garantía salarial

Inembargabilidad del salario

Tal y como se establece en el artículo 1911 del Código Civil, toda persona debe responder de sus deudas:

> *Del cumplimiento de las obligaciones responde el deudor con todos sus bienes, presentes y futuros.*

Una situación de embargo de salario comienza cuando el trabajador recibe una orden judicial o una notificación, donde se le comunica que se le va a retener una cantidad de salario para saldar el pago de una deuda que tiene pendiente.

En este caso, el empleador o empresario recibe una notificación del embargo del salario del trabajador, esta situación se notificará al responsable del departamento laboral, que será el encargado de retener la parte correspondiente de la nómina.

Ante esta situación, se establece una protección especial al salario, ya que esta cantidad es el medio de vida fundamental de todo trabajador, por lo que el ordenamiento jurídico establece el carácter inembargable de una parte del salario ante las posibles deudas que pueda tener el individuo.

Importante

Gozan de inembargabilidad absoluta el salario, pensión o equivalente que no exceda del salario mínimo interprofesional, salvo cuando el embargo se efectúe para el pago de la pensión alimenticia al cónyuge e hijos, acordada por sentencia judicial dictada en los casos de divorcio, separación, nulidad o alimentos, en esos casos la cantidad retenida será la acordada por el juez.

Por tanto, la normativa laboral establece que el salario es inembargable en la cuantía equivalente al SMI, eso conlleva a que, si el trabajador percibe un salario formado por el SMI, no se le puede embargar, pero si el salario excede de esa cantidad sí es embargable conforme a la siguiente escala de tramos, establecida en el art. 607.2 de la Ley de Enjuiciamiento Civil:

> *1.º Para la primera cuantía adicional hasta la que suponga el importe del doble del salario mínimo interprofesional, el 30 por 100.*
>
> *2.º Para la cuantía adicional hasta el importe equivalente a un tercer salario mínimo interprofesional, el 50 por 100.*
>
> *3.º Para la cuantía adicional hasta el importe equivalente a un cuarto salario mínimo interprofesional, el 60 por 100.*
>
> *4.º Para la cuantía adicional hasta el importe equivalente a un quinto salario mínimo interprofesional, el 75 por 100.*
>
> *5.º Para cualquier cantidad que exceda de la anterior cuantía, el 90 por 100.*

Aplicación práctica

Antonio es un trabajador por cuenta ajena que percibe un salario por un importe neto de 3.000 € mensuales. ¿Cuál sería el importe de su salario inembargable? Y frente a una deuda, ¿qué parte del salario le podrían embargar?

Continúa en página siguiente >>

<< Viene de página anterior

SOLUCIÓN

En primer lugar, habría que calcular los diferentes tramos:

▌ 1er tramo: salario mínimo inembargable (de 0 € a 1.080 €) = 100 % inembargable = 1.080 €.
▌ 2°: salario mínimo inembargable (de 1.080 € a 2.160 €) = 70 % de (2.160 - 1.080) = 756 €.
▌ 3°: salario mínimo inembargable (de 2.160 € a 3.240 €) = 50 % de (3.000 - 2.160) = 420 €.

Total del sueldo inembargable: 1.080 + 756 + 420 = 2.256 €

Total del sueldo embargable: 3.000 - 2.256 = 744 €

 Nota

Si el trabajador recibe más de un sueldo, las cantidades se acumularán para deducir una sola vez la parte inembargable.

Igualmente, serán acumulables los salarios, sueldos y pensiones, retribuciones o equivalentes de los cónyuges cuando el régimen económico que les rija no sea el de separación de bienes y rentas de toda clase, circunstancia que habrán de acreditar al secretario judicial.

Se consideran también inembargables los libros e instrumentos necesarios para el ejercicio de la profesión, arte u oficio a que se dedique el ejecutado, cuando su valor no guarde proporción con la cuantía de la deuda reclamada.

Actividades

9. Un trabajador por cuenta ajena tiene una deuda por la compra de un coche, por el que debe 5.000 €. Se ha decidido embargar una parte del sueldo para que pueda hacerse efectiva esa deuda. Este trabajador cobra un salario mensual neto de 2.100 €. Calcule qué cantidad puede embargarse y durante cuánto tiempo a ese trabajador.

Por otra parte, el art. 607.5 de la Ley de Enjuiciamiento Civil establece que en los salarios, sueldos, pensiones o retribuciones que estuvieron gravados con descuentos permanentes o transitorios de carácter público, en razón de la legislación fiscal, tributaria o de Seguridad Social, la cantidad líquida que percibiera el ejecutado, deducidos estos, será la que sirva de tipo para regular el embargo. Es decir, para determinar el salario objeto de embargo y la aplicación de los tramos establecidos en relación con el salario mínimo interprofesional, se debe tener en cuenta la cuantía líquida o salario neto.

Nota

En los supuestos que el trabajador tenga cargas familiares y su salario objeto de embargo no supere el quíntuplo de la cuantía del salario mínimo interprofesional, el secretario judicial podrá rebajar el porcentaje de embargo entre un 10 y un 15 por 100, en atención a tales cargas (art. 607.4 de la Ley de Enjuiciamiento Civil).

Privilegios del crédito salarial

El salario tiene también una doble función económica y social, esto ha llevado a dotar de unas garantías al crédito salarial, en situaciones en las que el patrimonio del empresario está en una situación delicada, ya que el empresario ve difícil satisfacer los créditos de sus acreedores. En este caso, la normativa establece un orden de prelación de los créditos reconocidos, en los que el crédito salarial ocupa una situación privilegiada.

 Importante

En definitiva, los salarios de los trabajadores que no puede pagar el empresario gozarán de preferencias sobre otros créditos.

En concreto, el artículo 32 del Estatuto de los Trabajadores establece las siguientes premisas:

- Los créditos salariales por los últimos treinta días de trabajo y en cuantía que no supere el doble del salario mínimo interprofesional gozarán de preferencia sobre cualquier otro crédito, aunque este se encuentre garantizado por prenda o hipoteca.
- Los créditos salariales gozarán de preferencia sobre cualquier otro crédito respecto de los objetos elaborados por los trabajadores mientras sean propiedad o estén en posesión del empresario.
- Los créditos por salarios no protegidos en los apartados anteriores tendrán la condición de singularmente privilegiados en la cuantía que resulte de multiplicar el triple del salario mínimo interprofesional por el número de días del salario pendientes de pago, gozando de preferencia sobre cualquier otro crédito, excepto los créditos con derecho real, en los supuestos en los que estos, con arreglo a la ley, sean preferentes. La misma consideración tendrán las indemnizaciones por despido en la cuantía correspondiente al mínimo legal, calculada sobre una base que no supere el triple del salario mínimo.

El plazo para ejercitar los derechos de preferencia del crédito salarial es de un año, a contar desde el momento en que debió percibirse el salario, transcurrido el cual prescribirán tales derechos.

En definitiva, se proporcionan una serie de mecanismos de protección al salario para garantizar que el trabajador cobre su remuneración, con preferencia a los acreedores que tiene el empresario.

Fondo de Garantía Salarial

En las situaciones en las que el empresario se vea envuelto en una situación de insolvencia o concurso y no pueda hacer frente al salario de los trabajadores o al pago de las indemnizaciones por despido, el Fondo de Garantía Salarial (FOGASA), organismo autónomo adscrito al ministerio competente, con personalidad jurídica y capacidad de obrar para el cumplimiento de sus fines, abonará a los trabajadores el importe de los salarios pendientes de pago.

Retribuciones e indemnizaciones de responsabilidad subsidiaria, en caso de insolvencia o concurso del empresario	
Salarios	El FOGASA abonará a los trabajadores los salarios con sus pagas extraordinarias, incluidos los de tramitación, pendientes de pago por declaración de insolvencia, suspensión de pagos, quiebra o concurso de acreedores de la empresa.
	La cantidad máxima a abonar por el Fondo de Garantía Salarial es la que resulta de multiplicar el doble del salario mínimo interprofesional diario, con prorrateo de pagas extras, por el número de días pendientes de pago, con un máximo de 120 días.
Indemnizaciones	Abono a los trabajadores de las indemnizaciones reconocidas en sentencia o resolución de la autoridad laboral, o resolución complementaria de estas, por despido, extinción de los contratos de trabajo por voluntad del trabajador mediando causa justa, extinción del contrato en las relaciones de carácter especial del servicio del hogar familiar, despido colectivo u objetivo por causas económicas, técnicas, organizativas o de producción y por fuerza mayor, movilidad geográfica, modificación sustancial de las condiciones de trabajo, en los supuestos de insolvencia, suspensión de pagos, quiebra o concurso de acreedores de la empresa.
	El importe de la indemnización, a los solos efectos de abono por el Fondo de Garantía Salarial para los casos de despido o extinción de los contratos por voluntad del trabajador mediando causa justa, se calculará sobre la base de treinta días por año de servicio.
	La cantidad máxima a abonar es una anualidad (nueve meses en el supuesto de modificación sustancial de las condiciones de trabajo y seis meses en el caso de extinción del contrato de los empleados de hogar) sin que el salario diario, base del cálculo, pueda exceder del doble del salario mínimo interprofesional, con prorrateo de pagas extras.

Fuente: Estatuto de los Trabajadores

Nota

Se excluyen del ámbito de protección del Fondo de Garantía Salarial los pluses de carácter extrasalarial, como por ejemplo los pluses de distancia, transporte, vestuario, quebranto de moneda, desgaste de útiles y herramientas, dietas, complementos de incapacidad temporal, y cualquier otro de naturaleza indemnizatoria, así como cualquier otro crédito que no tenga su origen en la relación laboral.

El Fondo de Garantía Salarial se financiará con las aportaciones efectuadas por todos los empresarios que ocupan a trabajadores por cuenta ajena.

La base de cotización es la misma que se establece para el cálculo de la cotización correspondiente a las contingencias de accidentes de trabajo, enfermedad profesional y desempleo en el sistema de la Seguridad Social. El tipo a aplicar a la base se regula anualmente, actualmente es del 0,20 %, a cargo exclusivamente de la empresa.

 Nota

El procedimiento de solicitud de prestaciones al Fondo de Garantía Salarial podrá iniciarse de oficio, por acuerdo de la secretaría general o de la unidad administrativa periférica correspondiente, o a instancia de los interesados o de sus apoderados.

El plazo para presentar las solicitudes del pago de la prestación por FOGA-SA es de un año, contado desde la fecha del acta de conciliación, sentencia, auto o resolución de la autoridad laboral en que se reconozca la deuda por salarios o se fijen las indemnizaciones.

 Aplicación práctica

Julio trabaja para una empresa, cuyo empresario, tras ser declarado insolvente, le adeuda 8.800 € correspondientes a 6 meses de salario. Suponiendo que el SMI diario es de 36 €, determine si el FOGASA se hará cargo de los salarios adeudados.

SOLUCIÓN

El empresario adeuda a Julio 8.800 €, pero el FOGASA abonará como límite máximo el doble del SMI diario por los días pendientes de pago, con el límite de 120 días. Por lo que el FOGASA pagaría a Julio la cantidad de: 36 x 2 x 120 = 8.640 €. Es decir, no se cubriría toda la deuda del empresario, pero Julio tendría garantizado el pago de 8.640 €.

 Actividades

10. Una empresa se declara en quiebra y debe a sus trabajadores 3 meses de salarios. ¿Quién abonará a los trabajadores los salarios adeudados?

4. Tipo de percepciones

Normalmente, el salario es una retribución monetaria, donde se entrega al trabajador una cantidad de dinero en la moneda de curso legal, pagando en efectivo, mediante un cheque o a través de transferencia bancaria.

Pero el salario, también, puede fijarse de diferentes formas, teniendo en cuenta la siguiente estructura:

Tomando como base la cuantía salarial podemos diferenciar entre:	Teniendo en cuenta los conceptos que guardan relación directa con el trabajo efectivo realizado y los que no, podemos diferenciar entre:
- Percepciones fijas - Percepciones variables	- Percepciones salariales - Percepciones no salariales

4.1. Percepciones fijas y variables

Las **percepciones fijas** son aquellas que no varían y que el trabajador conoce desde el inicio de la relación laboral.

 Ejemplo

El salario que se establece por día, semana o mes se denomina percepción fija.

Por su parte, las **percepciones variables** son aquellas que el trabajador no conoce de antemano, y que están formadas por conceptos que pueden variar a lo largo de la relación laboral.

 Ejemplo

El pago de comisiones, premios, gratificaciones, horas extraordinarias, etc. son ejemplos de percepciones variables.

Se debe tener en cuenta que el salario que se retribuye al trabajador se puede cuantificar bien midiendo el tiempo que se invierte en desarrollar las funciones del puesto de trabajo, o bien tomando como referencia la unidad de obra o cantidad de bien o servicio que el empleado ha realizado. Además, también se puede medir o determinar la retribución de los trabajadores de forma mixta, en la que una parte del sueldo es fija (por unidad de tiempo o de obra) y otra es variable.

 Nota

La unidad de tiempo hace referencia a la duración del servicio prestado, con independencia de la cantidad de obra realizada. Por su parte, se entiende por unidad de obra la cantidad y calidad del trabajo realizado, con independencia del tiempo invertido.

En definitiva, existen diferentes tipos de salarios, los cuales se pueden ver en la siguiente tabla:

Tipo de salario	Concepto	Ejemplo
Salario por tiempo	Esta forma de salario paga por cada hora de tiempo transcurrida en las labores propias del trabajo.	Pagar una cantidad de salario por día, por semana o por mes.
Salario por rendimiento o por unidad de obra	Esta forma de salario se recibe únicamente cuando la obra o el servicio ha sido culminado y/o prestado.	Paga al final del trabajo.
Salario por comisión	Se paga un porcentaje en proporción al volumen de trabajo realizado.	Se fija un salario en función de las ventas que realice el trabajador.
Salario mixto	Una forma de salario intermedia entre el de unidad de obra y el de unidad de tiempo con el salario por comisión.	Se fija un salario mínimo por unidad de tiempo junto con un salario variable por unidad de obra realizada, por ejemplo 500 € mensuales más un 5 % por cada unidad de producto vendida.

Continúa en página siguiente >>

<< Viene de página anterior

Participación en los beneficios	Se paga en función de los beneficios que obtiene la empresa.	Se fija una cantidad fija o un porcentaje sobre los beneficios empresariales en función a la categoría profesional del trabajador o de las tareas realizadas en la empresa.
Salario nominal	Es el tipo de salario que integra las "nóminas" o listados de trabajadores, a los cuales se les asigna un cargo y una serie fija de responsabilidades, y en base a dicho peldaño organizativo, también, un monto de pago.	A principio de año se percibe un sueldo nominal de 800 € mensuales y la inflación reporta un aumento en el nivel para ese periodo. A final de años se continúa recibiendo 800 € mensuales. Resulta entonces que el sueldo nominal no ha disminuido, sino, que se ha mantenido en su nivel. Sin embargo, por el aumento que ha ocurrido en el precio de los bienes y servicios, ya no se podrá adquirir la misma cantidad de ellos.

Actividades

11. ¿Qué diferencia existe entre las percepciones fijas y las variables?

Además de los tipos de salario que se han visto, el empresario también puede pagar al trabajador según su categoría profesional, ya que los convenios sectoriales determinan un salario para cada grupo profesional, en el que son incluidos los trabajadores en función del puesto de trabajo que desempeñan.

No obstante, es posible que trabajadores que pertenecen a la misma categoría profesional reciban salarios distintos, esto es debido a la valoración que el empresario realice sobre cada puesto de trabajo.

 Aplicación práctica

Eduardo, Julia y Andrés trabajan en una empresa dedicada a la fabricación sobre pedido, distribución y venta de piezas y recambios para automóviles. Eduardo desempeña sus funciones en el departamento de fabricación, donde su trabajo depende de la cantidad de piezas que tenga que fabricar. Por su parte, Julia lleva las gestiones administrativas de la empresa, teniendo un horario fijo de 40 h semanales, y Andrés trabaja de comercial y sus funciones consisten en captar a clientes y en vender los productos fabricados. ¿Qué clase de salario puede aplicarse en cada uno de estos casos?

SOLUCIÓN

En el caso de Eduardo, puede fijarse un salario por rendimiento o por unidad de obra, donde se le pague en base a la cantidad de trabajo que realice; en concreto, se puede fijar un precio por cada pieza fabricada.

Para Julia, lo más correcto sería pagar un salario por tiempo, y fijarlo en función de las horas de trabajo que desempeña a la semana.

Y para Andrés puede existir una retribución por comisión, donde se le pague un porcentaje en proporción a las ventas que realice.

No obstante, en los casos de Eduardo y Andrés también puede aplicarse un salario mixto, donde se les garantizaría una cantidad fija por el servicio prestado, más una comisión que, en el caso de Eduardo, iría en función a las unidades producidas, y, en el caso de Andrés, a las unidades vendidas.

4.2. Percepciones salariales y no salariales

Cuando se determinan los conceptos que forman parte del pago de los trabajadores, se deben tener en cuenta dos términos muy importantes, como son las percepciones no salariales y las percepciones salariales.

Dentro de las **percepciones salariales** están aquellas cantidades que se pagan por el trabajo realizado, es decir, son las percepciones económicas de los trabajadores, pudiendo ser en dinero o en especie.

Ejemplos de percepciones salariales

- El salario base.
- Los complementos salariales por las condiciones personales del trabajador, como antigüedad, conocimientos especiales como títulos, idiomas, etc.
- Los complementos salariales por puesto de trabajo, como complementos por turnos, nocturnidad, penosidad, peligrosidad o toxicidad.
- Complementos por calidad o cantidad de trabajo, como primas, incentivos, pluses de actividad, comisiones, incentivos a la producción, asistencia y puntualidad, horas extraordinarias, etc.
- Pagas extras.
- Participación en beneficios.
- Otras gratificaciones.
- Salario en especie.

 Sabía que...

Los complementos salariales que se pactan frecuentemente en la negociación colectiva son las pagas extraordinarias, la antigüedad, la participación en beneficios, los complementos del puesto de trabajo, el alojamiento, la manutención, las primas a la producción por cantidad o calidad de trabajo.

Por su parte, las **retribuciones no salariales** son cantidades que perciben los trabajadores por el trabajo realizado, pero no retribuyen el trabajo efectivo ni los períodos de descanso.

Retribuciones no salariales

- Dietas de viaje.
- Plus de distancia.
- Plus de transporte.

Continúa en página siguiente >>

<< Viene de página anterior

Retribuciones no salariales

- Gastos de locomoción.
- Desgaste de herramientas de trabajo.
- Prendas de trabajo, bien en especie o en dinero.
- Entrega de productos a un precio inferior, como la posibilidad de comer en comedores de empresa a un precio mucho más económico, etc.
- Quebranto de moneda.
- Indemnización por traslado.
- Indemnización por fallecimiento.
- Indemnización por modificación sustancial de las condiciones de trabajo en horario, jornada de trabajo, trabajo a turnos, sistema de remuneración, movilidad funcional, sistema de trabajo y rendimiento, siempre que se haya visto perjudicado el trabajador.
- Percepciones por matrimonio, voluntario para la empresa.
- Prestaciones por incapacidad temporal.
- Prestaciones de compensación por desempleo parcial.
- Mejoras voluntarias de la acción protectora de la Seguridad Social.
- Indemnización por despido.

 Actividades

12. Analice las diferencias entre las percepciones salariales y no salariales.

5. Los complementos salariales

Tal y como establece el Estatuto de los Trabajadores en el artículo 26.3, la estructura del salario se establece mediante la negociación colectiva o, en su defecto, el contrato individual. Además, se expone que la estructura salarial está formada por:

- El salario base, como retribución fijada por unidad de tiempo o de obra.
- Los complementos salariales, fijados en función de circunstancias relativas a las condiciones personales del trabajador, al trabajo realizado o a la situación y resultados de la empresa, que se calcularán conforme a los criterios que a tal efecto se pacten.

 Nota

El ET determina que se pactará el carácter consolidable o no de los complementos salariales, no teniendo el carácter de consolidables, salvo acuerdo en contrario, los que estén vinculados al puesto de trabajo o a la situación y resultados de la empresa.

En concreto, los complementos salariales son las cantidades que, por algunos de los conceptos establecidos en el convenio colectivo o en el contrato individual de trabajo, complementan al salario base.

 Nota

Los complementos salariales se rigen por el principio de la causalidad. Existen diferentes complementos que pueden acompañar al salario base, los cuales se diferencian por la causa o el tipo de retribución que se trate (antigüedad en la empresa, peligrosidad en el trabajo, etc.).

5.1. Condiciones personales del trabajador

Dentro de los complementos salariales, se encuentran aquellos que hacen referencia a las circunstancias personales de cada trabajador.

Estos complementos son cantidades que se fijan en función de las características personales de los trabajadores, las cuales no fueron tenidas en cuenta a la hora de fijar el salario base. En concreto, este tipo de complementos tiene las siguientes características:

- Complementos sólidos que no pueden ser alterados ni suprimidos, son reconocidos como derechos adquiridos por los trabajadores y no pueden eliminarse por decisión unilateral de los empresarios.
- Si el complemento salarial se concede en función de una condición ligada al trabajador (antigüedad, idiomas), los cambios en la situación laboral del trabajador no afectan al complemento, salvo que afecten a la causa de su concesión.
- Los complementos salariales pueden configurarse como un instrumento de compensación por la calidad del trabajo prestado.

Dentro de los complementos personales, están los siguientes:

- Antigüedad
- Complementos personales especiales

Antigüedad

El concepto de antigüedad hace referencia al tiempo que ha pasado desde que el trabajador inició su relación laboral con la empresa.

 Definición

Antigüedad
Tiempo que transcurre desde el ingreso del trabajador en la organización.

La antigüedad debe ser tenida en cuenta tanto por el empresario como por el trabajador, ya que sirve para generar determinados derechos al empleado, entre ellos:

- Tener posibilidad de pedir una excedencia voluntaria, ya que es necesario tener una antigüedad de un año.
- Obtener mayor indemnización en situación de despido.
- Tener derecho a percibir un complemento salarial de carácter personal, el cual se va a percibir por llevar un cierto período de tiempo prestando servicios en la empresa.
- Poder conseguir ascensos.
- Para solicitar traslados.
- Para acceder a la formación continua.
- Para la paga extra, ya que en algunos convenios colectivos se determina que esta paga debe tener en cuenta, entre otros conceptos, la antigüedad.
- Para elegir vacaciones.
- Para ser elegibles y electores en las elecciones sindicales, o para formar parte de la mesa de las elecciones sindicales.

 Importante

La antigüedad es un derecho que adquiere el trabajador desde el primer día que presta servicios en la empresa, incluso durante el período de prueba, o si ha enlazado varios contratos diferentes o convertido un contrato a otra modalidad.

El complemento de antigüedad es un concepto que viene a reconocer y retribuir la permanencia del trabajador en la empresa, y su tratamiento se remite a lo establecido en el convenio colectivo o en el contrato individual, por lo que existen diferentes formas de establecer esta cantidad, normalmente se suele determinar una cantidad fija o un porcentaje sobre el salario base.

Sabía que...

En el recibo de salarios, el complemento salarial de antigüedad se refleja de forma independiente.

Tradicionalmente, este complemento trata de motivar al trabajador incentivando la duración de este en la empresa.

La antigüedad empieza a hacerse efectiva pasado un período de tiempo establecido por la empresa, aunque normalmente este período de tiempo suele ser de tres años (trienio) o cinco años (quinquenio).

 Aplicación práctica

Juan acaba de ingresar en una empresa dedicada a la venta de productos de telefonía móvil, y le han contratado de forma indefinida. En el convenio colectivo de aplicación se establece que los trabajadores tendrán derecho a tres trienios del 3 % del salario base. ¿Cómo se aplicaría esa situación en el caso de Juan?

SOLUCIÓN

Además de cobrar el salario base, y si le corresponden otros complementos, cuando Juan lleve trabajados 3 años en la empresa empezará a cobrar el primer trienio durante 3 años, cuando lleve 6 años trabajados empezará a cobrar el segundo trienio durante los 3 años siguientes, y cuando lleve 9 años de antigüedad empezará a cobrar el tercer trienio durante 3 años más, suponiendo en cada trienio un 3 % del salario base.

Complementos personales especiales

Los trabajadores pueden percibir este complemento cuando se sirven de determinados conocimientos especiales, como idiomas o estar en posesión de un título para desempeñar su puesto de trabajo, siempre que no hayan sido tenidos en cuenta a la hora de fijar el salario base.

 Nota

La finalidad de este complemento es remunerar los conocimientos del trabajador, el conocimiento de idiomas o la posesión de diversos títulos.

Ese complemento puede regularse en el convenio colectivo o en el contrato individual de trabajo y, una vez que es concedido, no se puede quitar al trabajador, es decir, forma parte de los derechos adquiridos.

 Ejemplo

Claudia tiene reconocido un complemento salarial por idiomas. Por circunstancias de la producción, la empresa decide cambiarla de puesto de trabajo. En el nuevo puesto no es necesario el conocimiento del idioma ni Claudia hará uso de esos conocimientos, pero, al tener reconocido el pago de esa cantidad, es un derecho adquirido para la trabajadora y la empresa deberá continuar pagándoselo.

No obstante, si el traslado de puesto de trabajo se hubiera realizado por petición de la trabajadora, y no es preciso el conocimiento del idioma para la nueva tarea, la empresa puede suprimir el pago de dicho complemento.

En el supuesto de que el complemento o plus de idiomas se abone a un trabajador, porque es necesario que para su puesto de trabajo tenga esos conocimientos, se trataría de un complemento de puesto de trabajo, ya que la causa es la necesidad de ese requisito para el desempeño de la tarea realizada.

 Aplicación práctica

Paula es contratada por una academia de idiomas para dar clases de inglés, ya que tiene el título que acredita altos conocimientos de esta lengua. En ese caso, ¿se debe pagar un complemento especial o plus por idioma a Paula?

SOLUCIÓN

La respuesta es no, ya que en el caso de Paula se trataría de un complemento de puesto de trabajo, porque los conocimientos que tiene Paula son la causa de las condiciones del trabajo que va a desempeñar.

Sería un complemento especial por idioma si la relación laboral no se basase en que el trabajador deba tener estos conocimientos.

5.2. Trabajo realizado

El complemento por trabajo realizado se percibe por las características especiales del puesto de trabajo. Es complemento no consolidable, es decir, este concepto se deja de percibir en el momento que finalice la tarea para la que el trabajador fue contratado, por lo que, si se cambia de puesto de trabajo o la forma de desempeñar la actividad, el empleado no tiene derecho a seguir cobrando ese complemento.

 **Definición**

Plus por trabajo realizado
Complemento que recibe el trabajador por razón de las características del puesto de trabajo o de la forma de realizar su actividad profesional.

Dentro de este apartado, se puede establecer la siguiente clasificación:

- Complementos de peligrosidad, penosidad y toxicidad.
- Complementos por la especialidad en la jornada.
- Complementos por calidad o cantidad de trabajo.

Complementos de peligrosidad, penosidad y toxicidad

Estos complementos salariales son aquellos que buscan compensar o resarcir al trabajador de las condiciones especiales o riesgos que derivan las funciones que debe desempeñar.

Estos complementos suelen cubrir circunstancias excepcionales, y el derecho a su percibo desaparece al adoptarse las **medidas de seguridad** adecuadas frente a los riesgos que aquellas circunstancias comporten.

Para percibir estos complementos, es necesario que se reconozca su existencia y deben estar reconocidos en el convenio colectivo o en el contrato individual.

 Nota

Para conceder este complemento, no es necesario que el tipo de riesgo en el desempeño del trabajo sea inminente y concreto. El complemento se pagará sin necesidad de que se produzca una situación que derive en un daño para el trabajador, ya que su finalidad no es la de reparar, sino la de determinar una situación que puede ser perjudicial para la persona.

Que existan medidas de seguridad no excluye la retribución de este complemento si el puesto de trabajo lleva aparejado una especial peligrosidad.

Este complemento busca compensar un riesgo que no es el normal en la actividad laboral que desempeña el trabajador y que, aunque infrecuente, persiste de forma continuada en el tiempo.

A continuación, se expone de forma más desarrollada este tipo de complementos.

Tipo de complemento	Definición	Riesgos inherentes del puesto de trabajo
Plus de peligrosidad	La peligrosidad del puesto de trabajo deriva de la existencia de un riesgo adicional debido a la inseguridad de su desempeño ante un eventual ataque o daño.	- Riesgos de accidentes laborales.
Plus de penosidad	Este complemento se refiere a la realización del trabajo en circunstancias excepcionales, por cuanto conlleva actividades que suponen un constante esfuerzo y son indudablemente dificultosas o aflictivas.	- Riesgos por exposición a ruido o vibraciones. - Riesgos por exposición a situaciones de calor o frío. - Trabajos con una excesiva carga física o mental.
Plus de toxicidad	La toxicidad se relaciona con la utilización o manipulación de sustancias que pueden suponer un riesgo excepcional para la salud del trabajador.	- Riesgos por inhalación de agentes químicos. - Riesgos por contacto con irritantes dérmicos, tales como ácidos, sustancias desengrasantes, aceites, etc.

 Actividades

13. Enumere varias profesiones a las que se podría aplicar los complementos de peligrosidad, penosidad y toxicidad, y justifique por qué deben cobrar dicho complemento salarial.

Sabía que...

La existencia de diferentes condiciones de penosidad, toxicidad o peligrosidad en un mismo puesto de trabajo no genera el derecho a percibir dos o más veces el mismo complemento, ya que se aplica siempre en la misma medida, al margen de la multitud de riesgos que puedan concurrir.

Complementos por la especialidad en la jornada

Hay unos complementos que premian las especiales circunstancias temporales en las que se desarrolla la relación laboral. Estos complementos pretenden compensar, mediante contraprestación económica, la incomodidad que supone trabajar en determinados turnos, horarios o días, así como compensar el trabajar bajo unas determinadas condiciones.

Dentro de estos complementos se pueden ver los que se describen a continuación.

Complemento de disponibilidad horaria

Este complemento se aplica cuando el trabajador está disponible a cualquier hora para desempeñar su actividad laboral. La disponibilidad horaria se caracteriza por la oferta al empresario de un margen variable en la utilización del tiempo de trabajo pactado con el trabajador.

Mediante ese complemento, se retribuyen los cambios que se asignen a un trabajador durante un mes natural, tanto en el horario como en los días de prestación de servicios, así como la disponibilidad para la asignación a dichos cambios.

Importante

El plus de disponibilidad es un complemento salarial de puesto de trabajo que se paga al trabajador por el simple hecho de estar disponible para poder ser llamado a prestar servicios en cualquier momento, o sufrir una modificación de su jornada laboral, con independencia de que se produzca o no el cambio horario o la modificación de jornada.

El complemento de disponibilidad no corresponde al pago de una actividad extraordinaria realizada por trabajador, ni trata de compensar un exceso de jornada, sino que se retribuye una característica del puesto de trabajo que obliga al trabajador a estar disponible, y a que se produzcan constantes modificaciones de los horarios de trabajo.

Importante

El complemento de disponibilidad corresponde a la jornada ordinaria de trabajo y es incompatible con la percepción de horas extraordinarias.

No obstante, si en un momento determinado o puntal, y por razones especiales e imprevisibles, un trabajador debe realizar un cambio de horario, no implica que tenga derecho a percibir el complemento de disponibilidad.

La implantación de este complemento salarial solo puede ser acordado por:

▪ La decisión unilateral o pactada de la empresa.
▪ Alteraciones constantes del horario de trabajo.

No se debe confundir el complemento de disponibilidad con el de turnicidad, cuya finalidad es compensar la incomodidad que supone trabajar en turnos rotatorios.

Ejemplo

Puede cobrar el plus de disponibilidad cualquier persona que debe estar localizable para, en caso de urgencia, incorporarse a su puesto de trabajo inmediato, por ejemplo: un médico especialista, un técnico del servicio operativo de un ayuntamiento, etc.

Complemento de horario flexible

Este complemento tiene por finalidad facilitar al empresario la libre definición del momento de entrada o salida del trabajo.

Estos complementos pueden pactarse individualmente, retribuyendo, en este caso, la prestación de trabajo en régimen de flexibilidad horaria, mañana y/o tarde, para adaptar los tiempos de trabajo a las excepcionales características de determinados servicios.

Actividades

14. Busque información sobre los tipos de jornadas de trabajo y analice si existe relación entre ellos y la aplicación de los complementos salariales.

Complemento de días festivos

Para todos aquellos trabajadores que tengan que prestar sus servicios durante los días considerados festivos, se establece un complemento salarial que pretende compensar las incomodidades de trabajar en domingos o festivos.

 Nota

Además de percibir este plus salarial, el trabajador tendrá derecho a la compensación con descanso en otro día de la semana.

Este complemento se aplica a los trabajadores que tienen una jornada de trabajo normal y que, debido a las características de la actividad, deben trabajar en domingo o festivos, pero no es de aplicación a las personas que han sido contratadas a tiempo parcial para prestar sus servicios durante el fin de semana o en días festivos.

Complemento extrajornada

Este tipo de complemento salarial hace referencia a la peculiaridad de permitir al empresario disponer de aquellos trabajadores cuya presencia puede ser imprescindible en un momento determinado, los cuales quedan sometidos al trabajo fuera de su jornada laboral.

Lo que se retribuye es la prolongación de la jornada laboral por parte de la empresa durante un cierto período de tiempo. Esta situación puede durar lo que determine el empresario, siendo él el que establezca cuando se trabaja en jornada ordinaria o prolongada, teniendo el trabajador la libertad de aceptar esas condiciones o no.

Nota

La retribución de este complemento finaliza cuando desaparece la causa que motiva el derecho a percibir este incentivo salarial.

Complemento de dedicación especial (CDE)

El complemento de Dedicación Especial (CDE) también llamado "complemento de productividad", es un instrumento legal destinado a retribuir el especial rendimiento, la actividad y dedicación extraordinarias no contempladas a través del complemento específico, y el interés e iniciativa en el desempeño del puesto de trabajo que redunde en mejorar el resultado del mismo, que ha sido diseñado con el objetivo de atender a la singularidad de la actividad concreta prestada por cada trabajador.

Actividades

15. Analice las diferencias y similitudes entre los complementos de disponibilidad horaria, horario flexible, extrajornada y de especial dedicación.

Complemento de nocturnidad

La jornada de trabajo nocturno tendrá una retribución específica, que debe establecerse en el convenio colectivo.

 Definición

Trabajo nocturno
Es el que se realiza entre las diez de la noche y las seis de la mañana.

Trabajador nocturno
Es el que realiza, normalmente en período nocturno, una parte no inferior a tres horas de su jornada diaria de trabajo, así como aquel que se prevea que puede realizar en tal período una parte no inferior a un tercio de su jornada de trabajo anual.

El complemento de nocturnidad tiene la finalidad de compensar salarialmente las molestias y perturbaciones que supone desempeñar la actividad profesional dentro del período nocturno.

Es un complemento salarial que se fija en función del trabajo realizado y vinculado al puesto desempeñado, el cual no retribuye que la jornada de trabajo sea nocturna, sino que compensa las horas realmente trabajadas durante el período legalmente establecido como nocturno.

Los convenios colectivos son los que fijan la cantidad del plus de nocturnidad, que suele oscilar entre el 25 y el 30 % del salario base mensual (sin contar las pagas extras). Además, el convenio también establecerá si este plus se cobra en períodos de vacaciones o tan solo en los días de trabajo efectivo.

Complementos por calidad o cantidad de trabajo

Estos complementos se perciben por realizar una mayor cantidad de trabajo o alcanzar un nivel de calidad superior al considerado como normal. Dentro de estos, se pueden encontrar:

- **Incentivos, actividad:** se establecen cuando al trabajador se le exige un rendimiento superior al considerado como medio.

- **Asistencia, puntualidad:** con estos complementos se trata de evitar el absentismo laboral, se perciben cuando el nivel de absentismo sea inferior al marcado por la empresa.

5.3. Por resultados de la empresa

Como se ha analizado, las empresas suelen fijar una retribución fija para sus trabajadores, pero también puede fijarse una cantidad que tenga una parte fija y otra parte variable.

En ocasiones, esa parte variable se determina en función de la participación de los empleados en el capital de la empresa.

Entre los complementos obtenidos por resultados de la empresa, se encuentra el sistema *stock options,* que consiste en ofrecer a los colaboradores o trabajadores de la empresa la compra de un número de acciones de la empresa a un determinado precio y durante un período de tiempo determinado.

Este sistema adquiere un gran valor para empresas que cotizan en bolsa, y el valor de las acciones supera el precio de ejercicio.

 Nota

El objetivo del *stock options* es implicar a empresarios y empleados en el buen funcionamiento de la empresa. Además, se mejora la gestión y se aumenta el valor de las acciones.

En España se está implantando poco a poco el empleo del *stock options* como complemento en la remuneración de los trabajadores.

Ejemplo

Cuando un negocio es de reciente creación y no puede ofrecer salarios elevados a sus trabajadores, puede entregar opciones sobre acciones como incentivo a los empleados.

Este sistema ofrece ventajas tanto a la empresa como a los trabajadores, ya que la primera consigue tener la mano de obra y el talento que necesita, y vincularlo al éxito empresarial. Para el trabajador significa que, si la empresa va bien, obtendrá una alta rentabilidad por las acciones y altos beneficios, e incluso puede plantearse en el futuro vender las acciones revalorizadas y lograr un gran beneficio económico.

Otra forma de participar en los resultados de la empresa es a través del llamado ***phantom shares.*** Este sistema consiste en el pago a los trabajadores mediante acciones fantasmas. El objetivo es incentivar al trabajador y, cuando este cumpla con las condiciones establecidas, se le entregará la cantidad de acciones acordadas.

Nota

Los sistemas de pago *stock options* y *phantom shares* son similares, ya que parten de la misma base, pero difieren en que el primer sistema ofrece acciones reales y el segundo no. Es decir, mediante el sistema *stock options* el trabajador se involucra en la sociedad, mientras que mediante el *phantom shares* el trabajador no tiene poder de decisión y no es considerado como otro accionista.

Otro sistema retributivo vinculado a los resultados de la empresa es el **bonus.** La concesión del bonus y su cuantía dependerá de la productividad de la empresa, de los beneficios o del alcance de los objetivos.

El bonus puede entenderse como un sistema retributivo vinculado a la cantidad y calidad del trabajo, por ello es variable e independiente del salario. Este incentivo se concede por voluntad empresarial y su finalidad es premiar la dedicación o el rendimiento de los trabajadores.

En concreto, las características del bonus son las siguientes:

- El establecimiento de este sistema retributivo se rige por pacto entre el empresario y el trabajador.
- Es un sistema que no genera derechos adquiridos.
- Se establecen unos objetivos a los trabajadores, los cuales condicionan el cobro del bonus.

 Actividades

16. Busque información sobre los sistemas retributivos *stock options, phantom shares* y bonus, y analice su aplicación en las empresas de España.

Otro complemento por resultado de la empresa que puede darse a los trabajadores es el denominado **"pagas en beneficios"**. En este sentido, algunos convenios obligan a las empresas a pagar al trabajador una paga extra en concepto de beneficios.

Normalmente, se deben pagar al trabajador dos pagas extraordinarias, pero existe la posibilidad de que el convenio colectivo recoja el pago de una tercera paga, que es la denominada paga en beneficios.

 **Ejemplo**

El convenio colectivo de la banca es uno de los que establece el cobro de la paga en beneficios para sus trabajadores.

En definitiva, los complementos por resultados de la empresa son complementos salariales cuya finalidad es la de hacer partícipe al trabajador de los logros de la empresa. Son complementos que están experimentando un incremento importante en la fijación del sistema retributivo, donde se vincula la cuantía salarial a los resultados u objetivos conseguidos tanto por el trabajador como por la globalidad de la empresa.

Los clásicos complementos de participación en los resultados son la participación en beneficios, las primas de productividad o los bonus, pero cada vez es más frecuente apostar por nuevas fórmulas o sistemas, como los *stock options* o **phantom shares.**

5.4. Otros tipos de retribuciones

Los tipos de retribuciones más habituales en España son:

- Retribución fija, que se garantiza a los trabajadores
- Retribución variable
- Retribución en especie

No obstante, cada empresa puede fijar su sistema retributivo como quiera, teniendo en cuenta lo establecido en el convenio colectivo de aplicación o en el acuerdo entre el empresario y el trabajador.

Se han analizado diferentes tipos de complementos salariales, que, junto con el salario base, configuran el sistema retributivo, pero existen otros tipos de complementos que los empresarios pueden conceder a sus trabajadores, como, por ejemplo:

- **Complementos por la función desempeñada,** donde se entregarán cantidades a los trabajadores en concepto de complementos de polivalencia, complemento de especial responsabilidad, complemento de nivel o complemento de máquinas.

- **Complementos derivados de pactos específicos y concretos,** donde las partes acuerdan la percepción de complementos en base a:

  - **Pacto de plena dedicación o pacto de exclusiva.** Acuerdo específico en el que el trabajador se compromete a no realizar cualquier tipo de actividad profesional distinta a la que tiene contratada con su empresario, ya sea por cuenta ajena o por cuenta propia.

  - **Pacto de no competencia postcontractual.** Acuerdo que prolonga la relación con la empresa una vez extinguido el contrato entre el empresario y el trabajador. La idea es que, una vez que el trabajador deje la empresa, no pueda hacer la competencia a la misma, durante un determinado período de tiempo. Con esto, el empresario evita que el trabajador utilice los conocimientos adquiridos en su empresa en otra de la competencia a cambio de pagar una compensación al trabajador, mediante una indemnización.

  - **Pacto de permanencia.** Acuerdo que se establece entre el empresario y el trabajador, mediante el que este último se compromete a permanecer en la empresa un determinado período de tiempo a cambio de recibir un complemento de especialización profesional, es decir, el trabajador no podrá dimitir durante el tiempo que se acuerde en dicho pacto, a cambio de recibir un complemento específico.

 Aplicación práctica

Miguel acaba de incorporarse como becario al departamento de recursos humanos de una importante empresa de alimentación. Su superior le ha encargado que analice los tipos de complementos salariales que cobran los diferentes empleados, entre los que se encuentran los siguientes:

Continúa en página siguiente >>

<< Viene de página anterior

▮ **Plus de peligrosidad.**
▮ **Plus de idiomas.**
▮ **Reparto de beneficios.**
▮ **Plus de trabajo a turnos.**

¿Cómo podría clasificar Miguel estos complementos salariales?

SOLUCIÓN

Miguel deberá analizar si esos complementos atienden a las circunstancias personales del trabajador, al trabajo realizado o a los resultados de la empresa. En base a eso, se puede decir que:

▮ El plus de peligrosidad forma parte de los complementos por razón de trabajo realizado.
▮ El plus de idiomas forma parte de los complementos personales del trabajador.
▮ El reparto de beneficios forma parte de los complementos obtenidos por resultados en la empresa.
▮ El plus de trabajo a turnos forma parte de los complementos por razón del trabajo realizado.

6. Retribuciones de vencimiento superior a un mes

Existen una serie de percepciones cuyo vencimiento supera un mes, es periódico y no esporádico. Estos complementos se pagan en un momento fijado, pero se prorratean a lo largo de los doce meses que tiene el año, a la hora de calcular la base de cotización.

Dentro de este tipo de retribuciones, se encuentran:

▪ Las pagas extraordinarias.
▪ Las retribuciones en especie.
▪ Las horas extraordinarias y complementarias.
▪ Los anticipos de salarios.

6.1. Pagas extraordinarias

Según el artículo 31 del Estatuto de los Trabajadores, todos los trabajadores tienen derecho a dos gratificaciones extraordinarias al año, una de ellas con ocasión de las fiestas de Navidad, y la otra en el mes que se fije por convenio colectivo o por acuerdo entre el empresario y los representantes legales de los trabajadores, siendo normalmente los meses de junio o agosto.

 Importante

Todos los trabajadores tienen derecho, además del cobro de su salario mensual, al cobro de dos pagas extraordinarias al año, independientemente del tipo de contrato del trabajador.

Por su parte, la normativa que regula el SMI determina que debe incluirse en el sistema retributivo el pago de dos pagas extraordinarias de 30 días de salario cada una. No obstante, la cuantía se fijará por convenio colectivo, donde se identificará qué conceptos salariales conforman esas gratificaciones extraordinarias.

 Importante

Puede acordarse por convenio colectivo que las pagas extraordinarias se prorrateen dentro de las doce mensualidades, y también puede establecerse un número mayor de pagas extras.

Ejemplo

Una trabajadora cobra un salario base de 1.230 € mensuales. Además, le corresponden dos pagas extraordinarias de igual cuantía, pero el cobro de estas gratificaciones lo tiene prorrateado dentro su remuneración mensual. Por tanto, el prorrateo de la paga extra se determinará de la siguiente forma:

1.230 x 2 = 2.460 / 12 meses = 205 €

Es decir, cobrará al mes, por el prorrateo de la paga extra, 205 €.

Las gratificaciones extraordinarias tienen las siguientes particularidades:

- Son de naturaleza salarial.
- Deben ser tenidas en cuenta para el cálculo de la indemnización por despido y para los salarios de tramitación por despido.
- El devengo de las pagas extraordinarias debe venir establecido en el convenio colectivo, siendo habitualmente semestral o anual, pero si no existe, se devenga en proporción al tiempo de servicio en el año anterior a su cobro.
- Las pagas extraordinarias no se devengan durante los períodos de incapacidad temporal, nacimiento y cuidado de menor, ni durante el tiempo de duración de huelga de los trabajadores.
- Las retenciones practicadas sobre las pagas extras se realizan teniendo en cuenta la cantidad bruta, donde se ha de descontar la retención a cuenta del IRPF. No obstante, la cuota de la Seguridad Social se descuenta prorrateada en las mensualidades.
- El importe de las gratificaciones extraordinarias se incluye en la base de cotización, aunque se prorratea a lo largo de las doce mensualidades.

Actividades

17. ¿Es lo mismo una paga extra que una paga en beneficios? Justifique su respuesta.

Para determinar la cantidad de la paga extra que le corresponde al trabajador, es importante tener en cuenta el período del devengo de la misma. Este período se establece en el convenio, y puede ser anual, semestral, cuatrimestral, etc. Por ejemplo, si el prorrateo de la paga extra es semestral, significa que el trabajador debe trabajar seis meses para poder cobrar la paga extra íntegra; en caso contrario, se deberá obtener la parte proporcional que le correspondería en función al período trabajado.

Aplicación práctica

Laura es contratada el 1 de marzo, tiene derecho a dos pagas extraordinarias al año, siendo la cuantía de cada una de 1.200 €. ¿Cuánto cobrará Laura si las pagas se devengan anualmente? ¿Cuánto cobrará Laura si las pagas se devengan semestralmente?

SOLUCIÓN

a. Paga extra se devenga anualmente:
   Laura cobrará por la paga extraordinaria de junio (cuyo período de devengo sería del 1 de julio al 30 de junio del año siguiente):
   1.200 / 12 meses = 100 x 4 meses = 400 €.
   Laura cobrará por la paga extraordinaria de diciembre (cuyo período de devengo sería del 1 de enero al 31 de diciembre): 1.200 / 12 meses = 100 x 10 meses = 1.000 €.

b. Paga extra se devenga semestralmente:
   Laura cobrará por la paga extraordinaria de junio (cuyo período de devengo sería del 1 de enero al 30 de junio): 1.200 / 6 meses = 200 x 4 meses = 800 €.
   Laura cobrará por la paga extraordinaria de diciembre (cuyo período de devengo sería del 1 de julio al 31 de diciembre): 1.200 / 6 meses = 200 x 6 meses = 1.200 €.

6.2. Las retribuciones en especie

El salario de un trabajador suele ser en dinero efectivo, es decir, el pago que recibe el trabajador por la prestación de sus servicios se realiza mediante la moneda de curso legal.

Sin embargo, también se puede retribuir al trabajador mediante la entrega de un bien diferente al dinero.

 Definición

Retribuciones en especie
Cuando el trabajador hace uso, consume u obtiene bienes, derechos o servicios, de forma gratuita o a un precio inferior al establecido en el mercado, por parte de la empresa.

El salario en especie tiene un carácter patrimonial, ya que esos bienes, derechos o servicios deben ser susceptibles de convertirse en dinero. Sin embargo, se debe tener en cuenta que, si el empresario paga al trabajador el importe en metálico del precio de los bienes, derechos o servicios, ya no sería una retribución en especie, sino dineraria.

 Recuerde

Tal y como establece el Estatuto de los Trabajadores, en ningún caso el salario en especie podrá superar el 30 % de las percepciones salariales del trabajador, ni dar lugar a la minoración de la cuantía íntegra en dinero del salario mínimo interprofesional.

Existen diferentes tipos de percepciones salariales en especie, pero las más comunes son las siguientes:

- Utilización de vivienda propiedad de la empresa.
- Utilización o entrega de vehículos automóviles.
- Préstamos con tipos de interés inferior al tipo legal del dinero.
- Prestaciones de manutención, hospedaje, viajes de turismo y similares.
- Primas, o cuotas, satisfechas por la empresa en virtud de contrato de seguro u otro similar.
- Cantidades destinadas a gastos de estudios de los trabajadores.
- Cantidades satisfechas a favor de planes de pensiones de los trabajadores.

Por norma general, las retribuciones en especie deben valorarse por su valor normal de mercado, pero existen unas normas de valoración especiales para determinadas retribuciones en especie.

Valoración de la utilización de vivienda

La entrega al trabajador, de forma gratuita o a un precio inferior al de mercado, de una vivienda por parte de la empresa, tiene la naturaleza de salario en especie.

Este concepto de salario en especie se produce tanto si la vivienda es propiedad de la empresa o empresario, como si este la alquila, abona su renta y la cede a un trabajador, o que el trabajador alquile una vivienda, pero su renta la pague el empresario.

La regla de valoración de la retribución en especie, derivada de la utilización de vivienda, depende de si la vivienda es o no propiedad de la empresa o empresario:

Si la vivienda es propiedad de la empresa	1. La valoración se efectuará por el importe que resulte de aplicar 10 % sobre el valor catastral de la vivienda. 2. En el caso de inmuebles localizados en municipios en los que los valores catastrales hayan sido revisados o modificados, o determinados mediante un procedimiento de valoración colectiva de carácter general, y hayan entrado en vigor en el período impositivo o en los 10 años anteriores, se aplicará un 5 % sobre el valor catastral. 3. Si, a la fecha de devengo del impuesto del IRPF (normalmente, el 31 de diciembre), la vivienda careciera de valor catastral o este no hubiera sido notificado al titular, se tomará como base de imputación el 50 % del mayor de los siguientes importes: precio de adquisición o valor comprobado por la Administración a efectos de otros tributos. En estos casos, el porcentaje aplicable será del 5 %.
Si la vivienda no es propiedad de la empresa	1. La retribución en especie será el coste para el empresario de la vivienda, es decir, el valor de mercado.

 Importante

En todo caso, no podrá exceder del 10 % de las restantes contraprestaciones del trabajo; la valoración resultante de la retribución en especie correspondiente a la utilización de vivienda que sea propiedad del empresario.

 Aplicación práctica

Eduardo percibe 30.560 € de rentas brutas de trabajo, y reside en una vivienda propiedad de la empresa, cuyo valor catastral revisado asciende a 50.000 €. ¿Cuál sería el valor de la retribución en especie?

SOLUCIÓN

Retribución en especie = 50.000 x 5 % = 2.500 €.

Continúa en página siguiente >>

<< Viene de página anterior

Límite máximo de valoración = 30.560 x 10 % = 3.056 €.

La retribución en especie no podrá superar el límite marcado por la ley. En el caso de Eduardo, esta retribución en especie se valorará en 2.500 €, ya que no supera el límite marcado por la ley (3.056 €).

Valoración de la utilización o entrega de vehículo

También se considera como retribución en especie la puesta a disposición, por parte de la empresa, de un vehículo al trabajador.

Para que se considere retribución en especie, la finalidad del uso del vehículo debe ser para uso particular y privado del trabajador, por ejemplo, cuando al trabajador se le permite disfrutar de un vehículo con cargo a la empresa cuando su actividad no requiere de la utilización de dicho vehículo.

Por su parte, si el vehículo es un instrumento o medio necesario para desempeñar el trabajo, no es una forma de retribuir al trabajador, por lo que no puede considerarse como salario en especie.

En concreto, las reglas de valoración del salario en especie cuando se utiliza un vehículo, son las siguientes:

1. Cuando se entrega el vehículo, la retribución en especie se valorará por el coste de adquisición del vehículo, incluidos los gastos e impuestos que graven la operación.
2. En los supuestos de utilización del vehículo propiedad de la empresa, el valor de la retribución en especie será el 20 % anual del coste de adquisición más los impuestos.
3. En caso de que el vehículo no sea propiedad de la empresa, se aplicará un 20 % sobre el valor de mercado, incluidos los gastos y tributos inherentes a la adquisición, que correspondería al vehículo si fuese nuevo.

4. En el caso de utilización y posterior entrega del vehículo, la valoración de la retribución se realiza teniendo en cuenta la valoración resultante del uso anterior. A estos efectos, la valoración del uso deberá estimarse en el 20 % anual, con independencia de que la disponibilidad del automóvil para fines particulares haya sido total o parcial.

5. En el supuesto de vehículos eficientes desde el punto de vista energético, la cantidad resultante de la valoración se puede reducir hasta en un 30 %.

Valoración de otros tipos de prestaciones en especie

En este apartado se va a analizar cómo se valoran otros tipos de prestaciones en especie.

Tipo de retribución en especie	Valoración de la retribución
Préstamos con tipos de interés inferiores al legal del dinero.	Diferencia entre el importe de los intereses pagados y el que resultaría de aplicar el interés legal del dinero.
Prestaciones en concepto de manutención, hospedaje, viajes de turismo y similares.	Coste para el empresario más los impuestos que gravan la operación.
Primas, o cuotas, satisfechas por la empresa en virtud de contrato de seguro u otro similar.	Coste para el empresario (importe del seguro).
Gastos de estudios y manutención del trabajador o familiares hasta el cuarto grado.	Coste que suponga para el empleador más los impuestos que graven la operación, salvo los que se destinen a la actualización, capacitación o reciclaje del trabajador.
Aportación a planes de pensiones y a planes de previsión social empresarial.	Importe de la aportación.
Entrega de acciones o participaciones concedidas a los trabajadores de una empresa emergente.	El valor de las acciones o participaciones sociales suscritas por un tercero en una ampliación de capital en el año anterior a la entrega.

Actividades

18. ¿En qué consiste el salario en especie? ¿Cuándo se puede pagar en especie? ¿Cómo se calcula el salario en especie?

6.3. Las horas extraordinarias y complementarias

En ocasiones, los empleados trabajan más tiempo del establecido en su jornada laboral, esas horas adicionales pueden ser extraordinarias o complementarias.

Nota

La duración de la jornada de trabajo será la pactada en los convenios colectivos o contratos de trabajo.

La duración máxima de la jornada ordinaria de trabajo será de 40 horas semanales de trabajo efectivo de promedio en cómputo anual.

Entre el final de una jornada y el comienzo de la siguiente mediarán, como mínimo, doce horas (artículo 34 del ET).

Horas extraordinarias

Según lo establecido en el artículo 35 del Estatuto de los Trabajadores:

Tendrán la consideración de horas extraordinarias aquellas horas de trabajo que se realicen sobre la duración máxima de la jornada ordinaria de trabajo, fijada de acuerdo con el artículo anterior. Mediante convenio colectivo o, en su defecto, contrato individual, se optará entre abonar las horas extraordinarias en la cuantía que se fije, que en ningún caso podrá ser inferior al valor de la hora ordinaria, o compensarlas por tiempos equivalentes de descanso retribuido. En ausencia de pacto al respecto, se entenderá que las horas extraordinarias realizadas deberán ser compensadas mediante descanso dentro de los cuatro meses siguientes a su realización.

Para los trabajadores que, por la modalidad o duración de su contrato, realizasen una jornada en cómputo anual inferior a la jornada general en la empresa, el número máximo anual de horas extraordinarias se reducirá en la misma proporción que exista entre tales jornadas.

 Nota

El número de horas extraordinarias no podrá ser superior a 80 horas en cómputo anual. Su realización es voluntaria, salvo que estén pactadas en el convenio colectivo o en el contrato de trabajo.

A efectos del cómputo de horas extraordinarias, la jornada de cada trabajador se registrará día a día, y se totalizará en el período fijado para el abono de las retribuciones, entregando copia del resumen al trabajador en el recibo de salarios correspondiente.

En concreto, la legislación laboral distingue dos tipos de horas extraordinarias:

- **Horas extraordinarias por fuerza mayor:** son aquellas horas necesarias para prevenir o reparar siniestros y otros daños extraordinarios y urgentes. Estas horas son obligatorias para el trabajador, pueden pagarse en dinero o compensarse con tiempo de descanso. No computan a efectos de las 80 horas extraordinarias establecidas legalmente.
- **Horas extraordinarias comunes:** son las horas adicionales que se realizan por circunstancias de la producción o causas imprevistas.

Actividades

19. ¿Existe alguna limitación a la realización de horas extraordinarias? ¿Todos los trabajadores pueden realizar horas extraordinarias? Justifique sus respuestas.

Horas complementarias

Las horas complementarias solo se establecen en los contratos a tiempo parcial indefinidos. Estas horas deben estar establecidas en el contrato, se formalizarán por escrito y se especificará el número de horas a realizar.

 Nota

El contrato de trabajo se entenderá celebrado a tiempo parcial cuando se haya acordado la prestación de servicios durante un número de horas al día, a la semana, al mes o al año, inferior a la jornada de trabajo de un trabajador a tiempo completo comparable (art. 12 del ET).

Estas horas complementarias se abonarán de la misma forma que las ordinarias, y se computarán a efectos de las bases de cotización a la Seguridad Social. El número de horas realizadas por el trabajador debe especificarse tanto en el recibo de salarios como en los documentos de cotización a la Seguridad Social.

Importante

El número de horas complementarias no podrá exceder del 30 % de las ordinarias.

Los convenios podrán establecer otro porcentaje, teniendo en cuenta que nunca podrán exceder el 60 % de la jornada de trabajo.

Se podrá renunciar a la realización de horas complementarias, cumplido un año de la celebración del contrato, teniendo el trabajador que dar un preaviso de 15 días y siempre justificando legalmente esa decisión.

6.4. Los anticipos de salarios

El artículo 29 del Estatuto de los Trabajadores señala que el trabajador y, con su autorización, sus representantes legales, tendrán derecho a percibir, sin que llegue el día señalado para el pago, anticipos a cuenta del trabajo ya realizado.

Dentro de las características de los anticipos de salarios, se debe tener en cuenta:

- El anticipo de salarios se descuenta de la nómina del mes siguiente al que se ha hecho efectivo.
- Este anticipo no puede solicitarse de forma habitual o periódica.
- Para conocer el importe en concepto de anticipo se atiende al convenio colectivo de aplicación, o en su defecto, al Estatuto de los Trabajadores. De este último se deduce que el trabajador puede solicitar un anticipo del salario en proporción a los días del mes que haya trabajado.

Ejemplo

Un trabajador cobra un sueldo mensual de 1.600 € y solicita un anticipo el día 10, sabiendo que en la empresa está limitado al 90 % del importe. Le correspondería como máximo un 90 % de un tercio de la nómina mensual, es decir, un anticipo de 480 € (1.600 x 1/3 = 533,3 x 0,9 = 480).

7. Retribuciones de carácter no salarial

Determinadas percepciones recibidas por el trabajador en el marco de la relación laboral, o como consecuencia de ella, no tienen la consideración de salario, al faltarles el carácter de contraprestación por los servicios realizados. En concreto, el Estatuto de los Trabajadores determina que no tendrán la consideración de salario las cantidades percibidas por el trabajador en concepto de:

- **Indemnizaciones o suplidos.** Estas cantidades no tienen carácter salarial, ya que se destinan a compensar al trabajador por los gastos que haya tenido que realizar por el desarrollo de su actividad laboral.
- **Las prestaciones e indemnizaciones de la Seguridad Social.** Estas cantidades se destinan a compensar determinadas situaciones previstas por la normativa legal o por convenio.
- **Las indemnizaciones correspondientes a traslados, suspensiones o despidos.** Son cantidades que se destinan a compensar al trabajador por el daño sufrido tras una modificación, suspensión o finalización de su relación laboral.

7.1. Indemnizaciones y suplidos

Las indemnizaciones y suplidos son conceptos que no retribuyen el trabajo efectivo, sino que tienen por objetivo indemnizar o suplir los gastos que le generan al trabajador realizar su trabajo.

Importante

Los conceptos de indemnizaciones y suplidos no tienen carácter salarial y solo se satisfacen los días que se trabaja.

El carácter no salarial de estos conceptos se basa en que no proporcionan un beneficio para el trabajador, sino que compensan o adelantan un gasto que este realiza o debe realizar para poder desempeñar su actividad laboral.

Entre las indemnizaciones y suplidos por gastos realizados, se encuentran los siguientes:

Quebranto de moneda	Es una compensación económica que se entrega al trabajador por los riesgos o perjuicios que puede ocasionarle la realización de operaciones con dinero, como pérdidas involuntarias, errores en cobros y pagos, etc. Esta compensación la reciben los trabajadores que, debido a su actividad laboral, manejan normalmente dinero y, en caso de descuadres en la caja, están obligados a responder con su salario, por ejemplo: cajeros, taquilleros, conductores que cobran el billete, etc. Este concepto no se incluye en la retribución de vacaciones cuando en el convenio colectivo se establece que estas son retribuidas a salario. Tampoco se tienen en cuenta en la cuantía de las pagas ni computan para el cálculo de la indemnización por despido.
Desgaste de útiles y herramientas	El trabajador percibe este complemento cuando es él el que adquiere los útiles y herramientas para el desempeño de su actividad laboral. Esta cantidad compensa al trabajador por el deterioro sufrido por los útiles o herramientas de su propiedad como consecuencia del trabajo realizado. Además, se incluye dentro de este concepto extrasalarial la compensación al trabajador por los gastos que conlleva la limpieza y conservación de las prendas que forman parte de su uniforme.

Continúa en página siguiente >>

<< Viene de página anterior

Adquisición de prendas de trabajo	Este concepto no salarial tiene por finalidad cubrir el gasto que supone la obligación de llevar uniforme o una determinada vestimenta para ejercer la actividad laboral. El empresario puede entregar directamente las prendas necesarias para el desempeño del trabajo o puede darle una cantidad de dinero para que el trabajador la destine a la compra del uniforme.
Gastos de locomoción	Mediante este concepto no salarial se busca compensar económicamente al trabajador por los desplazamientos que realiza para efectuar su actividad laboral. Normalmente, el trabajador recibe una cantidad por kilómetro recorrido, que legalmente está establecida en 0,26 € por kilómetro, y también se le compensa por los gastos de aparcamiento y peaje justificados.
Dietas de viaje	Es un concepto no salarial destinado a compensar los gastos que genera al trabajador el desplazamiento provisional o temporal a un lugar distinto a aquel donde habitualmente presta sus servicios o donde radica el centro de trabajo, el cual es ordenado por la empresa. En concreto, se abona una cantidad al trabajador por los gastos de manutención y estancia en restaurantes y hoteles, cuando los desplazamientos le impidan realizar sus comidas principales o pernoctar en su domicilio habitual.
Pluses de distancia y transporte urbano	El plus de distancia tiene por finalidad compensar al trabajador por el tiempo que dedica diariamente a desplazarse desde su domicilio habitual a su centro de trabajo, y viceversa. Por su parte, el plus de transporte urbano compensa al trabajador por la necesidad que tiene de utilizar este medio de transporte, debido a la distancia que existe entre el centro de trabajo y su domicilio.

 ## Actividades

20. ¿Qué diferencias existen entre los complementos de carácter no salariales por gastos de locomoción y el plus de transporte?

21. ¿Es lo mismo el salario en especie que las dietas de viaje?

7.2. Prestaciones e indemnizaciones de la Seguridad Social

Se consideran retribuciones de carácter no salarial las prestaciones de la Seguridad Social abonadas por las entidades gestoras, mutuas colaboradoras con la Seguridad Social o directamente por el empresario.

 Importante

Todos los trabajadores están obligados a cotizar a la Seguridad Social, al igual que los empresarios, ya que estos tienen que cotizar a la Seguridad Social por sus trabajadores.

La Seguridad Social es el principal sistema de protección social de España. Su finalidad es garantizar a los ciudadanos españoles y a los extranjeros residentes en el país las prestaciones sociales necesarias para hacer frente a determinadas contingencias, que puedan surgir ante una situación de necesidad.

La Constitución Española, en su artículo 41, se refiere a la Seguridad Social, y establece que:

Los poderes públicos mantendrán un régimen público de Seguridad Social para todos los ciudadanos, que garantice la asistencia y prestaciones sociales suficientes ante situaciones de necesidad, especialmente en caso de desempleo. La asistencia y prestaciones complementarias serán libres.

Por lo que la Seguridad Social garantiza a las personas que realizan una actividad profesional, así como a los familiares o asimilados que tuvieran a su cargo, la protección adecuada en las contingencias y situaciones que la ley determine.

Importante

El sistema de Seguridad Social pretende cubrir las necesidades de los ciudadanos y de sus familiares. Para ello, se les reconoce y abonan determinadas ayudas, normalmente económicas, pero también asistenciales.

La Seguridad Social cubre estos riesgos y sus consecuencias (denominadas **contingencias).** Las ayudas que otorga se denominan **prestaciones.**

Se pueden clasificar las diferentes **contingencias** que cubre el sistema de la Seguridad Social en:

- **Contingencias que protegen la salud o favorecen su recuperación.** Por ejemplo, una persona que necesita rehabilitación en un brazo que se ha partido debido a un accidente laboral.
- **Contingencias relativas a la edad.** El ejemplo más claro es la edad de jubilación.
- **Contingencias relativas a la situación laboral.** Por ejemplo, cuando una persona pierde su empleo puede tener derecho a recibir unos ingresos.
- **Contingencias relativas a situaciones familiares o de escasez económica.** Por ejemplo, una familia que tenga unos ingresos anuales insuficientes tiene derecho a una ayuda económica. Sucede lo mismo en caso de defunción del trabajador que aporte la base de la economía familiar.

La Seguridad Social se mantiene, básicamente, de las aportaciones económicas que realizan los trabajadores y las empresas. Dichas aportaciones, obligatorias, se realizan mediante las **cotizaciones.**

Pero la Seguridad Social no protege únicamente a aquellas personas que contribuyen con sus cotizaciones a su mantenimiento. Cuando las prestaciones concedidas están relacionadas con esas cotizaciones, se habla de **modalidad contributiva** de la Seguridad Social; sin embargo, cuando no existe esa relación, se hace referencia a la **modalidad no contributiva o asistencial** de la Seguridad Social.

Recuerde

El objeto de la Seguridad Social es cubrir las necesidades que dificultan el bienestar de los ciudadanos, de forma que da cobertura a los trabajadores mediante un sistema contributivo y presta asistencia social gratuita a todos los ciudadanos. Por lo tanto, la Seguridad Social engloba no solo a las personas que se encuentren trabajando, sino que, a través de la asistencia social, también incluye a las personas sin recursos.

Según el artículo 42 de la LGSS, la acción protectora del sistema de la Seguridad Social comprenderá:

a. La asistencia sanitaria en los casos de maternidad, de enfermedad común o profesional y de accidentes, sean o no de trabajo.

b. La recuperación profesional, cuya procedencia se aprecie en cualquiera de los casos que se mencionan en el apartado anterior.

c. Las prestaciones económicas en las situaciones de incapacidad temporal; nacimiento y cuidado de menor; riesgo durante el embarazo; riesgo durante la lactancia natural; ejercicio corresponsable del cuidado del lactante; cuidado de menores afectados por cáncer u otra enfermedad grave; incapacidad permanente contributiva e invalidez no contributiva; jubilación, en sus modalidades contributiva y no contributiva; desempleo, en sus niveles contributivo y asistencial; protección por cese de actividad; muerte y supervivencia; ingreso mínimo vital; así como las que se otorguen en las contingencias y situaciones especiales que reglamentariamente se determinen por real decreto, a propuesta del titular del ministerio competente.

d. Prestaciones familiares de la Seguridad Social, en sus modalidades contributiva y no contributiva.

e. Las prestaciones de servicios sociales que puedan establecerse en materia de formación y rehabilitación de personas con discapacidad y de asistencia a las personas mayores, así como en aquellas otras materias en que se considere conveniente.

 **Nota**

Como complemento de las prestaciones indicadas anteriormente, podrán otorgarse los beneficios de la asistencia social.

El siguiente esquema recoge la acción protectora de la Seguridad Social, que comprende las diferentes prestaciones, indicando las que son en especie y las prestaciones económicas.

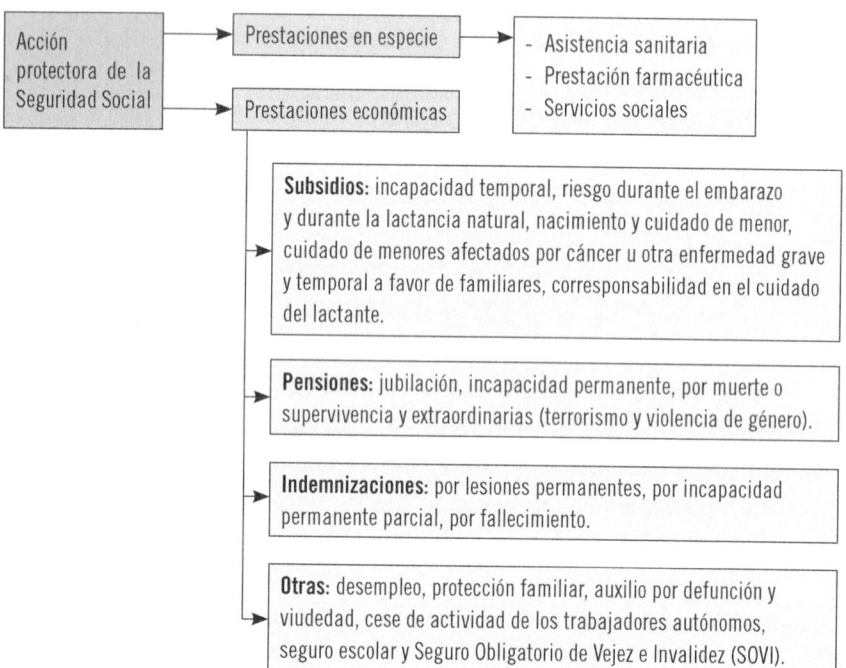

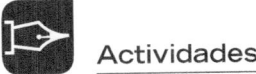

Actividades

22. ¿Qué se consideran prestaciones de la Seguridad Social?
23. ¿Por qué las prestaciones de la Seguridad Social son un concepto extrasalarial? Justifique su respuesta.

7.3. Indemnizaciones por traslados, suspensiones, despidos y ceses

Estas indemnizaciones no tienen la consideración de salario y buscan compensar los gastos e inconvenientes que le causan al trabajador una decisión, por parte del empresario, de trasladarlo, suspenderle el contrato o despedirlo.

Indemnizaciones por traslados

Las indemnizaciones por traslados las recibe el trabajador para compensar los gastos que supone un traslado de su domicilio por motivos laborales.

Importante

Un traslado se produce por desplazamiento del trabajador a otro centro de trabajo, en distinta localidad, que conlleve un cambio de residencia.

El traslado debe producirse por los siguientes motivos:

- Razones económicas
- Razones técnicas
- Razones organizativas

- Por motivos de producción
- Por contrataciones referidas a la actividad empresarial

Según el artículo 40 del Estatuto de los Trabajadores, la decisión de traslado deberá ser notificada por el empresario al trabajador, así como a sus representantes legales, con una antelación mínima de treinta días a la fecha de su efectividad.

Una vez notificada la decisión de traslado, el trabajador tendrá derecho a optar entre dos opciones:

- Traslado, percibiendo una compensación por gastos, que comprenderá tanto los gastos propios como los de los familiares a su cargo, en los términos que establezcan las partes, que nunca será inferior a los límites mínimos establecidos en los convenios colectivos.
- Extinción de su contrato, percibiendo una indemnización de veinte días de salario por año de servicio, prorrateándose por meses los períodos de tiempo inferiores a un año y con un máximo de doce mensualidades.

 Importante

Si el trabajador fuese obligado al traslado y optase por extinguir el contrato, le correspondería la misma indemnización de 20 días de salario por año trabajado, con un máximo de 12 mensualidades.

 Aplicación práctica

Eduardo es un trabajador al que su empresa le ha comunicado que lo van a trasladar a una de sus filiales, que se encuentra en otra ciudad.

Continúa en página siguiente >>

<< Viene de página anterior

Eduardo lleva 8 años en su empresa y cobra un salario mensual, incluido el prorrateo de las pagas extraordinarias, de 1.200 €. Ante esta situación, ¿qué puede hacer Eduardo?

SOLUCIÓN

Eduardo puede elegir entre aceptar el traslado o extinguir su contrato.

Si decide aceptar el traslado, la empresa deberá indemnizarle por los gastos ocasionados, ya que debe cambiar su domicilio habitual.

Si Eduardo opta por extinguir el contrato, deberá cobrar la indemnización correspondiente, que serían 20 días por año de trabajo, con un máximo de 12 mensualidades. En este caso, la indemnización ascendería a:

Salario diario = (1.200 € x 12 meses) / 365 días = 39,45 €/día

20 x 8 años = 160 días.

Cuantía de la indemnización: 160 días x 39,45 €/día = 6.312 €

Indemnizaciones por suspensión del contrato

Estas indemnizaciones cubren o compensan situaciones de interrupción por un período de tiempo de la prestación del trabajo por parte del trabajador, sin que finalice la relación laboral y contractual con el empresario.

Según el artículo 45 del Estatuto de los Trabajadores, un contrato de trabajo puede suspenderse por:

- Mutuo acuerdo de las partes.
- Las consignadas válidamente en el contrato.
- Incapacidad temporal de los trabajadores.
- Nacimiento, adopción, guarda con fines de adopción o acogimiento, de conformidad con el Código Civil o las leyes civiles de las comunidades autónomas que lo regulen, de menores de seis años o de menores de edad mayores de seis con discapacidad o que por sus circunstancias y

experiencias personales o por provenir del extranjero, tengan especiales dificultades de inserción social y familiar debidamente acreditadas por los servicios sociales competentes.

■ Riesgo durante el embarazo y riesgo durante la lactancia natural de un menor de nueve meses.

■ Ejercicio de cargo público representativo.

■ Privación de libertad del trabajador, mientras no exista sentencia condenatoria.

■ Suspensión de empleo y sueldo, por razones disciplinarias.

■ Fuerza mayor temporal.

■ Causas económicas, técnicas, organizativas o de producción.

■ Excedencia forzosa.

■ Ejercicio del derecho de huelga.

■ Cierre legal de la empresa.

■ Decisión de la trabajadora que se vea obligada a abandonar su puesto de trabajo como consecuencia de ser víctima de violencia de género.

■ Disfrute del permiso parental.

 Importante

La suspensión exonera de las obligaciones recíprocas de trabajar y remunerar el trabajo.

La suspensión del contrato suspende también las obligaciones de trabajar y remunerar el trabajo que tienen el trabajador y empresario. En algunos casos, el trabajador percibirá una prestación de la Seguridad Social, que sustituye al salario.

Un empresario podrá suspender el contrato de trabajo por causas económicas, técnicas, organizativas o de producción (artículo 47 del ET):

■ Concurren **causas económicas** cuando, de los resultados de la empresa, se desprenda una situación económica negativa, es decir, que existan pérdidas actuales o previstas, o que disminuya persistentemente el nivel de ingresos ordinarios o ventas. Esta disminución se considerará persistente si, durante dos trimestres consecutivos, el nivel de ingresos ordinarios o ventas de cada trimestre es inferior al registrado en el mismo trimestre del año anterior.

- Se entiende que concurren **causas técnicas** cuando se produzcan cambios, como, por ejemplo, en el ámbito de los medios o instrumentos de producción.
- Las **causas organizativas** surgen cuando se produzcan cambios, entre otros, en el ámbito de los sistemas y métodos de trabajo del personal o en el modo de organizar la producción.
- Las **causas productivas** surgen cuando se produzcan cambios, entre otros, en la demanda de los productos o servicios que la empresa pretende colocar en el mercado.

El procedimiento de suspensión del contrato se inicia mediante la comunicación a la autoridad laboral. Esta medida se solicita a través del instrumento denominado Mecanismo RED, conforme a las normas del artículo 47 bis del Estatuto de los Trabajadores y de la Disposición adicional 41.ª de la Ley General de Seguridad Social.

 Nota

Al cesar las causas legales de suspensión, el trabajador tendrá derecho a la reincorporación al puesto de trabajo reservado en todos los supuestos, salvo que la suspensión se haya producido por mutuo acuerdo entre las partes y/o por las causas consignadas válidamente en su contrato, en las que se estará a lo pactado.

 Actividades

24. ¿Cuál es la diferencia entre extinción y suspensión del contrato?
25. ¿Cuáles de los siguientes elementos constituyen causa de suspensión del contrato?

Continúa en página siguiente >>

<< Viene de página anterior

ı Cierre legal de empresa.
ı Huelga.
ı Un trabajador que ha sido elegido alcalde de su municipio, y las funciones del cargo son incompatibles con su horario de trabajo.
ı Abandono del trabajo.

Indemnizaciones por despido o cese

Una indemnización por despido o cese es la cantidad que se entrega a un trabajador como compensación de la finalización de la relación laboral con la empresa, por expiración del tiempo convenido o realización de la obra o servicio objeto del contrato, o porque así lo ha decidido el empresario.

Entre las causas de extinción del contrato, el Estatuto de los Trabajadores recoge una serie de situaciones que dan lugar a los siguientes tipos de despido:

Tipo de despido	Definición	Indemnización
Despido colectivo	Extinción de contratos de trabajo fundada en causas económicas, técnicas, organizativas o de producción cuando, en un período de noventa días, la extinción afecte, al menos, a: a. Diez trabajadores, en las empresas que ocupen menos de cien trabajadores. b. El diez por ciento del número de trabajadores de la empresa en aquellas que ocupen entre cien y trescientos trabajadores. c. Treinta trabajadores en las empresas que ocupen más de trescientos trabajadores.	La indemnización será, como mínimo, de veinte días de salario por año de servicio, prorrateándose por meses los períodos de tiempo inferiores a un año, con un máximo de doce mensualidades.

Continúa en página siguiente >>

<< Viene de página anterior

Tipo de despido	Definición	Indemnización
Despido disciplinario	El contrato de trabajo podrá extinguirse por decisión del empresario, mediante despido basado en un incumplimiento grave y culpable del trabajador. Se considerarán incumplimientos contractuales: - Las faltas repetidas e injustificadas de asistencia o puntualidad al trabajo. - La indisciplina o desobediencia en el trabajo. - Las ofensas verbales o físicas al empresario o a las personas que trabajan en la empresa, o a los familiares que convivan con ellos. - La transgresión de la buena fe contractual, así como el abuso de confianza en el desempeño del trabajo. - La disminución continuada y voluntaria en el rendimiento de trabajo normal o pactado. - La embriaguez habitual o toxicomanía si repercuten negativamente en el trabajo. - El acoso por razón de origen racial o étnico, religión o convicciones, discapacidad, edad u orientación sexual, y el acoso sexual o por razón de sexo al empresario o a las personas que trabajan en la empresa.	En el despido disciplinario el trabajador se queda sin indemnización, porque se considera que la decisión del empresario de poner fin al contrato está justificada, al haber sido el trabajador quien ha incumplido sus obligaciones.
Despido por causas objetivas	Este despido se produce cuando concurren circunstancias ajenas a la voluntad del trabajador y del empresario. Son motivos de despido por causas objetivas las siguientes: - Por ineptitud del trabajador conocida o sobrevenida con posterioridad a su colocación efectiva en la empresa. - Por falta de adaptación del trabajador a las modificaciones técnicas operadas en su puesto de trabajo, cuando dichos cambios sean razonables. - Cuando concurra alguna de las causas previstas para el despido colectivo, y la extinción afecte a un número inferior al establecido para el mismo. - Por insuficiencia del presupuesto para mantener el contrato indefinido concertado por entidades sin ánimo de lucro para ejecutar programas públicos.	En el despido objetivo la indemnización es de 20 días de salario por año trabajado, con un máximo de 12 mensualidades. Se entiende que la decisión del empresario de poner fin al contrato del trabajador está justificada por una serie de razones objetivas.

Continúa en página siguiente >>

<< Viene de página anterior

Tipo de despido	Definición	Indemnización
Despido improcedente	En este tipo de despido, el trabajador no puede justificar la causa del cese de la relación laboral.	Cuando la empresa reconoce el despido como improcedente o es un juez el que así lo determina, la indemnización será de 33 días de salario por año trabajado con un máximo de 24 mensualidades para contratos posteriores al 12 de febrero de 2012, y de 45 días por año trabajado con un máximo de 42 mensualidades para los contratos anteriores a esa fecha.

 Ejemplo

Un trabajador con una antigüedad en la empresa de 6 años es despedido por causas económicas, su salario diario es de 30 €. La operación que se debe realizar para averiguar la indemnización correspondiente es la siguiente:

30 €/día x 20 días de indemnización x 6 años de antigüedad = 3.600 €.

También se debe tener en cuenta que, al extinguirse un contrato de trabajo, el trabajador tiene derecho a recibir la indemnización por extinción del contrato, si procede, y la liquidación de haberes salariales pendientes. Esta última cantidad hace referencia a las cantidades que se deben al trabajador, las cuales son:

- El salario correspondiente a los días del mes en curso que aún no se haya abonado.
- Las partes proporcionales de las pagas extraordinarias a las que el trabajador tenga derecho.
- La cuantificación económica de las vacaciones no disfrutadas.

7.4. Otros conceptos excluidos de cotización

Aparte de los conceptos incluidos como retribuciones de carácter no salarial que se han analizado, existen otros conceptos de carácter no salarial excluidos de cotización, como pueden ser:

- Las propinas son consideradas reiteradamente por la jurisprudencia como prestaciones extrasalariales, pues no constituyen contraprestación que deba abonar la empresa en atención al trabajo, sino que se consideran ingresos que aporta una tercera persona, por ejemplo, los clientes.
- Prestaciones asistenciales que conceden las empresas similares a las retribuciones en especie, pero sin carácter salarial. Pueden ser, por ejemplo, servicios médicos de empresa, guarderías infantiles, gastos de estudios, etc.
- La cesta de Navidad y los regalos de Reyes que entregue la empresa al trabajador, ya que su naturaleza no es salarial porque no retribuyen el trabajo, sino que son regalos concedidos por el empresario en atención a las fiestas navideñas, y no son jurídicamente exigibles.

También son percepciones no salariales, que están exentas de cotización hasta la cuantía legalmente prevista, los siguientes conceptos:

- Indemnizaciones por fallecimiento.
- Percepciones por matrimonio.
- Indemnizaciones por lesiones.
- Percepciones por nacimiento de hijo.
- Mejoras de la incapacidad temporal realizadas.

8. Control de presencia laboral y el salario

En el departamento de Recursos Humanos de cualquier empresa suelen darse diferentes tipos de incidencias, que deben ser controladas para evitar la implantación de malas prácticas o costumbres dentro del entorno laboral, como, por ejemplo, las faltas de puntualidad o las faltas de asistencia sin justificar.

Este tipo de acciones no suelen tener mucha importancia si ocurren de forma aislada, pero, si se dan de forma continuada en el tiempo, provocan un clima de incertidumbre y descontrol en la empresa.

El **Real Decreto-ley 8/2019, de 8 de marzo,** de medidas urgentes de protección social y de lucha contra la precariedad laboral en la jornada de trabajo, incluye modificaciones normativas para regular el registro de la jornada laboral.

Mediante la implantación de un sistema de control de presencia laboral, se consigue eliminar este tipo de incidencias y controlar fácilmente los tiempos de llegada y salida de los trabajadores de la empresa. Para que el control sea eficaz, se debe tener en cuenta:

- Tiempo normal de la jornada laboral
- Horas extraordinarias
- Períodos vacacionales
- Días festivos

 Nota

El control de los trabajadores puede realizarse de diferentes formas, como, por ejemplo: lectura de tarjetas de personal, códigos de seguridad, de lectura biométrica (huella dactilar), etc.

Si un trabajador falta al trabajo de manera injustificada, tiene las siguientes consecuencias:

- **No cobra el salario.** La empresa puede decidir no pagar el salario del día o las horas no trabajadas y no justificadas, así como la parte proporcional de las pagas extraordinarias y la parte correspondiente a las cotizaciones sociales.

■ **Despido para el trabajador.** El despido por ausencias del trabajo no justificado es procedente y no da lugar a indemnización si se considera disciplinario.

 Nota

En caso de ausencias injustificadas por parte de los trabajadores, la empresa podrá descontar el salario del día más la parte proporcional del descanso semanal retribuido y de las pagas extraordinarias, pero está obligada a cotizar por la base mínima de cotización del trabajador.

El trabajador, previo aviso y justificación, podrá ausentarse del trabajo, con derecho a remuneración, por alguno de los motivos y por el tiempo que establece el artículo 37 del Estatuto de los Trabajadores:

■ Quince días naturales en caso de matrimonio o registro de pareja de hecho.
■ Cinco días por accidente o enfermedad graves, hospitalización o intervención quirúrgica sin hospitalización que precise reposo domiciliario, del cónyuge, pareja de hecho o de parientes hasta el segundo grado de consanguinidad o afinidad (incluidos los de la pareja de hecho) o cualquier otra persona conviviente con la persona trabajadora y que necesita cuidados.
■ Dos días (cuatro días si es necesario desplazarse), por el fallecimiento del cónyuge, pareja de hecho o parientes hasta el segundo grado de consanguinidad o afinidad.
■ Un día por traslado del domicilio habitual.
■ Por el tiempo indispensable, para el cumplimiento de un deber inexcusable de carácter público y personal, comprendido el ejercicio del sufragio activo. Cuando conste en una norma legal o convencional un periodo determinado, se estará a lo que esta disponga en cuanto a duración de la ausencia y a su compensación económica.

Cuando el cumplimiento del deber antes referido suponga la imposibilidad de la prestación del trabajo debido en más del veinte por ciento de las horas laborables en un periodo de tres meses, podrá la empresa pasar al trabajador afectado a la situación de excedencia regulada en el artículo 46.1.

En el supuesto de que el trabajador, por cumplimiento del deber o desempeño del cargo, perciba una indemnización, se descontará el importe de la misma del salario a que tuviera derecho en la empresa.

- Para realizar funciones sindicales o de representación del personal en los términos establecidos legal o convencionalmente.

- Por el tiempo indispensable para la realización de exámenes prenatales y técnicas de preparación al parto y, en los casos de adopción, guarda con fines de adopción o acogimiento, para la asistencia a las preceptivas sesiones de información y preparación y para la realización de los preceptivos informes psicológicos y sociales previos a la declaración de idoneidad, siempre, en todos los casos, que deban tener lugar dentro de la jornada de trabajo.

 Nota

La mayoría de convenios amplían los supuestos por los que puede ausentarse un trabajador con derecho a remuneración, siempre que exista previo aviso y justificación.

9. Estructura del recibo de salarios

Tal y como establece el artículo 29 del Estatuto de los Trabajadores, la liquidación y el pago del salario se deben realizar puntual y documentalmente en la fecha y lugar convenidos, o conforme a los usos y costumbres. Es decir, se debe entregar al trabajador un recibo que justifique el pago del salario.

 **Importante**

El recibo individual de salarios, más conocido por nómina, es el documento que mensualmente deben entregar las empresas a cada uno de sus trabajadores. En el recibo de salarios se debe reflejar la liquidación de las diferentes partidas salariales y deducciones por Seguridad Social e IRPF.

9.1. El recibo de salarios

El recibo de salarios se realiza por meses naturales y debe firmarlo el trabajador, al que se le entregará un duplicado. No obstante, si el pago del salario se realiza mediante trasferencia bancaria, se entiende sustituida la firma por el comprobante expedido por la entidad.

 Importante

La firma del recibo dará fe de la percepción por el trabajador de dichas cantidades, sin que suponga su conformidad con las mismas.

La firma del recibo de salarios por parte del empleado acredita que se han cobrado las cantidades indicadas en la nómina.

Sin embargo, la firma no conlleva la aceptación o conformidad del trabajador.

Cuando las empresas abonen a sus trabajadores los salarios por períodos inferiores al mes, deben documentar dichos pagos como anticipos a cuenta de la liquidación definitiva del recibo mensual de salarios. Si se trata de recibos de salarios por pagas extraordinarias, el período de devengo es el que marque el convenio colectivo.

Sabía que...

Los recibos de salarios o nóminas deben conservarse, junto con los boletines de cotización, durante un mínimo de 5 años.

El empresario descontará a sus trabajadores, en el momento de hacerles efectivas sus retribuciones, la aportación que corresponda a cada uno de ellos. Si no efectuase el descuento en dicho momento, no podrá realizarlo con posterioridad, quedando obligado a ingresar la totalidad de las cuotas a su exclusivo cargo.

En los justificantes de pago de dichas retribuciones, el empresario deberá informar a los trabajadores de la cuantía total de la cotización a la Seguridad Social, indicando la parte de la cotización que corresponde a la aportación del empresario y la parte correspondiente al trabajador.

El recibo de salarios se ajustará al modelo aprobado por el ministerio correspondiente, salvo que, por convenio colectivo o, en su defecto, por acuerdo entre la empresa y los representantes de los trabajadores, se establezca otro modelo que contenga, con la debida claridad y separación, las diferentes percepciones del trabajador, así como las deducciones que legalmente procedan.

Importante

Actualmente, el recibo de salarios vigente se encuentra recogido en la Orden ESS/2098/2014, de 6 de noviembre, por la que se modifica el anexo de la Orden de 27 de diciembre de 1994, por la que se aprueba el modelo de recibo individual de salarios.

El modelo oficial del recibo de salarios es el que aparece a continuación.

RECIBO INDIVIDUAL JUSTIFICATIVO DEL PAGO DE SALARIOS

Empresa:	Trabajador:
Domicilio:	NIF:
CIF:	Núm. Afil. Seguridad Social:
CCC:	Grupo profesional:
	Grupo de Cotización:

Periodo de liquidación: del .... de .... al .... de ....de 20.....   Total días ☐

	IMPORTE	TOTALES
I. DEVENGOS		
1. Percepciones salariales		
Salario base	_____	
Complementos salariales		
_____	_____	
_____	_____	
_____	_____	
Horas extraordinarias	_____	
Horas complementarias (contratos a tiempo parcial).........................	_____	
Gratificaciones extraordinarias................................	_____	
Salario en especie..	_____	
2. Percepciones no salariales		
Indemnizaciones o suplidos		
_____	_____	
Prestaciones e indemnizaciones de la Seguridad Social		
_____..............................	_____	
Indemnizaciones por traslados, suspensiones o despidos		
_____..............................	_____	
Otras percepciones no salariales		
_____	_____	
A. TOTAL DEVENGADO.............		_____
I. DEDUCCIONES		
1. Aportación del trabajador a las cotizaciones a la Seguridad Social y conceptos de recaudación conjunta		
%		
Contingencias comunes+MEI	_____	
Desempleo...	_____	
Formación Profesional..	_____	
Horas extraordinarias...	_____	
TOTAL APORTACIONES...	_____	_____
2. Impuesto sobre la renta de las personas físicas.............	_____	_____
3. Anticipos..	_____	_____
4. Valor de los productos recibidos en especie	_____	
5. Otras deducciones..	_____	
B. TOTAL A DEDUCIR.............		_____
	....	
LÍQUIDO TOTAL A PERCIBIR (A – B).............		_____

.... de .... de 20......

Firma y sello de la empresa   RECIBÍ

Continúa en página siguiente >>

<< Viene de página anterior

DETERMINACIÓN DE LAS BASES DE COTIZACIÓN A LA SEGURIDAD SOCIAL Y CONCEPTOS DE RECAUDACIÓN CONJUNTA Y DE LA BASE SUJETA A RETENCIÓN DEL IRPF Y APORTACIÓN DE LA EMPRESA

CONCEPTO	BASE	TIPO	APORTACIÓN EMPRESA
1. Contingencias comunes+MEI			
Importe remuneración mensual............................			
Importe prorrata pagas extraordinarias.................			
TOTAL....................			
2. Contingencias profe-sionales y conceptos de recaudación conjunta...... AT y EP..........................			
Desempleo........................			
Formación Profesional.......			
Fondo Garantía Salarial.....			
3. Cotización adicional horas extraordinarias........			
4. Base sujeta a retención del IRPF....................			

En concreto, el recibo de salarios debe contener la siguiente información:

- Encabezamiento, que debe incluir los datos identificativos de la empresa y del trabajador.
- Período de liquidación.
- Devengos, es decir, las percepciones salariales y las extrasalariales.
- Deducciones (Retención del IRPF).
- Firmas.
- Bases de cotización.

A continuación, se exponen las partes del recibo de salarios.

Encabezamiento o cabecera

En el encabezamiento o cabecera de la nómina o recibo de salarios deben aparecer los datos identificativos de la empresa y del trabajador. Además, se hace referencia al período de liquidación.

En concreto, la información que debe recogerse es la siguiente:

Datos de la empresa	Datos del trabajador	Periodo de liquidación
- Nombre o razón social - Domicilio - Código de identificación (CIF) - Código de Cuenta Cotización a la Seguridad Social	- Nombre y apellidos del trabajador - NIF - Número de afiliación a la Seguridad Social - Categoría o grupo profesional - Grupo de cotización	- Tiempo que comprende la hoja de salarios. Además se expresará el total de días naturales correspondientes al periodo de tiempo que se liquida y, por consiguiente, no solamente los días trabajados, sino también los festivos comprendidos en su periodo. Por tanto, se hará constar el número de días naturales que tenga el mes de que se trate (28, 29, 30 o 31) si el salario es diario, y si fuera mensual, se pondría 30 días

Empresa: Domicilio: CIF: CCC:	Trabajador: NIF: Núm. Afil. Seguridad Social: Grupo profesional: Grupo de Cotización:
Periodo de liquidación: del .... de .... al .... de ....de 20.....	Total días ☐

Cabecera del recibo de salarios

Actividades

26. Cumplimente el apartado del período de liquidación del salario, para una nómina de un trabajador de retribución diaria, que haya comenzado a trabajar el 15 de marzo.

Cuerpo o parte central

La parte central del recibo de salarios se divide en dos apartados, devengos y deducciones.

Devengos

Se entiende como devengos la suma total de las cantidades que percibe el trabajador por distintos conceptos. Entre estos, es necesario distinguir:

- Las percepciones salariales, que son las cantidades recibidas por el trabajo realizado, como:

  - Salario base.
  - Complementos salariales.
  - Pagas extraordinarias.
  - Horas complementarias.
  - Salarios en especie.

▪ Las percepciones no salariales o extrasalariales, que se abonan al trabajador si se producen determinadas circunstancias, pero sin que guarden una relación directa con el trabajo efectivo realizado, como son:

▪ Indemnizaciones o suplidos.
▪ Prestaciones e indemnizaciones a la Seguridad Social.
▪ Indemnizaciones por traslados, suspensiones y despidos.
▪ Otras percepciones no salariales.

I. DEVENGOS	IMPORTE	TOTALES
1. Percepciones salariales		
Salario base	_____	
Complementos salariales		
....	_____	
....	_____	
....	_____	
Horas extraordinarias	_____	
Horas complementarias (contratos a tiempo parcial)........................		
Gratificaciones extraordinarias....................................	_____	
Salario en especie...	_____	
2. Percepciones no salariales		
Indemnizaciones o suplidos		
....	_____	
Prestaciones e indemnizaciones de la Seguridad Social		
....	_____	
Indemnizaciones por traslados, suspensiones o despidos		
....	_____	
Otras percepciones no salariales		
....	_____	
A. TOTAL DEVENGADO............		_____

Apartado Devengos del cuerpo de la nómina

La suma de las percepciones salariales y las no salariales dan como resultado el total devengado.

Deducciones

El total devengado configura el salario bruto para el trabajador, pero esa cantidad no es la que realmente recibe el trabajador. A esa cantidad se deben restar las deducciones, para obtener el salario neto o líquido que recibirá el trabajador por las funciones realizadas.

Las deducciones son las cantidades que se retienen al trabajador. El empresario tiene la obligación de deducir de la nómina tanto la cuota de la Seguridad Social del trabajador como la retención por IRPF. En concreto, en la nómina aparecen las siguientes deducciones:

▪ **Cuotas a la Seguridad Social a cargo del trabajador.** En este apartado deben incluirse las aportaciones del trabajador a las cotizaciones a la Seguridad Social y conceptos de recaudación conjunta por:

  ▪ Contingencias comunes y Mecanismo de Equidad Intergeneracional (MEI).
  ▪ Desempleo.
  ▪ Formación profesional.
  ▪ Horas extraordinarias.

  Los porcentajes de cotización aplicables para cada concepto son los que establece para cada año la Ley de Presupuestos Generales del Estado y sus normas de desarrollo.

▪ **Retenciones a cuenta del IRPF.** A las retribuciones de los trabajadores se debe aplicar la retención establecida, conforme a las normas de la Ley y Reglamento del IRPF. Es el empresario el obligado a practicar, sobre dichas retribuciones, la retención a cuenta del IRPF de sus trabajadores, e ingresar su importe en el Tesoro Público. Además, ha de comunicar al trabajador la retención practicada en el momento de satisfacer las rentas, indicando el porcentaje aplicado.

▪ **Anticipos pagados al trabajador.** Las cantidades entregadas a los trabajadores, en concepto de anticipos a cuenta de salarios del trabajo realizado y por salarios futuros, se deducen de la nómina en la forma que convengan las partes.

▪ **Valor de los productos recibidos en concepto de salario en especie.** Debe deducirse la cuantía en que se valoró la retribución en especie, es decir, las percepciones económicas diferentes al dinero deben reflejarse en el recibo de salarios.

▪ **Otras deducciones.** Además, pueden producirse otras deducciones, como son:

▮ Cuotas sindicales.

▮ La devolución de préstamos.

▮ Las cantidades percibidas de terceros: cumplimiento de deber o cargo y salarios de tramitación.

▮ La indemnización por daños y ausencia de preaviso.

▮ Los mandamientos judiciales de embargo.

▮ Los pagos indebidos.

▮ La sanción.

▮ La huelga o cierre patronal.

▮ Cualquier otro concepto por obligaciones o compromisos económicos contraídos por el trabajador.

I. DEDUCCIONES

1. Aportación del trabajador a las cotizaciones a la Seguridad Social y conceptos de recaudación conjunta

%

Contingencias comunes + MEI .... _____

Desempleo.. _____

Formación Profesional.................................. _____

Horas extraordinarias.................................... _____

TOTAL APORTACIONES.................................... _____   _____

2. Impuesto sobre la renta de las personas físicas............ _____

3. Anticipos.. _____   _____

4. Valor de los productos recibidos en especie .... _____

5. Otras deducciones.. _____

B. TOTAL A DEDUCIR............ ....   _____

....

LÍQUIDO TOTAL A PERCIBIR (A – B)............ ....   _____

.... de .... de 20......

Firma y sello de la empresa   RECIBÍ

Apartado Deducciones del cuerpo de la nómina

El recibo de salarios debe firmarse por el trabajador. Además, la firma y el sello de la empresa son necesarios para darle carácter de autenticidad y pueden ser requeridos por el trabajador, especialmente cuando deba presentar este documento ante algún organismo privado o público.

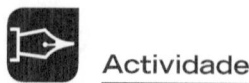

Actividades

27. Un trabajador, al cobrar su nómina, firma el recibo de salarios. Al llegar a casa y revisar el mismo, se da cuenta de que ha habido un error y se le ha pagado menos. ¿Puede efectuar alguna reclamación al empresario, aunque haya firmado el recibo de salarios?

Parte final o informativa de deducciones

En la última parte del recibo de salarios o de la nómina se determinan las bases de cotización a la Seguridad Social y la base sujeta a retención del IRPF.

La necesidad de tener cubiertos determinados riesgos obliga a la empresa y, en su caso, a los trabajadores, a efectuar cotizaciones a la Seguridad Social por distintos conceptos:

- **Base de cotización por contingencias comunes:** comprende la remuneración total, que es la suma de todos los conceptos retributivos que cotizan a la Seguridad Social, y la prorrata de pagas extras. Si la base obtenida no estuviese comprendida entre las bases mínimas y máximas del grupo de cotización que corresponda, se cotizará por mínimas o máximas de dicho grupo.
- **Base de cotización por contingencias profesionales (AT y EP) y conceptos de recaudación conjunta (desempleo, formación profesional, Fondo de Garantía Salarial):** para determinar la base de cotización por las contingencias de accidentes de trabajo y enfermedad profesional se aplicarán las mismas reglas que para las contingencias comunes, incluyendo como concepto computable las horas extraordinarias.
- **Base de cotización adicional por horas extraordinarias:** recoge el importe exacto de las horas extraordinarias realizadas en el mes que se liquida.

DETERMINACIÓN DE LAS BASES DE COTIZACIÓN A LA SEGURIDAD SOCIAL Y CONCEPTOS DE RECAUDACIÓN CONJUNTA Y DE LA BASE SUJETA A RETENCIÓN DEL IRPF Y APORTACIÓN DE LA EMPRESA			
CONCEPTO	BASE	TIPO	APORTACIÓN EMPRESA
1. Contingencias comunes + MEI Importe remuneración mensual............................ Importe prorrata pagas extraordinarias................. TOTAL...................			
2. Contingencias profesionales y conceptos de recaudación conjunta...... AT y EP............................ Desempleo........................ Formación Profesional....... Fondo Garantía Salarial.....			

Parte informativa de la nómina sobre las bases de cotización y las aportaciones

En el recibo de salarios se debe dejar constancia de las aportaciones a la Seguridad Social a cargo del empresario.

 **Nota**

En el siguiente capítulo se analizará de forma teórica y práctica el desarrollo y cálculo de las bases de cotización, así como el cálculo de las cuotas a la Seguridad Social a cargo del trabajador y del empresario.

9.2. Infracciones y sanciones

El incumplimiento de las obligaciones que tiene el empresario en relación al recibo de salarios conlleva responsabilidades administrativas, y puede tener las siguientes sanciones:

Infracciones	Sanciones
Impago y retrasos reiterados en el pago de los salarios debidos a los trabajadores.	Muy grave, cuya multa oscila entre 7.501 y 225.018 €.
No consignar en el recibo de salarios las cantidades realmente abonadas a los trabajadores.	Grave, cuya multa oscila entre 751 y 7.500 €.
Utilización de recibos de salarios distintos del oficialmente aprobado o pactado y/o la no entrega puntual de los mismos a los trabajadores, así como no conservar, durante cuatro años, la documentación o los registros o soportes informáticos en que se hayan transmitido los correspondientes datos que acrediten el cumplimiento de las obligaciones en materia de afiliación, altas, bajas o variaciones que, en su caso, se produjeran en relación con dichas materias, así como los documentos de cotización y los recibos justificativos del pago de salarios y del pago delegado de prestaciones.	Leve, cuya multa oscila entre 70 y 750 €.

10. Resumen

Una de las obligaciones fundamentales dentro de la relación laboral entre el empresario y el trabajador recae en el pago del salario, entendido como la compensación económica que el empresario debe pagar al trabajador por sus servicios o trabajo.

En la fijación del salario, interviene, por un lado, el Estado, mediante la aprobación de normativas que garantizan el establecimiento de una cuantía mínima que debe percibir todo trabajador por el desempeño de sus funciones, es decir, el salario mínimo interprofesional. Por otro lado, los convenios colectivos o los contratos individuales tienen también responsabilidad sobre la fijación de los salarios, ya que mejoran las condiciones para los trabajadores y sirven de técnica de negociación en la estructura de salarios.

El salario se configura teniendo en cuenta los tipos de percepciones que existen, las cuales pueden ser fijas o variables y salariales o no salariales, e incluyendo los diferentes tipos de complementos salariales que pueden derivarse de las condiciones personales del trabajador, de las características del trabajo realizado o de los resultados que tenga la empresa.

También debe incluirse dentro del cálculo del salario los conceptos que configuren las retribuciones de vencimiento superior a un mes que correspondan al trabajador, como son las retribuciones en especie, el pago de horas extraordinarias o los anticipos de salarios que se hayan podido conceder.

Por su parte, los trabajadores pueden percibir una serie de retribuciones de carácter no salarial, como son las indemnizaciones y suplidos, las prestaciones e indemnizaciones de la Seguridad Social o las indemnizaciones por traslados, suspensiones, despidos y ceses.

Todo pago de salario debe documentarse, por ello se debe entregar al trabajador un documento, comúnmente conocido como nómina o recibo de salarios, donde se justifica que se ha entregado la remuneración establecida como pago de su jornada laboral y donde se desarrollan los diferentes conceptos que forman parte del salario, así como las deducciones que deben practicarse para que el trabajador cumpla con sus obligaciones ante la Seguridad Social y la Hacienda Tributaria con el pago del IRPF.

Ejercicios de repaso y autoevaluación

1. ¿Cuál de los siguientes requisitos debe darse para que exista una relación laboral?

    a. Debe obligarse al trabajador a realizar sus tareas.
    b. El trabajo debe realizarse por cuenta propia.
    c. Es una relación independiente para el trabajador.
    d. Es una relación retribuida, es decir, el trabajador recibe un salario por su trabajo.

2. ¿Qué situaciones remunera el salario?

_____
_____
_____
_____
_____
_____
_____
_____

3. Determine si las siguientes afirmaciones son verdaderas o falsas.

    a. Salario en especie consiste en pagar al trabajador mediante dinero en la moneda de curso legal.

        ☐ Verdadero
        ☐ Falso

    b. Para fijar el SMI se tiene en cuenta el índice de precios de consumo.

        ☐ Verdadero
        ☐ Falso

    c. El SMI puede embargarse siempre que el trabajador tenga contraída una deuda.

        ☐ Verdadero
        ☐ Falso

d. Las cuantías de todas las prestaciones, ayudas y subvenciones, en ámbitos distintos del sociolaboral, serán calculadas teniendo en cuenta el IPREM.

☐ Verdadero
☐ Falso

4. Antonio percibe un salario base de 1.500 € al mes y un plus de actividad de 300 €. Se le retiene, en concepto de IRPF, una cantidad de 350 €, y le descuentan 120 € en concepto de cuotas a la Seguridad Social. ¿Cuál sería su salario líquido?

_____
_____
_____
_____

5. Rebeca tiene contraída una deuda y recibe una orden de embargo de su salario para poder pagarla. Su remuneración neta mensual es de 2.200 €, vive sola y no tiene cargas familiares. ¿Qué cuantía de su salario será inembargable?

_____
_____
_____
_____
_____
_____
_____

6. ¿Cuál es el período máximo de tiempo de salario pendiente de pago garantizado por el FOGASA?

a. 90 días
b. Un mes
c. 120 días
d. Un año

7. **Determine si las siguientes afirmaciones son verdaderas o falsas.**

    a. Los complementos por turnos, nocturnidad, penosidad, peligrosidad o toxicidad son percepciones extrasalariales.

        ☐ Verdadero
        ☐ Falso

    b. El salario en especie forma parte de los complementos no salariales.

        ☐ Verdadero
        ☐ Falso

    c. El plus de distancia y transporte urbano se considera un suplido por gastos realizados.

        ☐ Verdadero
        ☐ Falso

    d. Tienen la consideración de salario las indemnizaciones por traslados, suspensiones, despidos y ceses.

        ☐ Verdadero
        ☐ Falso

8. **Laura tiene un salario base de 1.300 €, cobra un complemento de antigüedad de 100 € y un plus de asistencia de 300 €. Le corresponden dos pagas extraordinarias, cada una de ellas de un importe formado por el salario base más la antigüedad. Determine el prorrateo mensual de las pagas extraordinarias que le corresponderían a Laura.**

_____
_____
_____
_____

9. Rafael cobra un sueldo mensual de 1.380 € y solicita un anticipo de su sueldo el día 20. Si en la empresa el anticipo está limitado al 90 %, ¿qué importe máximo podrá recibir?

10. ¿Cuáles son las partes que configuran un recibo de salarios?

Capítulo 2

Cotizaciones al Régimen General de la Seguridad Social

Contenido

1. Introducción
2. La cotización de empresa y trabajador al Régimen
   General de la Seguridad Social
3. Documentos de liquidación de cuotas
4. Cálculo y liquidación de los boletines de cotización
   a la Seguridad Social
5. Resumen

1. Introducción

La Seguridad Social es el principal sistema de protección social de España. El sistema de Seguridad Social pretende cubrir las necesidades de los ciudadanos españoles y de los extranjeros residentes en el país, mediante las prestaciones sociales necesarias para hacer frente a determinadas contingencias, que puedan surgir ante una situación de necesidad.

La Seguridad Social se mantiene, básicamente, de las aportaciones económicas que realizan los trabajadores y las empresas. Dichas aportaciones, obligatorias, se realizan mediante las cotizaciones.

La Seguridad Social diferencia una modalidad contributiva de ámbito profesional y financiación en base a cotizaciones de los afiliados, y otra modalidad no contributiva, de ámbito universal y financiación en base a aportaciones de los Presupuestos Generales del Estado.

El sistema de la Seguridad Social está formado por un conjunto de regímenes a través de los cuales el Estado garantiza, a las personas comprendidas en su campo de aplicación, la protección adecuada en las contingencias y las situaciones que la ley define. La normativa básica en materia de Seguridad Social es la Ley General de la Seguridad Social, en la que se establecen los derechos y obligaciones de las personas en su relación con la Seguridad Social.

La Seguridad Social está integrada por dos tipos de regímenes. Por un lado, está el Régimen General, en el que se encuadran la mayoría de los trabajadores, y por otro lado se encuentran los Regímenes Especiales, entre los que destaca el Régimen Especial de Trabajadores Autónomos, los Regímenes Especiales de la Minería del Carbón, los trabajadores del mar y los funcionarios públicos, civiles o militares.

En concreto, dentro del Régimen General de la Seguridad Social quedarán incluidos los trabajadores por cuenta ajena o asimilados.

Los empresarios tienen la obligación de solicitar su inscripción y dar de alta a sus trabajadores en el régimen de la Seguridad Social correspondiente.

2. La cotización de empresa y trabajador al Régimen General de la Seguridad Social

La acción por la se aportan parte de los recursos económicos que se obtienen del desarrollo de una actividad económica a la Seguridad Social es lo que se conoce como cotización.

En general, la cotización a la Seguridad Social está formada por las aportaciones de los trabajadores y de los empresarios, y es la principal forma de financiar el sistema de la Seguridad Social.

 Importante

La normativa aplicable en materia de cotización es:

I Real Decreto Legislativo 8/2015, de 30 de octubre, por el que se aprueba el texto refundido de la Ley General de la Seguridad Social.
I Ley de Presupuestos Generales del Estado, que anualmente establece los principios generales de cotización.
I Orden PCM/74/2023, de 30 de enero, por la que se desarrollan las normas legales de cotización a la Seguridad Social, desempleo, protección por cese de actividad, Fondo de Garantía Salarial y formación profesional para el ejercicio 2023.
I Reglamento General sobre Cotización y Liquidación de otros Derechos de la Seguridad Social aprobado por el Real Decreto 2064/1995, de 22 de diciembre.
I Real Decreto-ley 13/2022, de 26 de julio, por el que se establece un nuevo sistema de cotización para los trabajadores por cuenta propia o autónomos y se mejora la protección por cese de actividad.

2.1. Cotización a la Seguridad Social

Los sujetos obligados a cotizar al Régimen General de la Seguridad Social son los trabajadores que se encuentren comprendidos dentro de su campo de aplicación, y los empresarios que remuneran el trabajo de estos.

Tanto empresario como trabajador deben realizar aportaciones a la Seguridad Social para tener cubiertos determinados riesgos, es decir, deben cotizar por diferentes tipos de contingencias, las cuales se verán a continuación.

Tipo de contingencia	Definición	Obligados a cotizar
Contingencias comunes	Esta cotización está destinada a la cobertura de todas las situaciones incluidas en la acción protectora del Régimen General de la Seguridad Social, siempre que se deriven de enfermedades comunes que no provengan del trabajo y que no estén consideradas como profesionales, así como de los accidentes que sucedan fuera de la empresa y que no tengan relación con la prestación de servicios por cuenta ajena. Además, las contingencias comunes cubren las prestaciones de asistencia sanitaria y farmacéuticas, nacimiento y cuidado de menor, protección a la familia, riesgo en el embarazo y en la lactancia natural, incapacidad permanente, jubilación, muerte, viudedad y orfandad y desempleo.	Empresario y trabajador.
Contingencias de accidentes de trabajo y enfermedades profesionales	Esta cotización busca dar cobertura a los accidentes de trabajo y enfermedades profesionales, siempre que se produzcan con ocasión o por consecuencia del trabajo que se ejecute por cuenta ajena, facilitando el acceso a todas las prestaciones recuperadoras, rehabilitadoras y demás ayudas, indemnizaciones o beneficios sociales reconocidos. En este concepto se pueden distinguir: Cuotas por IT (Incapacidad Temporal): destinadas a la cobertura de este riesgo específico. Cuotas por IMS (Invalidez, Muerte y Supervivencia): se destinan a la cobertura de todas las contingencias protegidas distintas de la IT.	La cotización completa correrá a cargo exclusivamente del empresario.
Desempleo	La cotización para desempleo se destina a la cobertura de este riesgo específico que, aunque es una prestación de la Seguridad Social, está gestionado por el Servicio Público de Empleo Estatal (SEPE).	Empresario y trabajador.
Fondo de Garantía Salarial (FOGASA)	La cotización está destinada a garantizar los salarios, indemnizaciones y salarios de tramitación que las empresas no abonen a sus trabajadores, en situaciones de insolvencia, quiebra, suspensión de pagos o concurso de acreedores.	Solo está obligado a cotizar el empresario.

Continúa en página siguiente >>

<< Viene de página anterior

Tipo de contingencia	Definición	Obligados a cotizar
Formación profesional	Estas cotizaciones están destinadas a fines de formación, reciclaje, recalificación y reclasificación profesionales.	Empresario y trabajador.
Horas extraordinarias	Esta cotización, adicional, se destina a incrementar los recursos generales del sistema de la Seguridad Social, y no será computable a efectos de determinar la base reguladora de las prestaciones. Se calcula sobre la remuneración, en concepto de horas extraordinarias, que perciba el trabajador.	Empresario y trabajador.

Importante

En el momento de realizar el pago de las retribuciones a los trabajadores, el empresario descontará la aportación a la Seguridad Social que le corresponda a cada trabajador. El descuento de la cuota de la Seguridad Social sobre el salario de los trabajadores debe realizarlo obligatoriamente el empresario y, si no lo hace en ese momento, no podrá realizarlo con posterioridad, quedando obligado a ingresar la totalidad de las cuotas a su cargo.

Si el empresario descuenta de las nóminas de los trabajadores las aportaciones a la Seguridad Social pero no lo ingresa dentro del plazo correspondiente, tendrá responsabilidades ante los propios trabajadores y ante las Entidades Gestoras de la Seguridad Social y Tesorería General de la misma, sin perjuicio de las responsabilidades penal y administrativa que procedan.

Actividades

1. ¿Es lo mismo accidente de trabajo y enfermedad profesional? Busque información y justifique su respuesta.
2. Indique las diferencias entre accidente no laboral y enfermedad común.

2.2. Aspectos básicos de la cotización

Tanto las personas físicas como las personas jurídicas que se encuentran dentro del ámbito de aplicación de cada uno de los regímenes que integran el sistema de la Seguridad Social están obligadas a cotizar, en los términos que determine cada régimen.

Nacimiento de la obligación a cotizar

La obligación a cotizar nace desde el inicio de la prestación de servicios por cuenta ajena del trabajador, incluido el período de prueba, y no se interrumpe mientras que el trabajador esté en alta. Dicha obligación permanece hasta la finalización de la prestación de trabajo en la empresa, siempre que se presente el parte de baja en la Dirección Provincial o Administración correspondiente, y coincida con la finalización del trabajo.

 Sabía que...

Los sujetos obligados a cotizar en el Régimen General son los trabajadores y asimilados comprendidos en el campo de aplicación del Régimen General y los empresarios por cuya cuenta trabajen. Por lo que la cotización comprenderá esas dos aportaciones (empresarios y trabajadores); no obstante, por las contingencias de accidentes de trabajo y enfermedades profesionales la cotización completa correrá a cargo exclusivamente de los empresarios.

El responsable de la cotización es el empresario, el cual está obligado a ingresar sus aportaciones propias al sistema y las de sus trabajadores. El empresario debe descontar de su salario a los trabajadores, la aportación que le corresponda a cada uno. No obstante, existe una excepción, y es que el propio trabajador puede hacer el ingreso correspondiente cuando se suscriba al convenio especial con la Seguridad Social. En general la cotización por las contingencias comunes y profesionales, además de los conceptos de recaudación conjunta, se calculan según lo establecido en los artículos 22 a 28 del R. D. 2064/1995, de 22 de diciembre.

Duración de la obligación a cotizar

Durante todo el tiempo que el trabajador esté en alta en el Régimen General o preste servicios en la empresa, aunque sean con carácter discontinuo, existe obligación a cotizar. La cotización, además, permanecerá para los trabajadores que cumplan deberes de carácter público o desempeñen cargos de representantes sindicales, siempre que estas situaciones no provoquen que el trabajador se encuentre en condiciones de excedencia en el trabajo.

Además, persiste la obligación de cotizar en los siguientes supuestos:

- Incapacidad temporal.
- Riesgo durante el embarazo y riesgo durante la lactancia natural.
- Descanso por nacimiento y cuidado de menor.
- Permisos y licencias que no den lugar a excedencias en el trabajo.
- Convenios especiales.
- Desempleo contributivo y asistencial.
- En los supuestos establecidos en las normas reguladoras de cada régimen.

 Nota

La empresa, por los trabajadores con edad igual o superior a 62 años y que se encuentren en situación de incapacidad temporal, puede aplicarse una reducción del 75 % en las cuotas empresariales a la Seguridad Social por contingencias comunes.

En caso de baja, si esta se comunica fuera del plazo, la obligación a cotizar se mantiene hasta que la Tesorería conozca el cese en el trabajo por cuenta ajena. A efectos de la extinción de la obligación a cotizar, los interesados podrán acreditar que el cese de la actividad se realizó en otra fecha.

Extinción y suspensión de la obligación a cotizar

Por su parte, la obligación a cotizar se extingue con el cese en el trabajo, en la actividad o en la situación determinante del nacimiento y subsistencia de la obligación a cotizar, siempre que se comunique la baja en el tiempo y forma establecidos.

En cuanto a la suspensión de la obligación a cotizar, debe tenerse en cuenta que surge durante los períodos de huelga y cierre patronal, privación de libertad, invalidez provisional, excedencia, suspensión de empleo y sueldo por motivos disciplinarios y suspensión del contrato por fuerza mayor. En las situaciones en las que el trabajador se encuentre suspendido de empleo y sueldo, como en ese período no se produce el desarrollo de una actividad profesional retribuida, no existe obligación a cotizar, lo que permite al empresario dar de baja al trabajador en la Seguridad Social mientras dura la suspensión, sin perjuicio de que pudiera considerarse al trabajador suspendido de empleo y sueldo en situación asimilada al alta.

 Aplicación práctica

Andrés lleva trabajando dos semanas por cuenta ajena, pero su empresa no le ha dado de alta aún en el Régimen General de la Seguridad Social, alegando que se encuentra en período de prueba y, hasta que no lo supere, no tiene obligación a cotizar por el sistema general de la Seguridad Social. ¿Está actuando correctamente su empresa?

SOLUCIÓN

La respuesta es no, ya que la obligación a cotizar nace desde el inicio de la prestación de servicios por cuenta ajena del trabajador, incluido el período de prueba, y no se interrumpe mientras que el trabajador esté en alta. Por lo que la empresa de Andrés no está actuando correctamente y está eludiendo su obligación de cotización por este trabajador, lo que puede conllevar a importantes sanciones por parte de los organismos de la Seguridad Social.

2.3. Elementos de cotización

Los elementos básicos de la cotización son la base de cotización, el tipo de cotización y la cuota de la Seguridad Social.

Base de cotización

Las bases de cotización se obtendrán al aplicar las reglas que existen para los diferentes regímenes del sistema de la Seguridad Social, y en la Ley de Presupuestos Generales del Estado para cada ejercicio económico, en el Reglamento General sobre Cotización y Liquidación de otros derechos de la Seguridad Social, y en las normas que lo complementen.

 Nota

Con carácter general, las bases de cotización se deben ajustar, tanto por exceso como por defecto, hasta la unidad de euro más próxima. No obstante, se debe tener en cuenta que estas regularizaciones no pueden rebasar los topes máximos o mínimos fijados, reglamentariamente, para cada base.

Límites absolutos, máximo y mínimo, y límites relativos de la base de cotización

El artículo 9 del Reglamento General sobre Cotización y Liquidación de otros Derechos de la Seguridad Social establece que las bases de cotización al sistema de la Seguridad Social no podrán ser superiores al **límite máximo** absoluto establecido. En torno a esto, hay que tener en cuenta que:

1. La cuantía del límite máximo será la fijada para cada ejercicio económico por la correspondiente Ley de Presupuestos Generales del Estado.

2. Dicho límite máximo de las bases de cotización será único para todas las actividades, categorías profesionales y contingencias comprendidas en el régimen o en los regímenes de que se trate, y se aplicará cualquiera que sea el número de horas trabajadas, incluidos los supuestos de pluriempleo, pero no los de pluriactividad.

3. En los supuestos de pluriempleo, el límite máximo absoluto se distribuirá entre todos los sujetos de la obligación a cotizar en proporción a las retribuciones abonadas en cada una de las empresas en que preste sus servicios el trabajador en situación de pluriempleo, o conforme al criterio que determine el ministerio, sin que, respecto a las contingencias comunes, la fracción del tope máximo que se asigne a cada empresa o sujeto obligado pueda ser superior a la cuantía de la base máxima de la categoría profesional del trabajador.

El mismo artículo 9 del Reglamento General sobre Cotización y Liquidación de otros Derechos de la Seguridad Social expone que las bases de cotización tendrán como **límites mínimos,** salvo disposición expresa en contrario, la cuantía íntegra de los salarios mínimos interprofesionales vigentes en cada momento, incrementados en un sexto. En torno a esto, hay que tener en cuenta que:

1. Las cuantías de los límites mínimos de las bases de cotización serán las fijadas para cada ejercicio económico y se revisarán, en todo caso, cuando se incrementen o disminuyan los importes del salario mínimo interprofesional en función de la edad de los trabajadores.

2. Los límites mínimos de las bases de cotización serán aplicables para todas las actividades, categorías profesionales y contingencias incluidas en el régimen de que se trate, con independencia del número de horas que trabajen o realicen su actividad los sujetos por los que exista obligación a cotizar, salvo cuando estos se encuentren vinculados por contratos de trabajo o incursos en una relación jurídica conexa con el trabajo, respecto de los cuales, por disposición legal, se establezca expresamente otra cosa.

3. En los supuestos de pluriempleo, los límites mínimos absolutos se prorratearán asimismo entre todas las empresas y demás sujetos de

la obligación de cotizar afectados en proporción a las retribuciones percibidas en cada una de ellas por el trabajador o conforme al criterio determinado por el ministerio.

Sabía que...

En los Presupuestos Generales del Estado se establecen los límites de las bases de cotización, los cuales están constituidos por unas cuantías mínimas y máximas o únicas, fijadas para cada categoría profesional.

Tipo de cotización

El porcentaje que se aplica sobre la base de cotización es lo que se conoce como el tipo de cotización. El resultado de esta operación es lo que se conoce como cuota o importe a pagar a la Seguridad Social.

Importante

El tipo de cotización es único para todo el ámbito de protección del Régimen General de la Seguridad Social. El establecimiento y la distribución del tipo de cotización para las diferentes contingencias se establecen de forma anual en la Ley de Presupuestos Generales del Estado.

Cuota de la Seguridad Social

La cuota de la Seguridad Social es la cantidad resultante de la obligación de cotizar durante el periodo de liquidación. En definitiva, la cuota se calcula aplicando a la base de cotización el tipo de cotización. Además, cuando corresponda, se deberá reducir el importe de las bonificaciones y/o reducciones que resulten aplicables.

Actividades

3. Indique las diferencias y similitudes entre la base de cotización, tipo de cotización y cuota de la Seguridad Social.

2.4. Los grupos de cotización

Se entiende por grupo de cotización la clasificación, a efectos de cotización a la Seguridad Social, de las diferentes categorías profesionales que pueden corresponder a cada trabajador en función de la actividad o el puesto de trabajo que ocupa.

Existen once grupos de cotización, en los que se engloban todas las categorías profesionales, aunque cada convenio colectivo podrá establecer su propia clasificación.

Importante

El grupo de cotización que aparece en el recibo de salarios o en la nómina de cada trabajador determina el puesto de trabajo dentro de la empresa en base al convenio colectivo y al sueldo que se debe cobrar. En concreto, el grupo de cotización determina la categoría o grupo profesional que le corresponde al trabajador de acuerdo con la actividad o puesto de trabajo que desempeña, atendiendo a criterios establecidos en el convenio colectivo de aplicación en la empresa.

Los grupos de cotización vigentes y las categorías profesionales son las siguientes:

Grupo de cotización	Categorías profesionales
1	Ingenieros y Licenciados. Personal de alta dirección no incluido en el artículo 1.3.c) del Estatuto de los Trabajadores.
2	Ingenieros Técnicos, Peritos y Ayudantes Titulados.
3	Jefes Administrativos y de Taller.
4	Ayudantes no Titulados.
5	Oficiales Administrativos.
6	Subalternos.
7	Auxiliares Administrativos.
8	Oficiales de primera y segunda.
9	Oficiales de tercera y Especialistas.
10	Peones.
11	Trabajadores menores de dieciocho años, cualquiera que sea su categoría profesional.

 Ejemplo

Una persona licenciada en Económicas que trabaja como auxiliar administrativo tendrá un grupo de cotización 7; no obstante, si la misma persona trabajara como economista, su grupo de cotización sería el 1. Por lo que la clasificación de los grupos de cotización no está determinada por la titulación, sino por el puesto de trabajo que se desempeñe.

Los convenios colectivos tienen unas tablas salariales que marcan el salario mínimo que corresponde a cada una de las categorías profesionales. Los convenios se actualizan cada uno o dos años y se publican en los boletines de la provincia, de esa forma pueden estar al alcance de todos los trabajadores. En concreto, el convenio de cada empresa depende de su actividad económica, por ejemplo, existen convenios de hostelería, comercio, oficinas, etc.

En definitiva, en cada convenio colectivo se establecerá un sistema de clasificación profesional de los trabajadores del sector de aplicación de dicho convenio colectivo. Además, en los convenios colectivos se recogerá una tabla de equivalencias profesionales entre la clasificación dividida en categorías profesionales y la clasificación en grupos profesionales, con sus correspondientes niveles retributivos.

 Importante

Cada convenio colectivo tiene un apartado donde se desarrollan las categorías y grupos profesionales necesarios para el sector de aplicación del convenio.

 Actividades

4. Busque el convenio colectivo relativo al sector del comercio textil de su provincia y analice los artículos donde se exponen las diferentes categorías o grupos profesionales que existen. A continuación, busque el mismo convenio colectivo de otra provincia y analice las diferencias en cuanto a la clasificación de categorías o grupos profesionales.

2.5. Bases y tipos de cotización de empresa, trabajadores y colectivos profesionales integrados en el Régimen General

Los elementos de cotización fundamentales son las bases y los tipos de cotización, ya que sobre la base de cotización se debe aplicar el tipo de cotización correspondiente para determinar la cuota a pagar.

Bases de cotización

En el Régimen General de la Seguridad Social, la base de cotización se determina en función de las retribuciones del trabajador, con unos límites, que son las bases máximas y mínimas.

A cada grupo de cotización se le asigna una base mínima y máxima, entre las que debe estar incluida la base de cotización del trabajador. Si la base del trabajador supera la base máxima o es inferior a la mínima, tendría que cotizar por la base máxima o mínima correspondiente a su grupo profesional.

Los grupos de cotización se dividen en dos bloques, ya que para los grupos 1 a 7 la base de cotización tendrá carácter mensual, y para los grupos de 8 a 11 las bases de cotización serán diarias.

 Sabía que...

Los trabajadores incluidos en los grupos 1 a 7 cotizan siempre por 30 días, por su parte, los trabajadores incluidos en los grupos del 8 al 11 cotizan por los días naturales que tenga el mes que se liquida, es decir, 28, 29, 30 o 31.

Para calcular la cotización correspondiente a cada trabajador, se han de obtener las bases de cotización, las cuales son:

- Bases por contingencias comunes.
- Bases por contingencias profesionales.
- Bases por cotización de conceptos de recaudación conjunta (desempleo, formación profesional y FOGASA).
- Bases por cotización adicional de horas extras.

Base de cotización por contingencias comunes (BCC)

Para determinar la base de cotización correspondiente a cada mes por contingencias comunes en el Régimen General, se aplicarán las siguientes normas (Orden por la que se desarrollan las normas legales de cotización a la Seguridad Social, desempleo, protección por cese de actividad, Fondo de Garantía Salarial y formación profesional):

1. Se computará la remuneración devengada en el mes (salario) a que se refiere la cotización.
2. A la remuneración computada se añadirá la parte proporcional de las gratificaciones extraordinarias establecidas y de aquellos otros conceptos retributivos que tengan una periodicidad en su devengo superior a la mensual o que no tengan carácter periódico y se satisfagan dentro del año natural. El importe obtenido se dividirá por 365 y el cociente que resulte se multiplicará por el número de días que comprenda el período de cotización de cada mes. En el caso de que la remuneración o salario que corresponda al trabajador tenga carácter mensual, el indicado importe anual se dividirá por 12.
3. Si la base de cotización resultante estuviese comprendida entre la cuantía de la base mínima y de la máxima correspondiente al grupo de cotización de la categoría profesional del trabajador, se cotizará por la base mínima o máxima, según que la resultante sea inferior a aquella o superior a esta. La indicada base mínima será de aplicación cualquiera que fuese el número de horas trabajadas diariamente, excepto en los supuestos en que, por disposición legal, se establece lo contrario.

 Nota

Las bases de cotización estarán limitadas entre unas bases máximas y mínimas para cada grupo o categoría profesional.

Base de cotización por contingencias comunes = remuneración mensual + prorrata de pagas extras.

Remuneración mensual = salario base + complementos salariales.

$$\text{Prorrata de pagas extras} \ = \ \frac{\text{importe paga extra x n.° de pagas}}{365 \ (\text{diario})} \ \text{x n.° días/mes}$$

o

$$\text{Prorrata de pagas extras} \ = \ \frac{\text{importe paga extra x n.° de pagas}}{12 \ \text{meses}}$$

La Ley de los Presupuestos Generales del Estado publica anualmente las bases de cotización, las cuales pueden consultarse en la página web de la Seguridad Social.

 Actividades

5. ¿Qué ocurre si la base de cotización por contingencias comunes de un trabajador, que pertenece al grupo de cotización 5, supera la base máxima establecida para su categoría?
6. ¿En qué categoría profesional situaría a un dependiente de comercio? Justifique su respuesta.

Base de cotización por contingencias profesionales, accidente de trabajo y enfermedad profesional (AT y EP)

La base de cotización por contingencias de accidente de trabajo y enfermedad profesional se calcula de forma similar a la base de cotización por contingencias comunes, incluyendo las horas extraordinarias como un concepto computable dentro de este cálculo.

No existen bases máximas y mínimas para cada grupo profesional, pero sí unos topes máximos y mínimos de cotización.

La base de cotización tanto por contingencias comunes como por contingencias profesionales (AT y EP) está formada por la suma de las remuneraciones mensuales que debe percibir el trabajador por realizar su trabajo por cuenta ajena.

Las percepciones de vencimiento superior al mensual se prorratearán a lo largo de los doce meses del año.

 Importante

Se considera remuneración la totalidad de las percepciones económicas recibidas por los trabajadores, en dinero o en especie, y que retribuyan el trabajo efectivo o los períodos de descanso computables como de trabajo.

Cuando se extinga un contrato se debe tener en cuenta que las percepciones correspondientes a las vacaciones anuales devengadas y/o disfrutadas son objeto de la liquidación y cotización complementaria en el mes de la finalización de la relación laboral. Esta liquidación y cotización complementaria incluirán los días de vacaciones sin prorrateo y con aplicación del tope máximo que corresponde al mes o a los meses afectados.

Cuando se determine reglamentariamente o mediante ley, la remuneración del trabajador debe incluir conjuntamente el salario y la parte proporcional de las vacaciones devengadas.

Base de cotización de conceptos de recaudación conjunta (desempleo, formación profesional y FOGASA)

La base de cotización para estas situaciones será la correspondiente a la base de cotización calculada para las contingencias profesionales.

Base de cotización adicional por horas extraordinarias

Se entiende como cotización adicional el salario que perciban los trabajadores en concepto de horas extraordinarias. Estas horas no serán computables para determinar la base reguladora de las prestaciones.

Existen dos tipos de cotización por horas extraordinarias:

- La cotización adicional por las horas extraordinarias motivadas por fuerza mayor: se aplicará el tipo del 14 %, del que el 12 % será a cargo de la empresa y el 2 % a cargo del trabajador.
- La cotización adicional por las horas extraordinarias que no tengan la consideración de fuerza mayor: se aplicará el tipo del 28,30 %, del que el 23,60 % será a cargo de la empresa y el 4,70 % a cargo del trabajador.

 Definición

___

Horas extraordinarias estructurales
Son las horas necesarias con las que la empresa pretende hacer frente a pedidos imprevistos, aumentos de producción, ausencias imprevistas, cambios de turno y otras circunstancias de carácter estructural derivadas de la naturaleza de la actividad que se trate. Son de carácter voluntario por parte del trabajador, salvo que se haya pactado lo contrario en el convenio colectivo o en el contrato individual.

Continúa en página siguiente >>

<< Viene de página anterior

Horas extraordinarias por fuerza mayor

Son aquellas que se necesitan para prevenir o reparar imprevistos ocasionados en la empresa, por ejemplo inundaciones, incendios..., es decir, no están relacionadas con la naturaleza de la actividad de la empresa.

Las horas extraordinarias hacen incrementar el importe de la base de cotización por contingencias profesionales (AT y EP).

El tipo de cotización aplicable para la cotización por horas extraordinarias, tanto por fuerza mayor como estructurales, se determinará en la Ley de Presupuestos Generales del Estado para cada ejercicio.

 Importante

Las prestaciones económicas de la Seguridad Social se calculan tomando como referencia la base reguladora, la cual se obtiene aplicando unos porcentajes a las bases de cotización correspondientes.

Dichos porcentajes son distintos dependiendo de la prestación que se quiera calcular.

 Aplicación práctica

Elías es un trabajador por cuenta ajena que desempeña un puesto de auxiliar administrativo, cuyo grupo de cotización es el 7. En base a los siguientes datos, calcule las bases de cotización por contingencias comunes y profesionales para Elías.

| Salario base: 1.075 €.
| Antigüedad: 48,08 €.

Continúa en página siguiente >>

<< Viene de página anterior

I Incentivos: 120,20 €.

I Plus de transporte: 36,06 €.

I El trabajador percibe anualmente 2 pagas extraordinarias por un importe igual al salario base más la antigüedad.

SOLUCIÓN

Las bases serán las siguientes:

I Base de cotización por contingencias comunes:
Esta base tiene dos componentes: la remuneración mensual y la prorrata de las pagas extras.

  I Remuneración mensual:

    I Salario base: 1.075,00 €.
    I Antigüedad: 48,08 €.
    I Incentivos: 120,20 €.
    I Plus transporte: 36,06 €.
    I TOTAL: 1.279,34 €.

  I Prorrata de pagas extras:
  $[(1.075 + 48,08) \times 2] / 12 = 187,18$ €

Por lo que la base de cotización de contingencias comunes será: $1.279,34 + 187,18 = 1.466,52$ €.
Esta cantidad está comprendida dentro de las bases mínimas y máximas establecidas para la categoría profesional (grupo 7).

I Bases de cotización por contingencias profesionales:
Son las mismas que por contingencias comunes, puesto que el trabajador no ha realizado horas extraordinarias. Es decir, la base de cotización por contingencias profesionales es: 1.466,52 €. También está comprendida entre el tope mínimo y máximo para las contingencias profesionales.

Conceptos incluidos y excluidos de la base de cotización

En el Régimen General de la Seguridad Social, la base de cotización para todas las contingencias y situaciones amparadas por la acción protectora del mismo, incluidas las de accidente de trabajo y enfermedad profesional, estará constituida por la remuneración total, cualquiera que sea su forma o denominación, que, con carácter mensual, tenga derecho a percibir el trabajador o la que efectivamente perciba de ser esta superior, por razón del trabajo que realice por cuenta ajena. Las percepciones de vencimiento superior al mensual se prorratearán a lo largo de los doce meses del año.

En el artículo 147 de la Ley General de la Seguridad Social se encuentran aquellos **conceptos que no se computarán en la base de cotización,** los cuales son:

- Las asignaciones para **gastos de locomoción del trabajador que se desplace fuera de su centro habitual de trabajo** para realizar el mismo en lugar distinto, cuando utilice medios de trasporte público, siempre que el importe de dichos gastos se justifique mediante factura o documento equivalente.
- Las asignaciones para **gastos de locomoción del trabajador que se desplace fuera de su centro habitual** de trabajo para realizar el mismo en lugar distinto, no comprendidos en el apartado anterior, así como para gastos normales de manutención y estancia generados en **municipio distinto** del lugar del trabajo habitual del perceptor y del que constituya su residencia, en la cuantía y con el alcance previstos en la normativa estatal reguladora del Impuesto sobre la Renta de las Personas Físicas (IRPF).
- **Las indemnizaciones por fallecimiento y las correspondientes a traslados, suspensiones y despidos,** teniendo en cuenta que:

  - Las indemnizaciones por fallecimiento y las correspondientes a traslados y suspensiones estarán exentas de cotización hasta la cuantía máxima prevista en la norma sectorial o convenio colectivo aplicable.
  - Las indemnizaciones por despido o cese del trabajador estarán exentas en la cuantía establecida con carácter obligatorio en la Ley del Estatuto de los Trabajadores, en su normativa de desarrollo, o en la normativa reguladora de la ejecución de sentencias, sin que pueda considerarse como tal la establecida en virtud del convenio, pacto o contrato.

- Las **prestaciones de la Seguridad Social,** las mejoras de las prestaciones por incapacidad temporal concedidas por las empresas y las asignaciones destinadas por estas para satisfacer gastos de estudios dirigidos a la actualización, capacitación o reciclaje del personal a su servicio, cuando tales estudios vengan exigidos por el desarrollo de sus actividades o las características de los puestos de trabajo.

■ Las **horas extraordinarias,** salvo para la cotización por accidentes de trabajo y enfermedades profesionales de la Seguridad Social.

A continuación, se incluyen varias tablas donde se recogen los conceptos incluidos y excluidos de la base de cotización.

CONCEPTOS INCLUIDOS Y EXCLUIDOS DE LA BASE DE COTIZACIÓN

CONCEPTOS				IMPORTE COMPUTABLE EN BC
Retribuciones en especie por norma, convenio colectivo o contrato de trabajo y/o concedidas voluntariamente por las empresas	Vivienda	Propiedad del pagador	Con valoración catastral (1)	10 % del valor catastral (5 % en el caso de inmuebles de municipios con valores catastrales revisados a partir del 01-01-1994)
			Pendiente de valoración catastral	5 % del 50 % del Impuesto sobre el Patrimonio
		No propiedad del pagador		Coste para el pagador, incluidos tributos
	(1) La valoración no puede exceder del 10 % del resto de conceptos retributivos (artículo 43.1.1º.a Ley 35/2006)			
	Vehículo	Entrega		Coste adquisición pagador, incluidos tributos
		Uso	Propiedad pagador	20 % anual del coste adquisición (2)
			No propiedad pagador	20 % valor mercado vehículo nuevo (2)
		Uso y posterior entrega		% que reste por amortizar, a razón de 20 % anual
	(2) Se puede aplicar una reducción del 30 % si el vehículo es eficiente desde el punto de vista energético.			

Continúa en página siguiente >>

<< Viene de página anterior

CONCEPTOS INCLUIDOS Y EXCLUIDOS DE LA BASE DE COTIZACIÓN

CONCEPTOS		IMPORTE COMPUTABLE EN BC
Retribuciones en especie por norma, convenio colectivo o contrato de trabajo y/o concedidas voluntariamente por las empresas	Préstamos con tipos de interés inferiores al legal del dinero	Diferencia entre interés pagado e interés legal del dinero vigente
	Manutención, hospedaje, viajes y similares	Coste para el pagador, incluidos tributos
	Gastos de estudio y manutención (Estudios particulares del trabajador y personas vinculadas por parentesco, incluso afines, hasta el 4º grado inclusive)	Coste para el pagador, incluidos tributos
	Derechos de fundadores de sociedades: porcentaje sobre beneficios de la sociedad que se reserven los fundadores o promotores por sus servicios personales	Al menos el 35 % del capital social que permita la misma participación en los beneficios

CONCEPTOS INCLUIDOS Y EXCLUIDOS DE LA BASE DE COTIZACIÓN

CONCEPTOS	IMPORTE COMPUTABLE EN BC
Quebranto de moneda, desgaste útiles y herramientas, adquisición y mantenimiento ropa trabajo	Importe íntegro
Percepciones por matrimonio	Importe íntegro
Donaciones promocionales: las cantidades en dinero o los productos en especie entregados por el empresarios a sus trabajadores como donaciones promocionales y, en general, con la finalidad exclusiva de que un tercero celebre contratos con aquel	Importe íntegro
Pluses de transporte y de distancia	Importe íntegro
Mejoras de las prestaciones de la Seguridad Social distintas de la incapacidad temporal (incluye las contribuciones por planes de pensiones y sistemas alternativos)	Importe íntegro

Continúa en página siguiente >>

<< Viene de página anterior

CONCEPTOS INCLUIDOS Y EXCLUIDOS DE LA BASE DE COTIZACIÓN

CONCEPTOS	IMPORTE COMPUTABLE EN BC
Indemnizaciones por fallecimiento, traslados, suspensiones	La cantidad que exceda lo previsto en norma sectorial o convenio aplicable
Indemnizaciones por despido o cese	Exceso de la cuantía establecida en el ET o en la que regula la ejecución de sentencias, sin que pueda considerarse como tal la establecida en convenio colectivo
	Los importes que excedan de los que hubieran correspondido de haberse declarado improcedente el despido
Prestaciones Seguridad Social y mejoras por incapacidad temporal	Exento
Horas extraordinarias, salvo para la cotización por accidentes de trabajo y enfermedades profesionales de la Seguridad Social	Exento
Cualquier otro concepto retributivo abonado por los empresarios y no mencionado expresamente en los apartados anteriores	Importe íntegro

CONCEPTOS INCLUIDOS Y EXCLUIDOS DE LA BASE DE COTIZACIÓN

CONCEPTOS				IMPORTE COMPUTABLE EN BC
Gastos de manutención y estancia (dietas)	Gastos de estancia			Exceso del importe justificado
	Gastos de manutención	Pernocta	España	Exceso de 53,34 €/día
			Extranjero	Exceso de 91,35 €/día
		No pernocta	España	Exceso de 26,67 €/día
			Extranjero	Exceso de 48,08 €/día

Continúa en página siguiente >>

<< Viene de página anterior

CONCEPTOS INCLUIDOS Y EXCLUIDOS DE LA BASE DE COTIZACIÓN

CONCEPTOS				IMPORTE COMPUTABLE EN BC
Gastos de manutención y estancia (dietas)	Gastos de manutención	No pernocta	Personal de vuelo	España	Exceso de 36,06 €/día
				Extranjero	Exceso de 66,11 €/día
	Los gastos normales de manutención y estancia deben haberse generado en un municipio distinto del lugar del trabajo habitual del perceptor y del que constituya su residencia, en la cuantía y con el alcance previstos en la normativa reguladora del IRPF				
Gastos de locomoción	Según factura o documento equivalente (transporte público)				Exento
	Remuneración global (sin justificación importe)				Exceso de 0,26 €/km recorrido más gastos de peaje y aparcamiento justificados

CONCEPTOS INCLUIDOS Y EXCLUIDOS DE LA BASE DE COTIZACIÓN

CONCEPTOS		IMPORTE COMPUTABLE EN BC
Asignaciones asistenciales	Entrega gratuita o a precio inferior al de mercado de acciones o participaciones de la empresa o empresas del grupo	Importe íntegro
	Gastos de estudios del trabajador o asimilado dispuestos por instituciones, empresarios o empleadores y financiados directamente por ellos para la actualización, capacitación o reciclaje de su personal, cuando vengan exigidos por el desarrollo de sus actividades o las características de los puestos de trabajo, incluso cuando su prestación efectiva se efectúe por otras personas o entidades especializadas (se considerarán retribuciones en especie cuando dichos gastos no vengan exigidos por el desarrollo de aquellas actividades o características y sean debidos por norma, convenio colectivo o contrato de trabajo)	Exento

Continúa en página siguiente >>

<< Viene de página anterior

CONCEPTOS INCLUIDOS Y EXCLUIDOS DE LA BASE DE COTIZACIÓN

CONCEPTOS			IMPORTE COMPUTABLE EN BC
Asignaciones asistenciales	Entregas de productos a precios rebajados que se realicen en cantinas o comedores de empresa o economatos de carácter social, teniendo dicha consideración las fórmulas directas o indirectas de prestación del servicio, admitidas por la legislación laboral, en las que concurran los requisitos establecidos en el artículo 45 del Reglamento del Impuesto sobre la Renta de las Personas Físicas		Importe íntegro
	Utilización de los bienes destinados a los servicios sociales y culturales del personal empleado (espacios y locales, debidamente homologados por la Administración pública competente, destinados por los empresarios o empleadores a prestar el servicio de primer ciclo de Educación Infantil a los hijos de sus trabajadores, así como la contratación de dicho servicio con terceros debidamente autorizados)		Importe íntegro
	Primas de seguros	Primas de contrato de seguro AT o responsabilidad civil del trabajador	Importe íntegro
		Primas de contrato de seguro para enfermedad común trabajador (más cónyuge y descendientes)	Importe íntegro
	La prestación del servicio de educación preescolar infantil, primaria, secundaria obligatoria, bachillerato y formación profesional, por centros educativos autorizados a los hijos de sus empleados, con carácter gratuito o por el precio inferior al normal del mercado		Importe íntegro

Actividades

7. Imagine que un trabajador está percibiendo unas percepciones no salariales por los conceptos de quebranto de moneda y desgaste de ropa. ¿Se deben tener en cuenta las cantidades de los dos conceptos por separado o de forma conjunta? ¿Qué importe queda exento de la base de cotización? Justifique sus respuestas.

2.6. Tipos de cotización

El tipo de cotización es único y se establece en la correspondiente Ley de Presupuestos Generales del Estado.

El tipo de cotización se reduce en el porcentaje correspondiente a situaciones o contingencias que no queden comprendidas en la acción protectora (coeficientes reductores), para aquellos que sean asimilados a trabajadores por cuenta ajena o para otros supuestos establecidos legal o reglamentariamente.

Tipo de cotización para contingencias comunes y Mecanismo de Equidad Intergeneracional

El tipo único de cotización para contingencias comunes y Mecanismo de Equidad Intergeneracional (MEI) es el 28,90 %, del que el 24,10 % va a cargo de la empresa, y el 4,80 % a cargo del trabajador. Por aplicación del MEI, los tipos de cotización por contingencias comunes se vieron aumentados en un 0,5 % para la empresa y 0,1 % para los trabajadores. Esta medida entró en vigor en 2023 y se mantendrá hasta 2032 (DF 4.ª de la Ley 21/2021, de 28 de diciembre y art. 122.Catorce de la Ley 31/2022, de 23 de diciembre).

 Importante

Los empresarios y trabajadores quedarán exentos de cotizar a la Seguridad Social por contingencias comunes (salvo por incapacidad temporal derivada de las mismas), desempleo, FOGASA y formación profesional, respecto de los trabajadores por cuenta ajena, así como de los socios trabajadores o de trabajo de las cooperativas, que sigan trabajando y se encuentren en alguno de estos supuestos:

- 65 años y 37 años y 6 meses o más de cotización.
- 66 años y menos de 37 años y 3 meses de cotización.

Tipo de cotización para contingencias profesionales

Para las contingencias profesionales se aplican los porcentajes (primas) de la tarifa de primas, siendo a cargo exclusivo del empresario, que es el único sujeto obligado, pues el trabajador está exento de esta cotización.

El artículo 11 del Reglamento General sobre Cotización y Liquidación de otros Derechos de la Seguridad Social establece que la cotización por accidentes de trabajo y enfermedades profesionales por parte de los empresarios y de los empleados de hogar que hubieran asumido el cumplimiento de tal obligación, se efectuará mediante la aplicación de los tipos de cotización que correspondan a las actividades económicas de empresas y trabajadores y a las ocupaciones o situaciones de estos últimos, conforme a la tarifa de primas vigente. Desde 2023, el tipo de cotización para los trabajadores por cuenta propia viene regulado en la Ley de Presupuestos Generales del Estado, de forma anual.

La cuantía de las cuotas por accidentes de trabajo y enfermedades profesionales resultante de la aplicación de la tarifa de primas vigente y, en su caso, de las primas adicionales a que se refieren los apartados anteriores, podrá reducirse en el supuesto de empresas que se distingan en el empleo de medios eficaces de prevención. Además, esta cuantía se puede incrementar para aquellas empresas que no cumplan sus obligaciones en materia de Seguridad Social y salud laboral, según las condiciones y supuestos que indique el ministerio correspondiente.

 Importante

Las primas son diferentes en función del tipo de actividad económica realizada por la empresa o de las tareas que desarrolle el trabajador. Se distribuyen en un porcentaje para incapacidad temporal (IT) y un porcentaje para incapacidad permanente, muerte y supervivencia.

Legalmente, se fijará la correspondiente tarifa de porcentajes aplicables para determinar las primas. Para el cálculo de las tarifas, se computará el coste de las prestaciones y las exigencias de los servicios preventivos y rehabilitadores.

Asimismo, el importe de las primas puede reducirse en el supuesto de empresas que se distingan por el empleo de medios eficaces de prevención. La reducción y el aumento no pueden exceder de un 10 % de la cuantía de las primas, si bien el aumento puede llegar hasta un 20 % en caso de reiterado incumplimiento de las obligaciones correspondientes.

 Sabía que...

El Real Decreto-ley 28/2018, de 28 de diciembre, para la revalorización de las pensiones públicas y otras medidas urgentes en materia social, laboral y de empleo, modificó la tabla de cotización por accidentes de trabajo y enfermedades profesionales, contenida en el apartado uno de la disposición adicional cuarta de la Ley 42/2006, de 28 de diciembre, de Presupuestos Generales del Estado para el 2007, con efectos desde 1 de enero de 2019 y vigencia indefinida.

Tipos de cotización por otros conceptos de recaudación conjunta

Los tipos de cotización para otros conceptos de recaudación son los siguientes:

- **Desempleo:** para esta contingencia, los tipos son los siguientes:

  - Tipo general: 7,05 % (5,50 % a cargo de la empresa y 1,55 % a cargo del trabajador).
  - Contratos de duración determinada a tiempo completo o a tiempo parcial: el 8,30 %, del que el 6,70 % corresponde al empresario y el 1,60 % corresponde al trabajador.

- **Fondo de Garantía Salarial:** para esta contingencia el tipo aplicable es el 0,2 %, a cargo exclusivo del empresario.

- **Formación Profesional:** para esta contingencia el tipo aplicable es el 0,70 %, del que el 0,60 % corre a cargo de la empresa y el 0,10 % a cargo del trabajador.
- **Cotización adicional por horas extraordinarias:** esta remuneración no se computa a efectos de determinar la base reguladora de las prestaciones. El tipo de cotización aplicable a la remuneración depende de la naturaleza de las horas extraordinarias realizadas, por lo que se debe tener en cuenta:

  - Las horas extraordinarias motivadas por causa de fuerza mayor, el tipo aplicable es del 14 %, del que el 12 % corre a cargo de la empresa y el 2 % a cargo del trabajador.
  - Al resto de las horas extraordinarias se les aplica el tipo del 28,30 %, del que el 23,60 % es a cargo de la empresa y el 4,70 % a cargo del trabajador.

Los tipos de cotización son revisados anualmente por la Ley de Presupuestos Generales del Estado y se pueden consultar en la página web de la Seguridad Social. A modo de resumen, se exponen en las siguientes tablas:

TIPOS DE COTIZACIÓN (%)			
	A cargo de la empresa	A cargo del trabajador	Total
Contingencias comunes + MEI	24,10 %	4,80 %	28,90 %
Fondo de Garantía Salarial (FOGASA)	0,2 %	No cotiza	0,2 %
Formación profesional	0,60 %	0,10 %	0,70 %
Horas extraordinarias por fuerza mayor	12 %	2 %	14 %
Resto horas extraordinarias	23,60 %	4,70 %	28,30 %

Continúa en página siguiente >>

<< Viene de página anterior

TIPOS DE COTIZACIÓN (%)			
	A cargo de la empresa	A cargo del trabajador	Total
Accidentes de trabajo y enfermedades profesionales	Se aplicarán los porcentajes de la tarifa de primas incluida en la disposición adicional cuarta de la Ley 42/2006, de 28 de diciembre, de Presupuestos Generales del Estado para el año 2007, en la redacción dada por la disposición final decimonovena de la Ley 22/2013, de 23 de diciembre, de Presupuestos Generales del Estado para el año 2014, siendo las primas resultantes a cargo del empresario.		

TIPOS DE COTIZACIÓN PARA DESEMPLEO (%)			
	Empresa	Trabajador	Total
Tipo General	5,50 %	1,55 %	7,05 %
Contrato duración determinada tiempo completo	6,70 %	1,60 %	8,30 %
Contrato duración determinada tiempo parcial	6,70 %	1,60 %	8,30 %

2.7. Cálculo de una nómina y aplicación de las deducciones por cotización a la Seguridad Social

Una vez analizados los elementos de cotización, las bases de cotización y los tipos de cotización, se puede determinar la deducción de los conceptos cotizables en las retribuciones de los trabajadores. Es decir, para calcular la nómina será necesario determinar el total devengado y deducir las cantidades cotizables a la Seguridad Social.

Este cálculo, a veces, puede parecer complicado, pero lo que se debe tener en cuenta es que puede calcularse en todas las situaciones, siguiendo los siguientes pasos:

1.º Paso	Cálculo del total devengado, el cual se obtiene de la siguiente forma: Percepciones salariales + Percepciones no salariales
2.º Paso	Cálculo de las bases de cotización
3.º Paso	Cálculo de las aportaciones del trabajador a las cotizaciones de la Seguridad Social
4.º Paso	Cálculo de la cuantía del IRPF
5.º Paso	Cálculo del Líquido a percibir por el trabajador

Aplicación práctica

Alicia García Ruiz trabaja por cuenta ajena como Jefa de administración. Con los datos que se exponen a continuación, determine la nómina de esta trabajadora para el mes de marzo, y confeccione el recibo de salarios.

Continúa en página siguiente >>

<< Viene de página anterior

Grupo de cotización: 3, Jefe Administrativo.

NIF: 12365478-P.

Número de afiliación a la Seguridad Social: 28/00159357/90.

Antigüedad en la empresa: 9 años.

Retribuciones según convenio:

- Salario base: 1.800 €.
- Antigüedad: 80 € cada trienio.
- Plus de transporte: 150 €.
- Horas extraordinarias: 100 €.

Percibe 2 pagas extraordinarias, cada una de salario base más antigüedad.

La retención del IRPF = 16 %.

Los datos de la empresa son:

- Nombre: Materiales y Herramientas Hermanos Sánchez S. L.
- Domicilio: Avenida El campillo, nave 8, Polígono Industrial, C. P. 11070, Cádiz.
- NIF: A897546233.
- CCC: 28/9632587/45.

SOLUCIÓN

Lo primero que se debe calcular es el total devengado = percepciones salariales + percepciones no salariales.

En este caso, solo hay percepciones salariales:

- Salario base: 1.800 €
- Antigüedad: 80 x 3 = 240 €
- Plus de transporte: 150 €
- Horas extraordinarias: 100 €
  Total devengado = 2.290 €

Continúa en página siguiente >>

<< Viene de página anterior

El segundo paso será calcular las bases de cotización:

▮ Base de cotización por contingencias comunes:
Remuneración mensual= salario base (1.800) + antigüedad (240) + plus de transporte (150) = 2.190 €.
Prorrata paga extra = (1.800 + 240) x 2 / 12 meses = 340
BCCC marzo = 2.530 €.
▮ Base de cotización por contingencias profesionales: es igual a la BCCC + las horas extraordinarias. Es decir, la BCCP = 2.530 + 100 = 2.630 €.
▮ La base de cotización por desempleo, formación profesional y FOGASA coincide con la base de cotización por contingencias profesionales, es decir, será de 2.630 €.
▮ Base de cotización por horas extraordinarias es la cantidad abonada en concepto de hora extraordinaria, es decir, 100 €.

El tercer paso será determinar la aportación del trabajador a las cotizaciones de la Seguridad Social:

Concepto	Aportación trabajador	Aportación empresario
Contingencias comunes	2.530 x 4,80 % = 121,44	2.530 x 24,10 % = 609,73
Contingencias profesionales		IMS: 2.630 x 0,70 % = 18,41 IT: 2.630 x 0,80 % = 21,04
Desempleo	2.630 x 1,55 % = 40,76	2.630 x 5,50 % = 144,65
Formación profesional	2.630 x 0,10 % = 2,63	2.630 x 0,60 % = 15,78
FOGASA	-------------------	2.630 x 0,20 % = 5,26
Horas extraordinarias	100 x 4,70 % = 4,70	100 x 23,60 % = 23,60
TOTAL	169,53 €	838,47 €

El porcentaje que le corresponde por IT e IMS es el tipo aplicable a la ocupación o actividad desarrollada según la tarifa de primas.

El siguiente paso será determinar la base sujeta a retención a cuenta del IRPF, es decir, al total devengado se le debe aplicar el porcentaje del IRPF: 2.290 x 16 % = 366,4 €.

Por último, se deberá determinar el líquido a percibir por el trabajador, que será igual al total devengado − aportaciones a la Seguridad Social − aportación de IRPF = 2.290 − 169,53 − 366,4 = 1.754,07 €.

Continúa en página siguiente >>

<< Viene de página anterior

A continuación, se muestra el recibo de salarios para esta trabajadora durante el mes de marzo.

RECIBO INDIVIDUAL JUSTIFICATIVO DEL PAGO DE SALARIOS

Empresa: Materiales y Herramientas Hermanos Sánchez S.L.
Domicilio: Avd El campillo, nave 8, Polígono Industrial, C.P. 11070, Cádiz
CIF: A897546233
CCC: 28/9632587/45

Trabajador: Alicia García Ruiz
NIF: 12365478P
Núm. Afil. Seguridad Social: 28/00159357/90
Grupo profesional: Jefe Administrativo
Grupo de Cotización: 3

Periodo de liquidación: del .1.. de .Marzo........... al .31... de .Marzo............de 20.X...   Total días [30]

	IMPORTE	TOTALES
I. DEVENGOS		
1. Percepciones salariales		
Salario base	1.800	
Complementos salariales		
Antigüedad	240	
Horas extraordinarias	100	
Horas complementarias (contratos a tiempo parcial)........................		
Gratificaciones extraordinarias........................		
Salario en especie........................		
2. Percepciones no salariales		
Indemnizaciones o suplidos		
Prestaciones e indemnizaciones de la Seguridad Social		
Indemnizaciones por traslados, suspensiones o despidos		
Otras percepciones no salariales		
Plus de transporte	150	
A. TOTAL DEVENGADO.............		2.290
I. DEDUCCIONES		
1. Aportación del trabajador a las cotizaciones a la Seguridad Social y conceptos de recaudación conjunta		
%		
Contingencias comunes + MEI.......2.530............................ 4,80	121,44	
Desempleo..................2.630............................ 1,55%	40,76	
Formación Profesional......2.630............................ 0,10%	2,63	
Horas extraordinarias...........100............................ 4,70%	4,70	
TOTAL APORTACIONES..		169,53
2. Impuesto sobre la renta de las personas físicas............. 16%	366,4	
3. Anticipos.............................		
4. Valor de los productos recibidos en especie		
5. Otras deducciones..		
B. TOTAL A DEDUCIR.............		535,93
LÍQUIDO TOTAL A PERCIBIR (A – B).............		1.754,07

.31........ de ....Marzo..................... de 20.X....

Firma y sello de la empresa   RECIBÍ

Continúa en página siguiente >>

<< Viene de página anterior

DETERMINACIÓN DE LAS BASES DE COTIZACIÓN A LA SEGURIDAD SOCIAL Y CONCEPTOS DE RECAUDACIÓN CONJUNTA Y DE LA BASE SUJETA A RETENCIÓN DEL IRPF Y APORTACIÓN DE LA EMPRESA			
CONCEPTO	BASE	TIPO	APORTACIÓN EMPRESA
1. Contingencias comunes + MEI			
Importe remuneración mensual..........................	2.190		
Importe prorrata pagas extraordinarias................	340		
TOTAL...................	2.530	24,10%	609,73
2. Contingencias profesionales y conceptos de recaudación conjunta..... AT y EP............................		1,50%	39,45
Desempleo......................	2.630	5,50%	144,65
Formación Profesional.......		0,60 %	15,78
Fondo Garantía Salarial.....		0,20 %	5,26
3. Cotización adicional horas extraordinarias........	100	23,60 %	23,60
4. Base sujeta a retención del IRPF..................	2.290		

3. Documentos de liquidación de cuotas

Los boletines de cotización del Régimen General son los documentos a través de los cuales el empresario, como sujeto responsable de la obligación de cotizar, ingresa sus aportaciones y las de sus trabajadores, que previamente ha descontado del recibo de salarios.

Los modelos para cumplir con esta obligación empresarial son:

- Relación nominal de trabajadores (RNT), sustituye al conocido como TC2.
- Recibo de Liquidación de Cotizaciones (RLC), sustituye al TC1 y refleja las cuotas que corresponden a la empresa y a los trabajadores, es decir, se utiliza para liquidar las cuotas del Régimen General de la Seguridad Social, y se cumplimenta a partir de los datos que figuran en la Relación Nominal de Trabajadores (RNT).

Importante

La presentación de los boletines de cotización se debe realizar de forma telemática, ya que ha desaparecido la presentación en papel. Para el sistema de pago electrónico, la Tesorería General de la Seguridad Social remitirá un recibo de liquidación de cotizaciones, que sustituye al modelo de ingreso TC1.

3.1. Recibo de liquidación de cotizaciones

Están obligados a incorporarse al Sistema RED las empresas, agrupaciones de empresas y demás sujetos responsables del cumplimento de la obligación de cotizar encuadrados en cualquiera de los regímenes del Sistema de la Seguridad Social, con independencia del número de trabajadores que mantenga en alta.

El funcionamiento será el siguiente: una vez calculadas las nóminas del mes, el programa de gestión laboral con el que se trabaje en la empresa permitirá la generación de un fichero de cotización, que contendrá los datos personales y bases de cotización de los trabajadores activos en el mes de la empresa (relación nominal), fichero que se enviará a la Tesorería General de la Seguridad Social por medios telemáticos. Una vez procesada la información por la TGSS, esta remitirá a la empresa el boletín de cotización ya cumplimentado para que sea pagado en una entidad bancaria dentro del plazo reglamentario.

A continuación, se muestra la imagen del recibo de liquidación de cotizaciones que la TGSS facilita para su posterior pago.

MINISTERIO DE INCLUSIÓN,
SEGURIDAD SOCIAL
Y MIGRACIONES

TESORERÍA GENERAL
DE LA SEGURIDAD SOCIAL

Recibo de Liquidación de Cotizaciones
Liquidación Total
Cuota a Liquidar Total

Datos de Envío	
Número de Autorización	

Datos Identificativos de la Liquidación	
Razón Social	Número de la Liquidación
Código Cuenta Cotización	Código de Empresario
Período de Liquidación	Número de Trabajadores Confirmados
Calificador de la Liquidación	Entidad de AT/EP
Fecha de Control	Modalidad de Pago

Codificaciones Informáticas:				
Referencia	Fecha	Hora	Huella	Página

Período de Pago	Num. Emisora	Num. Referencia	Identificación	Importe

Descripción	Base	Importe

LÍQUIDO DE TOTALES

Validación mecánica / Sello de las Entidades Financieras

Este recibo no implica el pago de las cuotas si no va acompañado del correspondiente comprobante de ingreso, sello o validación mecánica de la Entidad Financiera. Este documento recoge los cálculos realizados a fecha de la confirmación/cierre de la liquidación.

MINISTERIO DE INCLUSIÓN,
SEGURIDAD SOCIAL
Y MIGRACIONES

TESORERÍA GENERAL
DE LA SEGURIDAD SOCIAL

Período de Pago	Num. Emisora	Num. Referencia	Identificación	Importe

C.C.C.: Cal. Liquidación:
Período de Liquidación:
Código Empresario:

Huella Electrónica:

Para la Entidad Financiera. Únicamente cuando el ingreso se tramite en ventanilla.

Sabía que...

Las relaciones nominales de los trabajadores del Régimen General, abarcan, obligatoria-mente, períodos de liquidación mensual. Las empresas que deban presentar liquidaciones por períodos superiores a un mes (por ejemplo, cotización de atrasos de convenio, salarios de tramitación, etc.) están obligadas a confeccionar una RNT por cada mes y un RLC por todos los meses cuya liquidación coincida dentro de un mismo año natural. En caso de que la liquidación abarque más de un ejercicio, se confecciona un RLC por cada uno de ellos.

El recibo de liquidación de cotizaciones se genera de manera automática, o se puede adelantar el envío a petición del usuario RED.

En concreto, el recibo de liquidación de cotizaciones con cabecera de pago electrónico se generará automáticamente, teniendo en cuenta las siguientes fechas:

- Para las presentaciones realizadas entre el día 1 y 23 del mes, el recibo de liquidación de cotizaciones se remitirá al usuario a partir del día 24.
- Para las presentaciones realizadas entre el día 24 y 27 (en el mes de febrero, día 26), el recibo de liquidación de cotizaciones se remitirá a partir del día 28 (27 en el mes de febrero).
- Para las presentaciones realizadas a partir del día 28 y hasta las 20.00 horas del último día del mes de presentación, el recibo de liquidación de cotizaciones se emitirá al día siguiente, a excepción de las presentaciones realizadas el último día del mes, cuyo cierre y recibo se remitirán a partir de las 20.00 horas del mismo día.

Desde el día 1 del mes de presentación y hasta el momento de emisión del recibo de liquidación de cotizaciones con cabecera de pago electrónico, podrá corregirse la RNT mediante el envío de otro documento que lo sustituya.

Cuando se emite el recibo de liquidación, existe la posibilidad de solicitar la anulación del mismo, para ello se debe realizar el envío de una nueva RNT y calcular el recibo de liquidación correcto.

Actividades

8. ¿Qué elementos se recogen en el recibo de liquidación de cotizaciones?

3.2. Relación nominal de trabajadores, modelos TC2 (RNT) y TC2 abreviado

Los modelos TC2 y TC2 abreviado, dejaron de utilizarse en el año 2015 y fueron sustituidos ambos por la RNT. Este modelo incluye la relación nominal de los trabajadores con sus bases de cotización. Contiene los datos identificativos de la liquidación, los datos relativos a los trabajadores y las sumas de las bases de cotización que posteriormente serán trasladadas al RLC.

Además, incluye la relación de trabajadores con derecho a bonificación y/o reducción, salvo cuando la liquidación corresponda a cuotas empresariales y se haya efectuado con anterioridad el pago de las cuotas de los trabajadores.

Nota

La Relación Nominal de Trabajadores (RNT) tiene como finalidad recoger los datos identificativos del trabajador, el tipo de contrato, las bases de cotización y las prestaciones satisfechas como pago delegado.

El modelo RNT es el que se expone a continuación.

MINISTERIO DE INCLUSIÓN,
SEGURIDAD SOCIAL
Y MIGRACIONES

RELACIÓN NOMINAL DE TRABAJADORES

TESORERÍA GENERAL
DE LA SEGURIDAD SOCIAL

Número de autorización

Datos identificativos de la liquidación	
Razón social	Código de empresario
Código cuenta cotización	Número de la liquidación
Periodo de liquidación	Número de trabajadores
Calificador de la liquidación	Liquidación
Fecha de control	Entidad de AT/EP

NAF	I.P.F.	C.A.F.	Fechas Tramo Desde	Fechas Tramo Hasta	Días Coti.	Horas Coti.	Horas Compl	Bases y compensaciones	
								Descripción	Importe

CODIFICACIONES INFORMÁTICAS				
Referencia	Fecha	Hora	Huella	Página

Este documento no será válido sin codificaciones informáticas

Estructura del modelo RNT

El modelo RNT se compone de tres partes: cabecera, cuerpo central y pie.

Cabecera

En este apartado se incluyen los datos identificativos de la liquidación: número de cotización, razón social, código de empresario, código cuenta cotización, número de la liquidación, periodo de liquidación, número de trabajadores, calificador de la liquidación, fecha de control y entidad de AT/EP.

Número de autorización	
Datos identificativos de la liquidación	
Razón social	Código de empresario
Código cuenta cotización	Número de la liquidación
Periodo de liquidación	Número de trabajadores
Calificador de la liquidación	Liquidación
Fecha de control	Entidad de AT/EP

Cuerpo central

En esta parte se indican los datos relativos a los trabajadores que se encuentran en alta en la empresa durante el período de liquidación.

Las tres primeras casillas corresponden al número de afiliación a la Seguridad Social, identificación de la persona física y apellidos y nombre del trabajador.

NAF	I.P.F.	C.A.F.

En las siguientes casillas se deberá indicar los datos de cotización de los trabajadores, como el tramo de fechas cotizadas, días cotizados, horas cotizadas, horas complementarias, la descripción y el importe de las bases y compensaciones.

Fechas Tramo Desde	Fechas Tramo Hasta	Días Coti.	Horas Coti.	Horas Compl.	Bases y compensaciones	
					Descripción	Importe

Bajo el título **Bases y compensaciones** se agrupan dos casillas, que permitirán reflejar las cuantías de las bases o compensaciones, de las deducciones por bonificaciones y reducciones de cuotas practicadas como consecuencia de determinadas contrataciones de trabajo, así como cualquier otro beneficio aplicable a las cuotas y deducible en los boletines. Dichas casillas son:

- Descripción: nombre de la base, deducción o compensación.
- Importe: recoge cuantía de la base, deducción o compensación, expresada en cifras, consignándose siempre con dos decimales, separados de la parte entera por coma decimal.

Pie

En el pie se reflejan las codificaciones informáticas, mostrándose las casillas de referencia, fecha, hora, huella y página.

CODIFICACIONES INFORMÁTICAS				
Referencia	Fecha	Hora	Huella	Página
Este documento no será válido sin codificaciones informáticas				

Actividades

9. ¿Qué relación existe entre el RNT y el recibo de liquidación de cotizaciones (RLC)?

3.3. El documento de ingreso, modelo TC1 → modelo RLC

En el Recibo de Liquidación de Cotizaciones (RLC) se reflejan las cuotas correspondientes a la empresa y a los trabajadores, estas se calculan conjuntamente y se determina el líquido de totales. Es por ello que este modelo se utiliza para la liquidación, por parte de las empresas, de las cuotas del Régimen General de la Seguridad Social.

El RLC se cumplimentará partiendo de los datos consignados en la Relación Nominal de Trabajadores y su modelo oficial es:

MINISTERIO DE INCLUSIÓN,
SEGURIDAD SOCIAL
Y MIGRACIONES

TESORERÍA GENERAL
DE LA SEGURIDAD SOCIAL

Recibo de Liquidación de Cotizaciones
Liquidación Total
Cuota a Liquidar Total

Datos de Envío

Número de Autorización	

Datos Identificativos de la Liquidación

Razón Social	Número de la Liquidación
Código Cuenta Cotización	Código de Empresario
Período de Liquidación	Número de Trabajadores Confirmados
Calificador de la Liquidación	Entidad de AT/EP
Fecha de Control	Modalidad de Pago

Codificaciones informáticas:

Referencia	Fecha	Hora	Huella	Página

Período de Pago	Num. Emisora	Num. Referencia	Identificación	Importe

Descripción	Base	Importe

LIQUIDO DE TOTALES

Validación mecánica / Sello de las Entidades Financieras

Este recibo no implica el pago de las cuotas si no va acompañado del correspondiente comprobante de ingreso, sello o validación mecánica de la Entidad Financiera. Este documento recoge los cálculos realizados a fecha de la confirmación/cierre de la liquidación.

MINISTERIO DE INCLUSIÓN,
SEGURIDAD SOCIAL
Y MIGRACIONES

TESORERÍA GENERAL
DE LA SEGURIDAD SOCIAL

Período de Pago	Num. Emisora	Num. Referencia	Identificación	Importe

C.C.C.:   Cal. Liquidación:
Período de Liquidación:
Código Empresario:

Huella Electrónica:

Para la Entidad Financiera. Únicamente cuando el ingreso se tramite en ventanilla.

Las partes que tiene el RLC son:

1. **Datos de envío.** Refleja el número de autorización del documento.

Datos de envío
Número de Autorización

2. **Datos identificativos de la liquidación.** En este apartado se recoge la razón social, código de cuenta cotización, período de liquidación, calificador de la liquidación, fecha de control, número de la liquidación, código de empresario, número de trabajadores confirmados, entidad de AT/EP y modalidad de pago.

Datos identificativos de la Liquidación	
Razón social	Número de Liquidación
Código Cuenta Cotización	Código de Empresario
Periodo de Liquidación	Número de Trabajadores Confirmados
Calificador de la Liquidación	Entidad de AT/EP
Fecha de Control	Modalidad Pago

3. **Codificaciones informáticas.** En este epígrafe del modelo se indica la referencia, fecha, hora, huella, periodo de pago, n.º de emisora, n.º de referencia, identificación e importe, la descripción, la base y el importe, así como el líquido de totales.

Codificaciones informáticas:				
Referencia	Fecha	Hora	Huella	Página
Periodo de Pago	Num. Emisora	Num. Referencia	Identificación	Importe

Descripción	Base	Importe
LÍQUIDO DE TOTALES		

Validación mecánica / Sello de las Entidades Financieras

4. **El pie del RLC.** En este apartado se recoge el periodo de pago, n.º de emisora, n.º de referencia, identificación e importe, igual que en el apartado codificaciones informáticas.

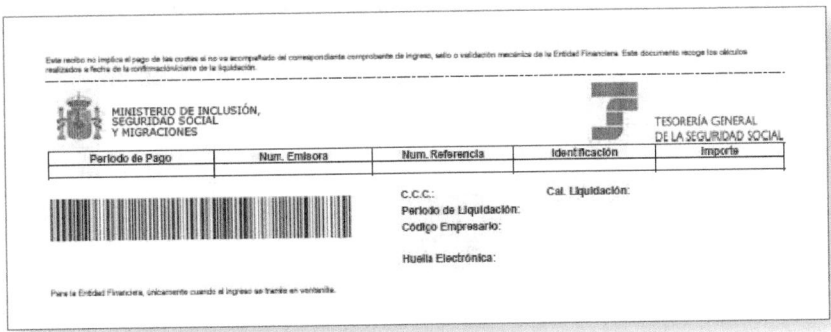

3.4. Otros documentos

Se han visto los documentos RLC y RNT, que son los formularios principales para cumplir con la obligación de cotizar. No obstante, en Sistema RED existen otros relacionados con la autorización requerida para su uso. Entre ellos están:

- FR.101. Solicitud de autorización para el Sistema RED
- FR. 106. Solicitud de cambio de medio de transmisión
- FR. 107. Solicitud de Cambio de Usuario Principal de una Autorización RED
- FR.112. Solicitud de cambio de tipo de Autorización RED
- FR.116. Solicitud de cambio de domicilio de la Autorización RED
- FR.117. Solicitud de cambio de razón social de una Autorización RED
- FR. 10. Autorización para actuar en representación de un Código de Cuenta de Cotización en el ámbito del Sistema RED
- FR. 103. Autorización para actuar en representación de un afiliado en el ámbito del Sistema RED
- FR. 115. Solicitud de Rescisión de Códigos de Cuenta de Cotización y/o Número de Afiliación para autorizados del Sistema RED
- FR. 102 U. Solicitud de baja de usuario secundario de una autorización del Sistema RED

 Aplicación práctica

Julio trabaja como Jefe de taller en una empresa dedicada a la fabricación de envases y embalajes, cuyo CNAE es 1624 y los tipos de cotización en la empresa (tarifa de primas para la cotización por contingencias profesionales, Ley 42/2006, de 28 de diciembre) son:

I Por IT: 2,10 %.
I Por IMS: 2 %.

Continúa en página siguiente >>

<< Viene de página anterior

Julio tiene un contrato indefinido a tiempo completo (clave del contrato: 100).

Las bases de cotización para este trabajador son:

■ Base de cotización por contingencias comunes = 1.298,06 €.
■ Base para contingencias profesionales = 1.298,06 €.
■ Base para desempleo, FOGASA y F. P. = 1.298,06 €.

Además, la empresa cuenta con otro trabajador en plantilla que pertenece al grupo de cotización 5, su contrato también es indefinido a tiempo completo y tiene las siguientes bases de cotización:

■ Base de cotización por continencias comunes: 1.100 €.
■ Base de cotización por contingencias profesionales: 1.100 €.

Si los boletines de cotización se realizaran de forma manual, ¿cómo sería la liquidación de las cotizaciones para esta empresa?

SOLUCIÓN

Para poder obtener la liquidación de cuotas, son necesarios los siguientes datos:

CNAE	Base AT y EP	% IT	Cuota IT	% IMS	Cuota IMS
CNAE 1624 Trabajador 1 (Julio)	1.298,06	2,10	27,26	2,00	25,96
CNAE 1624 Trabajador 2	1.100	2,10	23,10	2,00	22,00
Total			50,36		47,96

Trasladando esa información a los boletines de cotización estarían los siguientes RNT y RLC:

Continúa en página siguiente >>

<< Viene de página anterior

RELACIÓN NOMINAL DE TRABAJADORES

MINISTERIO
DE EMPLEO
Y SEGURIDAD SOCIAL

TESORERÍA GENERAL
DE LA SEGURIDAD SOCIAL

Número de autorización

Datos identificativos de la liquidación	
Razón social XXXX	Código de empresario
Código cuenta cotización XXXXXXXXXXX	Número de la liquidación X
Período de liquidación 2	Número de trabajadores 2
Calificador de la liquidación	Liquidación
Fecha de control	Entidad de AT/EP XXXX

NAF	I.P.F.	C.A.F.	Fechas Tramo Desde	Fechas Tramo Hasta	Días Coti.	Horas Coti.	Horas Compl	Bases y compensaciones	
								Descripción	Importe
	X				30				1.298,06
	X				30				1.100,00

CODIFICACIONES INFORMÁTICAS				
Referencia	Fecha	Hora	Huella	Página

Este documento no será válido sin codificaciones informáticas

Continúa en página siguiente >>

<< Viene de página anterior

MINISTERIO DE INCLUSIÓN,
SEGURIDAD SOCIAL
Y MIGRACIONES

TESORERÍA GENERAL
DE LA SEGURIDAD SOCIAL

Recibo de Liquidación de Cotizaciones

Liquidación Total

Cuota a Liquidar Total

Datos de Envío	
Número de Autorización	

Datos Identificativos de la Liquidación			
Razón Social	XXXX	Número de la Liquidación	X
Código Cuenta Cotización	XXXXXXXXXXX	Código de Empresario	
Periodo de Liquidación	2	Número de Trabajadores Confirmados	2
Calificador de la Liquidación		Entidad de AT/EP	XXXX
Fecha de Control		Modalidad de Pago	

Codificaciones Informáticas:				
Referencia	Fecha	Hora	Huella	Página

Periodo de Pago	Num. Emisora	Num. Referencia	Identificación	Importe
				982,01

Descripción	Base	Importe
CONTINGENCIAS COMUNES + MEI	2.398,06	693,04
LIQUIDO CONTINGENCIAS COMUNES		693,04
IT DE ACCIDENTES DE TRABAJO	2.398,06	50,36
IMS DE ACCIDENTES DE TRABAJO	2.398,06	47,96
LIQUIDO DE ACCIDENTES DE TRABAJO		98,32
OTRAS COTIZACIONES	1.298,05	103,20
OTRAS COTIZACIONES	1.100,00	87,45
LIQUIDO DE OTRAS COTIZACIONES		190,65
LIQUIDO DE TOTALES		982,01

Validación mecánica / Sello de las Entidades Financieras

Este recibo no implica el pago de las cuotas si no va acompañado del correspondiente comprobante de ingreso, sello o validación mecánica de la Entidad Financiera. Este documento recoge los cálculos realizados a fecha de la confirmación/cierre de la liquidación.

MINISTERIO
DE TRABAJO, MIGRACIONES
Y SEGURIDAD SOCIAL

TESORERÍA GENERAL
DE LA SEGURIDAD SOCIAL

Periodo de Pago	Num. Emisora	Num. Referencia	Identificación	Importe

C.C.C.:   Cal. Liquidación:

Periodo de Liquidación:

Código Empresario:

Huella Electrónica:

Para la Entidad Financiera: únicamente cuando el ingreso se tramite en ventanilla.

3.5. Presentación de la documentación: sistema RED

Los boletines de cotización son de presentación telemática, pudiéndose realizar el pago de los mismos mediante pago electrónico, donde la empresa recibirá el boletín de cotización para que su pago se realice en las entidades financieras que desee o mediante cargo en cuenta, que consiste en la domiciliación bancaria de los boletines de cotización.

 Importante

Los sujetos obligados al pago de las cuotas de cotización podrán presentar los modelos RNT y RLC a través del sistema RED. Para ello, se deberá solicitar autorización a dicho sistema RED.

La Tesorería General de la Seguridad Social pone a disposición de las empresas, agrupaciones de empresas y profesionales colegiados el sistema RED (Remisión Electrónica de Documentos), mediante el que se intercambiarán información y documentos las diferentes entidades a través de medios telemáticos.

Este servicio abarca los siguientes ámbitos de actuación: cotización, afiliación y remisión de partes de alta y baja de incapacidad temporal.

La obligación de utilizar este sistema solo afectaba a empresas del Régimen General con 10 o más trabajadores. Sin embargo, desde 1 de enero de 2011, esta obligatoriedad se extendió a todas las empresas agrupaciones de empresas y demás sujetos responsables del cumplimento de la obligación de cotizar encuadrados en cualquiera de los regímenes del Sistema de la Seguridad Social, con independencia del número de trabajadores que mantenga en alta.

Sabía que...

Con la publicación de la Orden Ministerial ESS/214/2018, de 1 de marzo, los trabajadores autónomos están obligados a presentar sus documentos de cotización a través del Sistema RED.

El sistema RED engloba las aplicaciones informáticas y telemáticas que en cada momento sean necesarias para el cumplimiento de la finalidad indicada anteriormente. Para ello, será necesario autorizar la utilización de redes públicas y privadas de transmisión de datos, combinaciones de unas y otras y cualquier otro medio que determine la Tesorería General de la Seguridad Social.

El sistema RED garantiza los siguientes principios generales **(artículo 4 Orden ESS/484/2013, de 26 de marzo):**

- **Autenticación.** Este sistema podrá identificar tanto al emisor como al receptor de la información que sea diferente a la TGSS, asegurando su identidad.
- **Constancia.** Mediante este sistema se dejará constancia tanto de la fecha como de la hora de envío de cada una de las comunicaciones que se realizan entre los usuarios y la TGSS.
- **Confidencialidad.** El sistema garantizará que solo el usuario acreditado debidamente tenga acceso a las comunicaciones que contengan datos de carácter personal, según la normativa de protección de datos.
- **Integridad.** Mediante este sistema, la información y los documentos se trasmiten de forma segura, garantizando que no se alterará el contenido original. Además, el receptor podrá detectar alguna anomalía si la hubiese.
- **Conservación.** Mediante este sistema se conservará la información y la documentación transmitida, durante el tiempo legalmente exigible.
- **No repudio.** El receptor de la documentación no podrá rechazar un envío realizado correctamente, y el remitente tendrá constancia de la recepción del mismo.

Dentro del sistema RED, existen tres modalidades:

- **Red Internet:** este sistema permite a las empresas cumplir con la obligación de presentar los documentos a la Tesorería General de la Seguridad Social de forma telemática. Para poder utilizar esta modalidad de sistema RED, las empresas deben tener un programa de nóminas adaptado al sistema RED y a los requerimientos de la TGSS para la generación de los ficheros necesarios. Con este sistema, se puede trabajar de forma *online* (mediante la página web de la Seguridad Social) o mediante remesas, es decir, enviando ficheros a la Seguridad Social.
- **Red Directo:** esta modalidad puede ser utilizada por empresas encuadradas en el Régimen General, de hasta 15 trabajadores. Para utilizar el sistema no es necesario que la empresa disponga de un programa de nóminas específico, ya que Red Directo es *online* y se utiliza a través de la página web de la Seguridad Social.
- **Sistema de Liquidación Directa (SLD):** tiene como fin minimizar los errores al asumir la TGSS la aplicación de las reglas de cotización y contrastar los datos con carácter previo a la liquidación. Gracias a ello se mejora la transparencia y la forma de relación con las empresas basada en un sistema totalmente telemático que elimina la necesidad de actuaciones presenciales y en soporte papel. Mediante el programa SILTRA, facilitado por la TGSS, se permite el intercambio de ficheros de cotización a través de SLD.

 Actividades

10. Busque información sobre el sistema RED y elabore un esquema donde se indiquen los pasos necesarios para que una empresa pueda incorporarse al sistema RED.
11. Analice y determine las diferencias entre el sistema Red Internet, Red Directo y Sistema de Liquidación Directa.

La remisión electrónica de datos o documentos relativos a actuaciones de inscripción de empresas, afiliación, altas, bajas y variaciones de datos de trabajadores, cotización y recaudación de empresas y trabajadores en el ámbito de la Seguridad Social, y la comunicación de partes médicos de baja, de confirmación de la baja y de alta correspondientes a procesos de incapacidad temporal a través del sistema RED, así como la transmisión de las actuaciones administrativas realizadas por la Tesorería General de la Seguridad Social o entidad gestora correspondiente, que se deriven de la citada transmisión, gozarán de plena validez y eficacia, generando los derechos y obligaciones establecidos por la normativa en vigor en relación con dichos actos.

 Nota

El fin de RED Directo es eliminar la gestión administrativa por el procedimiento convencional en papel, logrando facilitar y agilizar la relación de las empresas con la TGSS y, en conclusión, hacer posible la gestión desde la empresa sin tener que desplazarse a las oficinas y administraciones de este organismo. Este servicio abarca los ámbitos de Cotización, Afiliación y transmisión al Instituto Nacional de la Seguridad Social (INSS) de partes de baja médica, confirmación y alta.

A continuación, se va a comparar cómo se realiza la cotización mediante las dos modalidades del sistema RED.

Cotización en el sistema RED Directo	El sistema RED Directo permite cumplimentar y presentar el documento de relación nominal de trabajadores (RNT) y obtener el recibo de liquidación de cotizaciones.
	Esto se puede realizar mediante la web de la Seguridad Social, a través de RED Directo, donde será necesario identificarse con un certificado digital.
	Una vez en la aplicación, se seleccionará la opción «Confección RNT», y se introducen los datos del código de cuenta de cotización, régimen de la Seguridad Social, período de liquidación y tipo de liquidación; y el sistema mostrará la totalidad de trabajadores en alta en el período de liquidación indicado.
	A continuación, se incluirá la información correspondiente a cada trabajador y, por último, se obtiene un borrador del RNT y del recibo de liquidación de cotizaciones, que, una vez aprobados, se convierten en definitivos, y se selecciona la modalidad de pago.

Continúa en página siguiente >>

<< Viene de página anterior

Cotización en el sistema RED Internet	Para trabajar con este sistema, la empresa debe tener un programa de nóminas, adaptado al sistema RED, que permita generar los ficheros en el formato especificado por la TGSS. Estos ficheros reciben el nombre de FAN (Fichero de Aplicación de Nóminas), y contienen los documentos de la serie RNT y su resumen de datos correspondiente. En concreto, estos ficheros tendrán la siguiente información:
	- Identificación de la empresa, tipo de liquidación, datos de cada trabajador.
	- Bases de cotización de cada trabajador.
	- Situaciones especiales: pluriempleo, reducción de jornada, descanso por nacimiento y cuidado de menor, contrato a tiempo parcial, etc.
	- Compensaciones o deducciones: tipo de compensación o deducción (por IT, por formación profesional), etc.

En 2014 se empezó a implantar por la TGSS, progresivamente, el **Sistema de Liquidación Directa,** que cambiaba los procedimientos de cotización y recaudación de las cuotas de la Seguridad Social y las de recaudación conjunta. Mediante este sistema, la TGSS tomó protagonismo en el proceso de recaudación, reduciendo errores y mejorando la puesta a disposición de la información necesaria tanto a las empresas como a los trabajadores, mediante un modelo de atención personalizada.

 Sabía que...

Este sistema de liquidación directa subsistió con el tradicional sistema de autoliquidación, aunque se creó para ser sustitutivo de este y para que desapareciera la posibilidad de presentar la autoliquidación de las cuotas mediante soporte papel.

Gracias al sistema de liquidación directa, la TGSS establece la cotización de cada trabajador, siempre a solicitud del empresario, que es el responsable de su ingreso, y cuando los datos que este facilita le permiten realizar el cálculo de la liquidación.

En definitiva, mediante este sistema son los empresarios los que solicitan a la TGSS el cálculo de la liquidación que le corresponde a cada trabajador, y los que transmiten por medios electrónicos los datos que permiten realizar dicho cálculo, hasta el penúltimo día natural del respectivo plazo reglamentario de ingreso.

 Nota

Únicamente se debe transmitir la información no disponible en la TGSS, remitiéndose los datos de trabajadores que sufren variaciones respecto al mes anterior.

 Actividades

12. Busque información sobre el sistema de liquidación directa y analice las diferencias que existen entre este sistema y el sistema de autoliquidación de cuotas.
13. ¿Qué es el sistema Siltra? ¿Qué relación tiene con el sistema de liquidación directa?

4. Cálculo y liquidación de los boletines de cotización a la Seguridad Social

Como se ha analizado, los trabajadores incluidos en el Régimen General de la Seguridad Social deben cotizar en este régimen y abonar, mediante los empresarios, la cuota obrera. Es decir, en la nómina se les descontará a los trabajadores sus aportaciones a la Seguridad Social (cuota obrera), y será el empresario el obligado a ingresar tanto sus aportaciones propias (cuota patronal) como las aportaciones de los trabajadores.

 **Importante**

Si el empresario, descontando a sus trabajadores las cuotas a la Seguridad Social, no las ingresa dentro del plazo estará cometiendo una infracción ante los propios trabajadores y ante la Seguridad Social, que puede derivar en sanciones administrativas e incluso penales.

Para el cálculo y la liquidación de los boletines de cotización a la Seguridad Social, es necesario tener en cuenta una serie de elementos, que se van a desarrollar a continuación.

4.1. Contingencias comunes

La cotización por contingencias comunes beneficia tanto a los trabajadores como a los empresarios, ya que, mediante estas cuotas, se pueden asegurar determinadas situaciones de necesidad, que pueden derivarse de las siguientes:

- Incapacidad laboral temporal por enfermedad común o accidente no laboral.
- Jubilación, incapacidad, muerte y supervivencia (viudedad, orfandad, auxilio por defunción, etc.).
- Nacimiento y cuidado de menor (además, en supuestos de familias numerosas, monoparentales y en los casos de madres o padres con discapacidad), riesgo durante el embarazo, riesgo durante la lactancia natural y parto o adopción múltiple.

Importante

Para calcular las cantidades que debe percibir el trabajador en caso de enfermedad común y accidente no laboral, se debe tener en cuenta que la base reguladora es el resultado de dividir el importe de la base de cotización del trabajador en el mes anterior al de la fecha de iniciación de la incapacidad por el número de días a que dicha cotización se refiere (este divisor será concretamente: 30, si el trabajador tiene salario mensual; 30, 31, 28 o 29, si tiene salario diario).

Y también se tendrán en cuenta los siguientes porcentajes:

- 60 % desde el día 4 hasta el 20, inclusive.
- 75 % desde el día 21 en adelante.

En concreto, constituyen las denominadas contingencias comunes los accidentes no laborales y las enfermedades comunes.

 Nota

Se considerará accidente no laboral el que no tenga el carácter de accidente de trabajo.

Una enfermedad común es aquella en la que la alteración de la salud del trabajador no está derivada por un accidente de trabajo ni por enfermedades profesionales.

El complemento en el que se materializa el Mecanismo de Equidad Intergeneracional aumenta la aportación que tanto trabajador como empresario realizan a través de las cotizaciones por contingencias comunes. Esta aportación extra aumenta el Fondo de Reserva de la Seguridad Social para contribuir a la remuneración de las pensiones en un futuro. Este mecanismo se encuentra recogido en el art. 127 bis de la Ley General de la Seguridad Social.

4.2. Contingencias profesionales (accidente de trabajo y enfermedad profesional)

Las cotizaciones que dan cobertura a unas situaciones de necesidad, originadas por accidentes de trabajo y enfermedades profesionales, se denominan contingencias profesionales. Estas cotizaciones engloban el pago de dos primas:

- Situación de incapacidad temporal.
- Situación de invalidez, muerte y supervivencia.

Esta cotización corre a cargo, exclusivamente, de los empresarios.

 Importante

Para calcular las cantidades que debe percibir el trabajador en caso de accidente de trabajo y enfermedad profesional, se debe tener en cuenta qué base reguladora se obtiene por adición de dos sumandos:

- La cantidad que resulte de dividir la base de cotización por contingencias profesionales, sin tener en cuenta las horas extraordinarias, entre el número de días correspondientes a dicha cotización.
- La cotización por horas extraordinarias del año natural anterior, dividida entre 365 días.

En concreto, se entiende por **accidente de trabajo** toda lesión corporal que el trabajador sufra con ocasión o por consecuencia del trabajo que ejecute por cuenta ajena (artículo 156 de la LGSS).

Tendrán la consideración de accidentes de trabajo los siguientes:

- Los que sufra el trabajador al ir o al volver del lugar de trabajo.
- Los que sufra el trabajador con ocasión o como consecuencia del desempeño de cargos electivos de carácter sindical, así como los ocurridos al ir o al volver del lugar en que se ejerciten las funciones propias de dichos cargos.

- Los ocurridos con ocasión o por consecuencia de las tareas que, aun siendo distintas a las de su grupo profesional, ejecute el trabajador en cumplimiento de las órdenes del empresario o espontáneamente en interés del buen funcionamiento de la empresa.
- Los acaecidos en actos de salvamento y en otros de naturaleza análoga, cuando unos y otros tengan conexión con el trabajo.
- Las enfermedades, no consideradas enfermedades profesionales, que contraiga el trabajador con motivo de la realización de su trabajo, siempre que se pruebe que la enfermedad tuvo por causa exclusiva la ejecución del mismo.
- Las enfermedades o defectos, padecidos con anterioridad por el trabajador, que se agraven como consecuencia de la lesión constitutiva del accidente.
- Las consecuencias del accidente que resulten modificadas en su naturaleza, duración, gravedad o terminación, por enfermedades intercurrentes, que constituyan complicaciones derivadas del proceso patológico determinado por el accidente mismo o tengan su origen en afecciones adquiridas en el nuevo medio en que se haya situado el paciente para su curación.

 Nota

Las lesiones que pueda sufrir el trabajador en su lugar de trabajo y durante su jornada laboral son constitutivas de accidente de trabajo, salvo prueba en contrario.

La LGSS también determina que no tendrán la consideración de accidente de trabajo las siguientes situaciones:

- Los accidentes que se produzcan por causa de fuerza mayor extraña al trabajo. Se entiende que la situación que deriva accidente no guarda relación con el trabajo que se estaba desarrollando al realizar el trabajo. No obstante, no se considera fuerza mayor extraña al trabajo las situaciones de insolación, el rayo u otros fenómenos similares debidos a la naturaleza.

■ Los que sean debidos a dolo o a imprudencia temeraria del trabajador accidentado.

Por otra parte, **enfermedad profesional** es aquella que deriva del trabajo realizado por cuenta ajena en las actividades indicadas en el cuadro aprobado por las disposiciones de aplicación y de desarrollo de la Ley General de la Seguridad Social y que se genere por cometer alguna acción en los elementos o sustancias que en el mencionado cuadro se indiquen para cada enfermedad profesional.

 Importante

En el Real Decreto 1299/2006, de 10 de noviembre, se aprueba el cuadro de enfermedades profesionales en el sistema de la Seguridad Social y se establecen criterios para su notificación y registro.

Es importante destacar las diferencias entre las contingencias comunes y profesionales, por ejemplo, en el caso de que un trabajador esté afectado por una contingencia común deberá pagar un porcentaje de los medicamentos; sin embargo, si se trata de una contingencia profesional, los tratamientos médicos son gratuitos.

Además, en el caso de que un trabajador se encuentre de baja por una contingencia común cobrará el 60 % de la base reguladora a partir del 4.º día hasta el vigésimo día, siendo a partir del vigésimo primer día cuando recibirá el 75 % de la base reguladora. No obstante, si la situación de baja laboral hubiese sido sobrevenida por una contingencia profesional, el trabajador cobrará un 75 % de la base reguladora desde el día siguiente al de la baja médica.

Aplicación práctica

José Manuel tiene en el mes de junio una base por contingencias profesionales de 1.580 €. Durante el mes de julio ha estado en situación de baja por accidente laboral, desde el 4 al 28. ¿Cuánto cobraría José Manuel por los días que ha estado en situación de IT?

SOLUCIÓN

En primer lugar, se debe obtener la base reguladora:

- 1.580 / 30 = 52,7. Es decir, 52,7 € es la base reguladora diaria.
- El porcentaje aplicable sería el 75 % de la base reguladora (desde el 4 al 28 de julio = 24 días).
- 52,7 € x 75 % = 39,5 € x 24 (días de baja) = 948,6 €.

En las bajas profesionales se empieza a cobrar desde el día siguiente a la baja. En el caso de José Manuel, desde el día 5 de julio y por el período que ha estado de baja, deberá cobrar un total de 948,6 €.

 Actividades

14. ¿Qué situaciones de riesgo cubren las contingencias comunes?
15. ¿Qué diferencia existe entre las contingencias comunes y las contingencias profesionales?

4.3. Otras cotizaciones

Según el artículo 159 de la LGSS, el concepto legal de las restantes contingencias será el que resulte de las condiciones exigidas para el reconocimiento del derecho a las prestaciones otorgadas en consideración a cada una de ellas.

Dentro de otras cotizaciones, se pueden mencionar las horas extraordinarias, ya que la remuneración que obtengan los trabajadores por este concepto, con independencia de su cotización a efectos de accidentes de trabajo y enfermedades profesionales, estará sujeta a una cotización adicional por parte de empresarios y trabajadores, con arreglo a los tipos que se establezcan en la correspondiente Ley de Presupuestos Generales del Estado.

 Nota

No pueden realizarse más de 80 h extraordinarias al año; no obstante, la cotización para las que superen ese tope se establecerá mediante la aplicación del tipo general de cotización establecido en la Ley de Presupuestos Generales del Estado para las horas extraordinarias.

Además, se deben mencionar "otras cotizaciones", cuyas cuotas corresponden a unos conceptos específicos:

- **Desempleo:** con esta cotización se da cobertura a la situación de paro en la que puede encontrarse el trabajador. Tanto el empresario como el trabajador deben cotizar por esta contingencia.
- **Fondo de Garantía Salarial (FOGASA):** garantiza a los trabajadores el cobro en situaciones de insolvencia, suspensión de pagos, quiebra o concurso de acreedores del empresario. Es el empresario el que cotiza por esta contingencia.
- **Formación profesional:** es una cotización que garantiza la formación de los trabajadores, por lo que tanto empresario como trabajadores tendrán que cotizar por esta contingencia.

 **Nota**

La remuneración que obtengan los trabajadores en concepto de horas extraordinarias, con independencia de su cotización a efectos de las contingencias por accidente de trabajo y enfermedad profesional, desempleo, Fondo de Garantía Salarial y formación profesional (no se tienen en cuenta para la base de cotización por contingencias comunes), estará sujeta a una cotización adicional, destinada a incrementar los recursos generales del sistema de la Seguridad Social (artículo 24 del Real Decreto 2064/1995, de 22 de diciembre).

Las empresas que contraten a trabajadores con **contratos de duración determinada inferiores a 30 días,** deben aplicar una cotización adicional a su cargo, excepto en los contratos por sustitución, a los trabajadores de los sistemas especiales agrarios (cuenta ajena), relación laboral especial de los artistas y del personal necesario para el desarrollo de dicha actividad, y empleados de hogar, además de a los trabajadores incluidos en el Régimen Especial para la Minería del Carbón. La cuantía se calcula conforme a lo regulado en el apartado 2 del artículo 151 de la Ley General de la Seguridad Social.

 Nota

La cotización a la Seguridad Social de los contratos para la formación en alternancia se calcula según las directrices establecidas en la DA 43ª de la Ley General de la Seguridad Social.

La empresa debe ingresar las cuotas correspondientes a la aportación empresarial derivada de los **supuestos de reducción temporal de jornada o suspensión temporal del contrato de trabajo** (por decisión del empresario o por resolución judicial). Las bases de cotización por contingencias comunes y profesionales, en estos casos, se calculan por el promedio de las bases de los 6 meses anteriores al comienzo de la situación, teniendo en cuenta el número de días en alta en dicho período. En el supuesto de reducción de jornada, las bases de cotización calculadas se han de reducir según la jornada de trabajo no realizada. Cuando se dan estas situaciones, las normas de cotización no son aplicables, a la jornada no realizada, en los supuestos de IT, nacimiento y cuidado de menor y riesgo durante el embarazo y la lactancia natural.

 ## Aplicación práctica

Adrián Castell Ruiz es un trabajador con categoría de Oficial de primera, grupo de cotización 8 y contrato de duración determinada a tiempo completo. Causa baja por accidente no laboral el 14-06, situación que permanece hasta el 21-06. Además, presenta las siguientes retribuciones en el mes de junio:

I Salario base: 50 €/día.
I Plus de transporte: 5 €/día.

También tiene derecho a percibir dos pagas extraordinarias, de 30 días de salario base cada una, las cuales se prorratean a efectos de cotización.

La empresa se dedica a la fabricación de productos de plástico (CNAE 22), por lo que los tipos de cotización en la empresa (tarifa de primas para la cotización por contingencias profesionales, Ley 42/2006, de 28 de diciembre) son:

I Por IT: 1,75 %.
I Por IMS: 1,25 %.

De acuerdo con su situación, le corresponde una retención de IRPF del 6 %.

La base de cotización por contingencias comunes durante el mes de mayo fue de 1.250 €, igual importe que la base de cotización por contingencias profesionales.

La empresa no tiene más trabajadores en plantilla.

¿Cómo sería la nómina de Adrián? ¿Cómo se calculan los boletines de cotización de forma manual?

Continúa en página siguiente >>

<< Viene de página anterior

SOLUCIÓN

a. Cálculo del salario base y del plus de transporte por los días trabajados:

Días de baja = 8 días (del 14 al 21)
Días trabajados = 22 días (del 1 al 13 y del 22 al 30)
Salario base = 50 € x 22 días = 1.100 €
Plus transporte = 5 € x 22 días = 110 €

b. Importe de la baja por accidente no laboral:

Para conocer el importe diario de la baja se parte de la base de cotización y los días del mes anterior (mayo):

1.250 € / 31 días = 40,32 €/día

Aplicando los porcentajes que corresponden se obtiene:

ı Por los tres primeros días = 0 €
ı Por los 5 días restantes = (40,32 x 60 %) x 5 = 120,95 €
ı Importe total = 0 + 120,95 = 120,95 €

c. Total devengado:

Salario base + Plus transporte + Importe baja = 1.100 + 110 + 120,95 = 1.330,95 €

d. Importe de la prorrata de las pagas extras por los días trabajados. Este cálculo se realiza por los 30 días de paga sobre el salario base diario:

50 €/día x 30 días = 1.500 €
1.500 x 2 pagas = 3.000 €
Importe prorrata pagas extras a efectos de cotización = (3.000 / 365) x 22 = 180,82 €

e. Cálculo de la base de cotización por IT:

Se calcula la base de cotización del periodo que ha causado baja por accidente no laboral, a partir de la base de cotización para contingencias profesionales del mes anterior (1.250 €).

1.250 € / 31 días = 40,32 €/día
Base por IT = 40,32 x 8 = 322,56 €

Continúa en página siguiente >>

<< Viene de página anterior

f. Importe de las bases de cotización por contingencias comunes y por contingencias profesionales para conocer las cuotas del trabajador y de la empresa:

BCCC = Salario base + plus transporte + prorrata pagas extras + base cotización IT = 1.100 + 110 + 180,82 + 322,56 = 1.713,38 €

La base de cotización por contingencias profesionales coincide con la BCCC ya que no existen horas extraordinarias. BCCC = BCCP = 1.713,38 €

Están dentro de los límites establecidos por norma para las bases mínima y máxima.

g. Importe de la retención por IRPF:

Retención = Total devengado x % IRPF = 1.330,95 x 6 % = 79,86 €

h. Cálculo de las cuotas de cotización del trabajador y empresariales:

El importe de las cuotas se obtiene aplicando a la base de cotización los porcentajes establecidos por contingencias comunes, AT y EP, desempleo, formación profesional y FOGASA.

Cuotas	A cargo de la empresa	A cargo del trabajador
Por contingencias comunes + MEI	24,10 % x 1.713,38 € = 412,92 €	4,80 % x 1.713,38 € = 82,24 €
Por AT y EP	1.713,38 x 1,75 % = 29,98 € 1.713,38 x 1,25 % = 21,42 €	---
Por desempleo	6,70 % x 1.713,38 € = 114,80 €	1,60 % x 1.713,38 € = 27,41 €
Para FOGASA	0,2 % x 1.713,38 € = 3,43 €	---
Por formación profesional	0,60 % x 1.713,38 € = 10,28 €	0,10 % x 1.713,38 € = 1,71 €

A continuación, se confecciona el recibo de salarios:

Continúa en página siguiente >>

<< Viene de página anterior

RECIBO INDIVIDUAL JUSTIFICATIVO DEL PAGO DE SALARIOS

Empresa:	Trabajador: Adrián Castell Ruíz
Domicilio:	NIF:
CIF:	Núm. Afil. Seguridad Social:
CCC:	Grupo profesional: Oficial de primera
	Grupo de Cotización: 8

Periodo de liquidación: del ...8... de ....Junio.... al ..30.. de ....Junio....de 20 X X   Total días [30]

I. DEVENGOS		IMPORTE	TOTALES
1. Percepciones salariales			
Salario base		1.100	
Complementos salariales			
Horas extraordinarias			
Horas complementarias (contratos a tiempo parcial)............			
Gratificaciones extraordinarias...................			
Salario en especie..................			
2. Percepciones no salariales			
Indemnizaciones o suplidos			
Prestaciones e indemnizaciones de la Seguridad Social			
IT por Accidente no laboral		120,95	
Indemnizaciones por traslados, suspensiones o despidos			
Otras percepciones no salariales			
Plus de transporte		110	
A. TOTAL DEVENGADO............			1.330,95
I. DEDUCCIONES			
1. Aportación del trabajador a las cotizaciones a la Seguridad Social y conceptos de recaudación conjunta			
	%		
Contingencias comunes + MEI.......................	4,80 %	82,24	
Desempleo.......................	1,60 %	27,41	
Formación Profesional.......................	0,10 %	1,71	
Horas extraordinarias...................			
TOTAL APORTACIONES...................			111,36
2. Impuesto sobre la renta de las personas físicas............	6 %	79,86	
3. Anticipos...................			
4. Valor de los productos recibidos en especie			
5. Otras deducciones...................			
B. TOTAL A DEDUCIR............			191,22
			1.139,73
LÍQUIDO TOTAL A PERCIBIR (A – B)............			

..31.. de ...Junio... de 20 X X

Firma y sello de la empresa   RECIBÍ

Continúa en página siguiente >>

<< Viene de página anterior

DETERMINACIÓN DE LAS BASES DE COTIZACIÓN A LA SEGURIDAD SOCIAL Y CONCEPTOS DE RECAUDACIÓN CONJUNTA Y DE LA BASE SUJETA A RETENCIÓN DEL IRPF Y APORTACIÓN DE LA EMPRESA

CONCEPTO	BASE	TIPO	APORTACIÓN EMPRESA
1. Contingencias comunes + MEI			
Importe remuneración mensual..........................			
Importe prorrata pagas extraordinarias................			
TOTAL...................	1.713,38	24,10 %	412,92
AT y EP..............................		3 %	51,40
2. Contingencias profesionales y conceptos de recaudación conjunta...... Desempleo........................	1.713,38	6,70 %	114,80
Formación Profesional.......		0,60 %	10,28
Fondo Garantía Salarial.....		0,20 %	3,43
3. Cotización adicional horas extraordinarias........			
4. Base sujeta a retención del IRPF....................	1.330,95		

El modelo de Recibo de Liquidación de Cotizaciones cumplimentado es el siguiente:

Continúa en página siguiente >>

<< Viene de página anterior

 MINISTERIO DE INCLUSIÓN,
SEGURIDAD SOCIAL
Y MIGRACIONES

 TESORERÍA GENERAL
DE LA SEGURIDAD SOCIAL

Recibo de Liquidación de Cotizaciones

Liquidación Total

Cuota a Liquidar Total

Datos de Envío	
Número de Autorización	

Datos Identificativos de la Liquidación			
Razón Social	XXXX	Número de la Liquidación	X
Código Cuenta Cotización	XXXXXXXXXXX	Código de Empresario	
Período de Liquidación	XXXX	Número de Trabajadores Confirmados	1
Calificador de la Liquidación		Entidad de AT/EP	XXXX
Fecha de Control		Modalidad de Pago	

Codificaciones Informáticas:				
Referencia	Fecha	Hora	Huella	Página

Período de Pago	Num. Emisora	Num. Referencia	Identificación	Importe
				704,19

Descripción	Base	Importe
CONTINGENCIAS COMUNES	1.713,38	495,16
ACCIDENTES DE TRABAJO Y ENFERMEDADES PROFESIONALES	1.713,38	51,40
OTRAS COTIZACIONES	1.713,38	157,63
LIQUIDO DE TOTALES		704,19

Validación mecánica / Sello de las Entidades Financieras

Este recibo no implica el pago de las cuotas si no va acompañado del correspondiente comprobante de ingreso, sello o validación mecánica de la Entidad Financiera. Este documento recoge los cálculos realizados a fecha de la confirmación/cierre de la liquidación.

 MINISTERIO
DE INCLUSIÓN, SEGURIDAD SOCIAL
Y MIGRACIONES

TESORERÍA GENERAL
DE LA SEGURIDAD SOCIAL

Período de Pago	Num. Emisora	Num. Referencia	Identificación	Importe

C.C.C.:   Cal. Liquidación:

Período de Liquidación:

Código Empresario:

Huella Electrónica:

Para la Entidad Financiera. Únicamente cuando el ingreso se tramite en ventanilla.

4.4. Bonificaciones y subvenciones con cargo al Servicio Público de Empleo Estatal

A la hora de obtener el importe líquido de una nómina, se deben tener en cuenta las bonificaciones o subvenciones que pueden aplicarse a determinados trabajadores.

Estos conceptos hacen referencia a bonificaciones en las cuotas de la Seguridad Social, minoraciones en los tipos de cotización, correcciones en las bases e incluso exenciones, cuya finalidad es la reducción de los costes de la Seguridad Social para los empresarios y, así, fomentar el empleo en determinados sectores o potenciando el acceso al mercado laboral a determinados colectivos, como mujeres, jóvenes, personas con discapacidad, parados de larga duración, personas en riesgo de exclusión social, etc.

Son numerosas las normativas que se han aprobado a lo largo de los últimos años y que permiten aplicar bonificaciones o subvenciones a las cuotas de la Seguridad Social. En concreto, se puede consultar el listado vigente de bonificaciones y reducciones en las cuotas de la Seguridad Social en la página web del SEPE (<https://www.sepe.es/>), ya que, dentro de la sección de empresas, existen unos cuadros resúmenes de normativas vigentes sobre bonificaciones y reducciones a la contratación laboral.

 Nota

Las bonificaciones se aplican sobre la cuota del empresario y pueden ser una cantidad fija, o bien unos porcentajes aplicables sobre las bases por contingencias comunes o profesionales.

Las reducciones o subvenciones se pueden dar tanto en las aportaciones del empresario como del trabajador, pero se obtienen sobre la cotización por contingencias comunes.

Estas bonificaciones o subvenciones solo podrán concederse a las empresas que estén al corriente en el pago de las cotizaciones a la Seguridad Social. Por ello, los empresarios deben tener cuidado, ya que, si no se ingresan las cuotas de la Seguridad Social en el plazo establecido para ello, pueden perder las bonificaciones o subvenciones concedidas.

Actividades

16. Busque información sobre las bonificaciones o subvenciones que pueden aplicarse en la cotización, y elabore un esquema donde se indiquen las más importantes.

4.5. Otras compensaciones o deducciones

Existen una serie de compensaciones o deducciones en las cuotas de la Seguridad Social, diferentes a las mencionadas anteriormente.

En concreto, cuando la empresa se encuentre en régimen de pago delegado y haya satisfecho el pago a sus trabajadores de prestaciones por incapacidad temporal, podrá compensar dichos importes.

Nota

Se entiende por prestación de pago delegado cuando es el empresario el que paga dicha prestación, pero luego es compensada en la liquidación de las cuotas a la Seguridad Social, ya que es una prestación reconocida por la entidad gestora competente.

Las prestaciones de pago delegado (incapacidad temporal) podrán compensarse siempre que los documentos de cotización se presenten dentro del plazo reglamentario de ingreso.

Por otra parte, según el artículo 17 del Real Decreto 2064/1995, de 22 de diciembre, las liquidaciones de las cuotas íntegras, resultantes de aplicar a las bases de cotización en su totalidad el tipo que corresponda o, en su caso, las liquidaciones de las cuotas fijas, únicamente podrán ser objeto de deducción mediante corrección de la base, minoración del tipo, reducción o bonificación de las cuotas, por las causas y en los términos y condiciones expresamente establecidos.

Independientemente del sistema de liquidación que se utilice, la TGSS podrá verificar si es correcta la aplicación de las deducciones. Por su parte, si las deducciones se aplican sin causa y sin la forma correcta, es motivo de reclamaciones administrativas, sin perjuicio de las sanciones que resulten pertinentes.

 Nota

A los expedientes de regulación temporal de empleo y al Mecanismo RED les son aplicables los beneficios a la cotización a la Seguridad Social recogidos en la DA 44ª de la Ley General de la Seguridad Social.

4.6. Cálculo de importes a ingresar o a percibir. Clase de liquidación y clave de control. Sistema de Liquidación Directa

La Ley General de la Seguridad Social, establece que los empresarios son los obligados a ingresar la totalidad de las cuotas del Régimen General en el plazo, lugar y forma establecidos en dicha ley y en sus normas de aplicación y desarrollo. El período de liquidación de cuotas está referido a mensualidades naturales completas, las cuales se han de ingresar dentro del mes siguiente a su devengo.

La TGSS es la que liquida las cuotas de la Seguridad Social y por conceptos de recaudación conjunta, por cada trabajador, a través del Sistema de Liquidación Directa (SLD), y en función de los datos que de esta disponga y de aquellos otros que la empresa deba aportar en cumplimiento de sus obligaciones.

 Sabía que...

En enero de 2015 comenzó la implantación del Sistema de Liquidación Directa que sustituye actualmente el modelo de autoliquidación de los seguros sociales y los documentos de cotización TC1 (boletín de cotización) y TC2 (relación nominal de trabajadores), quedaron sustituidos respectivamente por el Recibo de Liquidación de Cotizaciones (RLC) y Relación Nominal de Trabajadores (RNT), aunque con los mismos efectos.

El **Sistema de Liquidación Directa (SLD)** es un modelo de facturación de la TGSS, donde la liquidación se hace a nivel de trabajador, que debe calcularse tramo a tramo, es decir, por si hubiera diferentes cotizaciones en el mismo período, por lo que aparece el concepto de tramo que hace referencia a las distintas situaciones de cotización que un trabajador puede tener en un mismo período. Estos cambios en la base de cotización pueden estar originados por cambios en la contratación (grupo de cotización, código de ocupación, categoría profesional o tipo de contrato), cambios en el puesto de trabajo, modificación de coeficientes a tiempo parcial, IT, cambios en vínculo familiar, relaciones laborales de carácter especial, indicadores de pérdida de beneficios, ERE, vacaciones o cualquier otra circunstancia que genere cotización.

A través de SLD, las empresas realizan por vía telemática sus procesos de cotización. Para ello deben contar con la debida **autorización** expedida por la TGSS y con un **certificado electrónico válido** para su acceso. De forma que, calculadas las nóminas y desde el primer día del mes siguiente al devengo de las mismas, las empresas transmitirán telemáticamente a la Tesorería aquellos datos desconocidos por esta, tales como: bases de cotización (del primer mes de contratación del trabajador o enero de cada año), número de horas en contrato a tiempo parcial, coeficientes a tiempo parcial en caso de ERE, número de horas extraordinarias, bonificaciones en formación continua, etc.

Para el envío de dicha información, los programas de gestión laboral permitirán la generación de diversos ficheros, los cuales serán transmitidos a la TGSS en los plazos establecidos y a través de la aplicación denominada **SILTRA.** El proceso siempre se inicia a instancia del empresario o usuario y los ficheros que debe transmitir son:

- Fichero de Bases
- Solicitud de Borrador
- Solicitud de Trabajadores y Tramos

Esquema ejemplificativo de las tres formas de instancia del proceso por parte del usuario

El **Fichero de Bases** se usa siempre y cuando sea necesario enviar datos nuevos, como cambios en los trabajadores con respecto al mes anterior o nuevas contrataciones. También es el fichero requerido para el mes de inicio en el Sistema de Liquidación Directa. Como respuesta a este envío, la Tesorería calcula el resultado de la liquidación y emite el Documento de Cálculo de Liquidación de Cotizaciones (DCL) y el borrador de la RNT, siempre y cuando no haya discrepancias con la información de la administración, errores o falta de información. En el caso de que alguno de estos supuestos ocurra, se emite respuesta con informe de error. En los supuestos de errores, el usuario ha de enviar de nuevo las bases con las rectificaciones de forma parcial (solo afecta a algunos trabajadores), o total para la totalidad de los afiliados.

Una vez confirmado el cálculo de la Liquidación de Cotizaciones y el borrador de la RNT, la Tesorería envía los documentos finales (RNT y RLC) para que el usuario realice el pago de la forma solicitada. Si el usuario no confirma el borrador de la RNT y los cálculos para el RLC, la TGSS cierra de oficio el proceso los días 24 y 28 del período, emitiendo los documentos definitivos para su pago.

La **Solicitud de Borrador** se puede usar a partir del segundo mes de trabajar en Liquidación Directa y es útil para declaraciones que no hayan tenido cambios con respecto al período anterior. Las posibles respuestas ante la solicitud de un borrador son:

- **Si todos los datos de los que dispone la TGSS son correctos,** la respuesta por parte de la Seguridad Social es el envío del cálculo del RLC y el borrador de la RNT para que sean cotejadas y confirmadas por el usuario. Una vez en este punto, el proceso se repite, la administración contesta enviando los documentos definitivos o espera si el usuario no responde hasta el día 24 o 28 cuando se produce la confirmación de oficio.
- Si **existen discrepancias** en algunos de los trabajadores se envía mensaje, explicando la situación para que el usuario envíe las bases correspondientes. En este caso, y dado que el resto de trabajadores no presenta errores, se pide que se recuperen las bases del mes anterior para el resto de afiliados. La administración contesta de nuevo con borrador de la liquidación para su confirmación.
- Mensaje de respuesta de que **no existen datos para el cálculo de la liquidación.** Este error es frecuente en el primer mes de Liquidación Directa, cuando la TGSS tiene que crear las bases sobre las cuales harán los cálculos.

La **solicitud de Trabajadores y Tramos** se utiliza para pedir información sobre la cotización y los tramos del período. La información enviada está contenida en el Fichero General de Afiliación (FGA) gracias a la liquidación que se hizo el mes anterior y al cruce de datos que ha realizado la Tesorería con otros organismos. Su petición se hace al inicio del proceso y la respuesta de la Tesorería es el fichero de Trabajadores y Tramos que contiene toda la información con respecto al período anterior; y que el usuario puede usar para hacer sus comprobaciones y enviar fichero de Bases con los trabajadores que hayan sufrido cambios o nuevas afiliaciones.

El proceso de liquidación conlleva el siguiente período de formalización, liquidación y pago:

- Inicio del proceso a instancia del usuario, dónde se genera alguno de los siguientes ficheros con el programa de nóminas:

  - Envío de fichero de bases, con la información de trabajadores y tramos del período.
  - Solicitud de Borrador.
  - Solicitud de Trabajadores y Tramos.

- Respuesta de la Tesorería, que irá en función de la petición anterior del usuario:

  - Envío del borrador de la RNT y DCL como respuesta a la solicitud de borrador y al envío de bases.
  - Fichero de Trabajadores y Tramos.

- Respuesta del usuario, tras la recepción de documentos de la Tesorería:

  - Confirmación del borrador.
  - Nuevo envío de fichero de bases con recuperación de bases anteriores.

- Respuesta de la Tesorería:

  - Envío de documentos definitivos: RNT y RLC.
  - Envío de borrador de RNT y DCL e inicio del ciclo.

Aplicación práctica

Julián trabaja como Oficial de segunda en una carpintería, tiene un contrato indefinido y, durante el mes de mayo, presenta las siguientes características:

I Su base de cotización, tanto por contingencias comunes como por contingencias profesionales, es de 1.405,81 € para el período que ha estado en alta.
I Las cuotas por AT y EP son iguales a 18,98 (9,14 IT y 9,84 IMS).
I La retención del IRPF es del 9,77 %.

¿Qué documentos de cotización tendría la empresa de Julián en esta situación?

SOLUCIÓN

A continuación, se calculan las cuotas de cotización:

Cuotas	A cargo de la empresa	A cargo del trabajador
Por contingencias comunes + MEI	24,10 % x 1.405,81 € = 338,80 €	4,80 % x 1.405,81 € = 67,48 €
Por desempleo	5,50 % x 1.405,81 € = 77,32 €	1,55 % x 1.405,81 € = 21,79 €
Para FOGASA	0,2 % x 1.405,81 € = 2,81 €	
Por formación profesional	0,60 % x 1.405,81 € = 8,43 €	0,10 % x 1.405,81 € = 1,4 €

Los documentos que la empresa de Julián debe obtener para proceder a la liquidación de los boletines de cotización a la Seguridad Social son los siguientes:

Continúa en página siguiente >>

<< Viene de página anterior

| | MINISTERIO DE INCLUSIÓN, SEGURIDAD SOCIAL Y MIGRACIONES | **RELACIÓN NOMINAL DE TRABAJADORES** | | TESORERÍA GENERAL DE LA SEGURIDAD SOCIAL |

Número de autorización

Datos identificativos de la liquidación		
Razón social	XXXX	Código de empresario
Código cuenta cotización	XXXXXXXXXXX	Número de la liquidación X
Periodo de liquidación	Mayo 2021	Número de trabajadores 1
Calificador de la liquidación		Liquidación
Fecha de control		Entidad de AT/EP XXXX

NAF	I.P.F.	C.A.F.	Fechas Tramo Desde	Fechas Tramo Hasta	Días Coti.	Horas Coti.	Horas Compl	Bases y compensaciones	
								Descripción	Importe
XXXXX	XXXXX	X	01/05/2021	31/05/2021	31			Base de contingencias comunes	1.405,81
								Base de contingencias profesionales	1.405,81

CODIFICACIONES INFORMÁTICAS				
Referencia	Fecha	Hora	Huella	Página

Este documento no será válido sin codificaciones informáticas

Continúa en página siguiente >>

<< Viene de página anterior

MINISTERIO DE INCLUSIÓN,
SEGURIDAD SOCIAL
Y MIGRACIONES

TESORERÍA GENERAL
DE LA SEGURIDAD SOCIAL

Recibo de Liquidación de Cotizaciones

Datos de envío
N° de autorización:
Código de envío: Referencia del envío:

Datos de empresa
Código de Cuenta de Cotización: P. Liq.:   Cal. Liq.:
Razón social: Identificador de empresario:
Entidad AT y EP: N° de trabajadores: Modalidad de Pago:

Codificaciones Informáticas:

REFERENCIA:	FECHA:	HORA:	HUELLA:	PÁGINA:
Mayo 20XX				

Periodo de pago	Num. Emisora	Num. Referencia	Identificación	Importe

Descripción	Base	Importe	CLV
Base contingencias comunes	1.405,81		
Base contingencias profesionales AT y EP	1.405,81		
Contingencias Comunes	1.405,81	406,28	111
Total de cuotas de AT y EP		18,98	340
Cuotas por IT por AT y EP		9,14	311
Cuotas por IMS	1.405,81	9,84	312
Otras cotizaciones		111,76	511
Líquido cotización general		406,28	299
Líquido A.T. y E.P.		18,98	499
Líquido otras cotizaciones		111,76	699
Importe a ingresar		537,02	700
TOTAL IMPORTE A INGRESAR			

Validación mecánica/Sello de las Entidades Financieras

Total CLV	

Este documento no implica el pago de las cuotas si no va acompañado del correspondiente comprobante de ingreso, sello o validación de la Entidad Financiera.

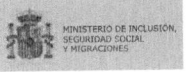

MINISTERIO DE INCLUSIÓN,
SEGURIDAD SOCIAL
Y MIGRACIONES

TESORERÍA GENERAL
DE LA SEGURIDAD SOCIAL

Periodo de pago	Num. Emisora	Num. Referencia	Identificación	Importe

C.C .C.:   Ident. Emp.:
P. liq: Huella electrónica:

Cal. liq:

Para la Entidad Financiera, únicamente cuando el ingreso se tramite en ventanilla.

En el modelo TC1, ya en desuso, se incluían unos códigos identificativos relacionados con la clase de liquidación y con la clave de control. En el actual modelo de Recibo de Liquidación de Cotizaciones (RLC) estos códigos han sido sustituidos por una única codificación, CLV. Representa la huella digital que protege la autenticidad de los datos incluidos en cada línea. Está situada en la última columna de la parte central del documento y su codificación depende de los datos a proteger.

Actividades

17. Explique brevemente todo el proceso para liquidar las cuotas de cotización a la Seguridad Social.

4.7. Términos y plazos para el ingreso de cuotas

Según lo establecido en el artículo 16 del Real Decreto 2064/1995, de 22 de diciembre, el período de liquidación de las cuotas de la Seguridad Social, y por los conceptos de recaudación conjunta con las mismas, es el plazo al que están referidas las operaciones, comunicaciones y demás actuaciones necesarias para la determinación de aquellas, a efectos de su pago.

Con carácter general, los períodos de liquidación de cuotas se refieren a meses naturales completos, aunque el devengo o el pago se realice en períodos diferentes a los meses. En este caso, se deben aplicar las siguientes reglas:

■ Las liquidaciones de cuotas que deben recaer sobre bases constituidas por retribuciones devengadas por horas, días o semanas serán referidas a las del mes natural al que corresponda su devengo, con independencia de que el pago de dichas liquidaciones deba efectuarse dentro del mismo plazo o en otro distinto establecido al efecto.

■ Las liquidaciones de cuotas referidas a conceptos retributivos incluidos en la base de cotización, pero que se devenguen por períodos superiores al mensual o que no tengan carácter periódico y que se satisfagan dentro del correspondiente ejercicio económico, se prorratearán en las liquidaciones mensuales de dicho ejercicio, por ejemplo, las pagas extraordinarias.

■ Las partes proporcionales de conceptos retributivos incluidos en la base de cotización relativas a meses que ya hubieran sido objeto de liquidación y, en su caso, de pago, así como los incrementos de las bases, de los tipos o de las propias cuotas que deban tener efectos retroactivos serán objeto de liquidaciones complementarias, relacionando o declarando separadamente las bases de cotización para cada mes conforme a los topes, bases y tipos y demás condiciones vigentes en los meses a que correspondan los salarios.

Importante

En la liquidación de las cotizaciones de forma telemática, se puede elegir que el pago del Recibo de Liquidación de Cotizaciones se realice por cualquiera de los siguientes medios: pago electrónico, la empresa recibe el RLC para que su pago se realice en las Entidades Financieras que desee; cargo en cuenta, consiste en la domiciliación bancaria del RLC.

En concreto, el artículo 18 del Real Decreto 2064/1995, de 22 de diciembre, determina que, en el sistema de liquidación directa, las liquidaciones de cuotas se practicarán en la forma y dentro de los plazos siguientes:

■ Hasta el penúltimo día natural del plazo reglamentariamente de ingreso, se podrán solicitar a la TGSS la liquidación de las cuotas y se podrán aportar los datos que permitan efectuar su cálculo.

■ El cálculo de la liquidación se efectuará en función de los datos de que disponga la Tesorería General de la Seguridad Social sobre los sujetos obligados a cotizar, constituidos tanto por los que ya hayan sido facilitados por los sujetos responsables en cumplimiento de las obligaciones establecidas en materia de inscripción de empresas y afiliación, altas, bajas y variaciones de datos de trabajadores, y por aquellos otros que obren en su poder y afecten a la cotización, como por los que deban aportar, en su caso, los citados sujetos responsables en cada período de liquidación. Respecto a estos últimos datos, el sujeto responsable podrá solicitar a la Tesorería General de la Seguridad Social la utilización de aquellos que ya hubiera comunicado anteriormente, a efectos del cálculo de las liquidaciones correspondientes a períodos posteriores.

- La Tesorería General aplicará las deducciones que procedan, así como, en su caso, la compensación del importe de las prestaciones abonadas en régimen de pago delegado con el de las cuotas debidas correspondientes al mismo período de liquidación, en función de los datos recibidos de las entidades gestoras y colaboradoras de la Seguridad Social.

- Si la liquidación pudiera practicarse con los datos indicados, la Tesorería General de la Seguridad Social procederá a su cálculo, emitiendo el documento electrónico de pago y la relación nominal de trabajadores dentro del plazo reglamentario de ingreso.

- Si la liquidación no pudiera realizarse porque los datos fueran insuficientes o no resultaran conformes con la normativa sobre cotización y recaudación de la Seguridad Social, la Tesorería General, en un plazo máximo de 48 h a contar desde la aportación de aquellos, informará al sujeto responsable sobre la causa que impide su cálculo, debiendo este solventarla y, en su caso, comunicar nuevamente los datos que permitan practicar la liquidación, hasta el penúltimo día natural del plazo reglamentario de ingreso, para su pago dentro de dicho plazo. De no solventarse la causa que impide la liquidación, el citado servicio común de la Seguridad Social procederá a reclamar el importe de las cuotas. El sujeto responsable del ingreso podrá solicitar a la Tesorería General de la Seguridad Social la práctica de la liquidación de las cuotas correspondientes a aquellos trabajadores cuyos datos permitan su cálculo. En este caso, se emitirá el documento electrónico de pago de la cotización correspondiente a tales trabajadores y la relación nominal referida a ellos.

- Si el sujeto responsable del ingreso de las cuotas solicitase la rectificación o anulación de la liquidación practicada antes del penúltimo día natural del plazo reglamentario de ingreso, sus obligaciones en este sistema de liquidación se considerarán cumplidas de concurrir alguna de las siguientes circunstancias:

▪ Cuando resulte posible efectuar una nueva liquidación de cuotas dentro del plazo reglamentario de ingreso tras solicitar su práctica y comunicar los datos necesarios para ello.

▪ Cuando no resulte posible efectuar una nueva liquidación de cuotas dentro de dicho plazo por causas imputables exclusivamente a la Administración.

▪ Cuando, dentro del plazo reglamentario de ingreso, el sujeto responsable del mismo solicite la rectificación de errores materiales, aritméticos o de cálculo en la liquidación practicada que sean imputables exclusivamente a la Administración, y la nueva liquidación en la que se corrijan tales errores se efectúe fuera de plazo.

Por otra parte, las cuotas se ingresarán dentro del mes siguiente de su devengo. En el caso de ingresar las cuotas fuera de plazo, se aplicarán los siguientes recargos e intereses:

Recargos sobre cuotas	Si se presentan los documentos de cotización dentro del plazo reglamentario: - Recargo del 10 % de la deuda, si se abonasen las cuotas debidas dentro del primer mes natural siguiente al del vencimiento del plazo para su ingreso. - Recargo del 20 % de la deuda, si se abonasen las cuotas debidas a partir del segundo mes natural siguiente al del vencimiento del plazo para su ingreso.
	Si no se presentan los documentos en plazo, se deben diferenciar los siguientes recargos: - Recargo del 20 % de la deuda, si se abonasen las cuotas debidas antes de la terminación del plazo de ingreso establecido en la reclamación de deuda o acta de liquidación. - Recargo del 35 % de la deuda, si se abonasen las cuotas debidas a partir de la terminación de dicho plazo de ingreso.

Continúa en página siguiente >>

<< Viene de página anterior

Intereses de demora	Estos intereses se devengan a partir del día siguiente al vencimiento; no obstante, serán exigibles una vez transcurridos 15 días naturales desde que se notifique la providencia de apremio o comunicación del inicio del procedimiento de deducción, sin que se haya abonado la deuda. El tipo de interés de demora será el interés legal del dinero vigente en cada momento del período de devengo, incrementado en un 25 %, salvo que la Ley de Presupuestos Generales del Estado establezca uno diferente.

Además, se debe destacar que el cálculo y la liquidación de las cotizaciones de los trabajadores a la Seguridad Social mediante el Sistema de Liquidación Directa tiene las siguientes características:

- El empresario debe solicitar a la Tesorería General de la Seguridad Social el cálculo de la liquidación de sus trabajadores entre el primer y el penúltimo día del mes de recaudación. Se transmite únicamente la información que la Tesorería General del Seguridad Social no disponga sobre los trabajadores o aquellos datos que han sufrido variaciones respecto al mes anterior.
- Con carácter previo a la generación del recibo, se remite al empresario un borrador con los cálculos correspondientes. La TGSS, los días 24 y 28, y diariamente a partir del 28 de cada mes, cierra los borradores y emite los recibos de liquidación; no obstante, el empresario puede solicitarlo de forma anticipada.
- El empresario podrá comprobar y subsanar los errores que detecte antes de finalizar el período de presentación del modelo. Si no es posible corregir los errores, a partir del día 24 la TGSS emite un recibo de liquidación parcial con los trabajadores que haya podido calcular, siempre y cuando el empresario lo solicite.

Aplicación práctica

Lucía es la jefa de Administración y responsable del Departamento Laboral de su empresa, y se encarga de realizar las nóminas de los trabajadores, así como de la liquidación y pago de las cotizaciones ante la Seguridad Social. Recientemente, le han comunicado que debe adaptarse al sistema de liquidación directa. Aunque Lucía está acostumbrada a trabajar mediante el sistema RED, no conoce el procedimiento a seguir para solicitar el cálculo de los documentos de cotización. ¿Qué debería hacer?

SOLUCIÓN

En primer lugar, Lucía debe solicitar a la TGSS, entre los días primero y penúltimo natural del plazo reglamentario de ingreso, el cálculo de la liquidación de los trabajadores de su empresa.

La TGSS, una vez solicitado el cálculo de la liquidación, emitirá el borrador con los cálculos correspondientes para su confirmación.

En caso de que la información no sea suficiente o sea errónea, el empresario podrá subsanar los errores.

Por último, la TGSS calculará la liquidación y emitirá la factura. La TGSS facturará de oficio los días 24 y 28 del plazo reglamentario de ingreso y diariamente a partir de este día y hasta el penúltimo día natural de dicho plazo. No obstante, la TGSS podrá facturar en cualquier momento anterior, si así lo solicita la empresa.

Por su parte, Lucía, como representante de su empresa, podrá ingresar su factura de manera no presencial, a través de cargo en cuenta o pago electrónico.

5. Resumen

Todos los trabajadores incorporados al Régimen General de la Seguridad Social están obligados a cotizar, independientemente del tipo de contrato o de la actividad que realicen.

En concreto, la cotización a la Seguridad Social está formada por tres elementos: las bases de cotización, los tipos de cotización y la cuota.

En el recibo de salarios existe un apartado que contiene las aportaciones que debe hacer el trabajador a la Seguridad Social.

Los empresarios deben cotizar y son los responsables de ingresar tanto la cuota patronal como la obrera, mediante los correspondientes documentos de liquidación de cuotas, entre los que se encuentra la Relación Nominal de los Trabajadores y el Recibo de Liquidación de Cotizaciones.

Estos documentos de cotización se elaboran de forma telemática mediante el conocido sistema RED. En concreto, mediante el Sistema de Liquidación Directa de cotizaciones, se permite a la TGSS adoptar un papel activo en el proceso de recaudación y liquidación de cuotas sociales.

En este caso, la empresa es la que solicita la liquidación y comunica los datos que no dispone la Tesorería General de la Seguridad Social. Además, la empresa acepta las bases de los trabajadores que no tienen modificaciones en la relación nominal del mes anterior.

Cuando se ha enviado la información, se produce el cálculo por la TGSS, en base a la información que tiene y a los datos que ha enviado el empresario. Posteriormente, se enviará al empresario un borrador de la factura con los cálculos realizados, para que la empresa los revise y comunique si existe algún error.

Por su parte, la TGSS, los días 24 y 28, y diariamente a partir del 28 de cada mes, cierra los borradores y emite los recibos de liquidación.

Ejercicios de repaso y autoevaluación

1. ¿Qué es la cotización?

_____

_____

_____

_____

_____

_____

_____

2. Determine si las siguientes afirmaciones son verdaderas o falsas.

a. La cotización por contingencias comunes busca dar cobertura a los accidentes de trabajo y enfermedades profesionales, siempre que se produzcan con ocasión o por consecuencia del trabajo que se ejecute por cuenta ajena.

☐ Verdadero
☐ Falso

b. La cotización por contingencias profesionales corre a cargo tanto de los trabajadores como del empresario.

☐ Verdadero
☐ Falso

c. Está obligado a cotizar por FOGASA solo el empresario.

☐ Verdadero
☐ Falso

3. ¿En cuál de las siguientes situaciones no persiste la obligación de cotizar?

a. En situación de incapacidad temporal.
b. Durante el descanso por nacimiento y cuidado de menor.
c. En situación de huelga.
d. Durante el período de prueba.

4. ¿Cuántos grupos de cotización existen?

    a. 9
    b. 7
    c. 8
    d. 11

5. Señale la afirmación correcta en relación a la base de cotización por contingencias profesionales.

    a. Nunca puede ser igual que la base por contingencias comunes.
    b. Es igual que la base por contingencias comunes más las horas extraordinarias.
    c. Siempre coincide con la base por contingencias comunes.
    d. Todas las opciones son incorrectas.

6. Enumere los conceptos que no se computan en la base de cotización.

_____
_____
_____
_____
_____
_____
_____

7. ¿Qué son los boletines de cotización?

_____
_____
_____
_____

8. ¿Qué significan las siglas RLC?

    a. Relación Nominal de Trabajadores
    b. Recibo de Liquidación de Cotizaciones

    c. Relación de Liquidación Cotizable

    d. Recibo de Liquidación Contable

9. ¿Cómo se dividen las cotizaciones por accidentes de trabajo y enfermedades profesionales?

    a. Desempleo y formación profesional

    b. IT e IMS

    c. FOGASA y formación profesional

    d. FOGASA y desempleo

10. Determine si las siguientes afirmaciones son verdaderas o falsas.

    a. RED Internet es una modalidad del sistema RED obligatoria para empresas que tengan hasta 10 trabajadores.

        ☐ Verdadero

        ☐ Falso

    b. Para poder utilizar la modalidad de RED Internet, las empresas deben tener un programa de nóminas adaptado al sistema RED.

        ☐ Verdadero

        ☐ Falso

    c. El sistema RED Directo permite cumplimentar y presentar el documento de Relación Nominal de Trabajadores y obtener el Recibo de Liquidación de Cotizaciones.

        ☐ Verdadero

        ☐ Falso

Capítulo 3

El Impuesto sobre la Renta de las Personas Físicas (IRPF)

Contenido

1. Introducción
2. Normas fiscales aplicables a los salarios
3. Retenciones salariales a cuenta del IRPF
4. Determinación del tipo de retención
5. Regularización de retenciones
6. El certificado de retenciones
7. Otros aspectos sobre la liquidación de las retenciones a cuenta del IRPF
8. Resumen

1. Introducción

Como se ha analizado en los capítulos anteriores, el documento que justifica que el trabajador percibe su salario es el recibo de salarios, es decir, la nómina. Este documento muestra información del dinero que se le paga al trabajador en concepto de los servicios que presta para la empresa, y sirve de justificante por el pago de las cotizaciones a la Seguridad Social que le corresponden al trabajador, aunque ingresa el empresario, y de las retenciones que se practican como pago a cuenta del Impuesto sobre la Renta de las Personas Físicas (IRPF).

Estas retenciones se muestran en porcentaje, el cual suele variar en función del salario que cobre el trabajador y las circunstancias familiares y personales del mismo.

En concreto, la deducción por IRPF se regula en función del salario, ya que, cuanto más gane el trabajador, más porcentaje de retención se le aplica, pero también influyen las situaciones del trabajador, como, por ejemplo, la edad, el estado civil, si tiene hijos o no, si tiene alguna persona a cargo o la modalidad de contrato que tenga.

El empresario realiza un trabajo de intermediario, ya que es el encargado de deducir el dinero del trabajador, y debe realizar el ingreso ante la Agencia Tributaria; sin embargo, es el Estado el que fija las deducciones que deben practicarse a los trabajadores.

2. Normas fiscales aplicables a los salarios

La Constitución Española, en su artículo 31.1, establece que:

Todos contribuirán al sostenimiento de los gastos públicos de acuerdo con su capacidad económica mediante un sistema tributario justo, inspirado en los principios de igualdad y progresividad que, en ningún caso, tendrá alcance confiscatorio.

Para regular esa obligación, surge el Impuesto sobre la Renta de las Personas Físicas, que es un tributo basado en el principio de capacidad económica, igualdad y progresividad tributaria.

 Sabía que...

Con la reforma tributaria del año 1978, se introdujo en España el IRPF. Este impuesto no es estático, ya que ha sufrido muchas modificaciones a lo largo de la historia, esto se debe a que la normativa tributaria debe ir adaptándose a los cambios sociales, económicos y tecnológicos.

La Ley 40/1998, de 9 de diciembre, reguladora del Impuesto sobre la Renta de las Personas Físicas (IRPF), que entró en vigor el 1 de enero de 1999, elevó el límite de la obligación de declarar para los contribuyentes de dicho impuesto perceptores de rendimientos del trabajo, con la consecuencia de que muchos de dichos contribuyentes no tuvieran que presentar declaración a partir de dicho ejercicio, circunstancia de la que se deriva que su tributación quedase limitada, como máximo, a las retenciones que se les hubieran practicado.

Por ello y por razones de equidad, fue necesario establecer un nuevo sistema de determinación de las retenciones a cuenta del IRPF, que, basándose en el esquema que sigue la Ley para determinar la cuota de dicho impuesto, permitiera la mayor aproximación posible entre la cuota tributaria que resultaría de la declaración y el importe de las retenciones e ingresos a cuenta soportados por los contribuyentes, posibilitando también con ello reducir el número y el importe de las devoluciones a efectuar.

La normativa que regula el IRPF es la siguiente:

- Ley 35/2006, de 28 de noviembre, del Impuesto sobre la Renta de las Personas Físicas, y de modificación parcial de las leyes de los Impuestos sobre Sociedades, sobre la Renta de no Residentes y sobre el Patrimonio (LIRPF).

- Real Decreto 439/2007, de 30 de marzo, por el que se aprueba el Reglamento del Impuesto sobre la Renta de las Personas Físicas y se modifica el Reglamento de Planes y Fondos de Pensiones, aprobado por Real Decreto 304/2004, de 20 de febrero (RIRPF).
- Orden HAC/773/2019, de 28 de junio, por la que se regula la llevanza de los libros registros en el Impuesto sobre la Renta de las Personas Físicas.

Anualmente, se publican varias órdenes ministeriales en las que se recogen los modelos de presentación del impuesto, el desarrollo del método de estimación objetiva y los índices correctores aplicables.

 Actividades

1. ¿Qué normativa regula el IRPF? Elabore un esquema comparativo de esas normativas.

2.1. Naturaleza, objeto y ámbito de aplicación

El objeto del IRPF es la renta del contribuyente, entendida como la totalidad de sus rendimientos, ganancias y pérdidas patrimoniales, y las imputaciones de renta que se establezcan por la ley, con independencia del lugar donde se hubiesen producido y cualquiera que sea la residencia del pagador (artículo 2, Ley 35/2006, de 28 de noviembre).

 Definición

IRPF
Tributo de carácter personal y directo que grava la renta de las personas físicas, según su naturaleza y circunstancias personales y familiares.

El IRPF es un impuesto cedido parcialmente a las comunidades autónomas, que se aplica en todo el territorio español.

2.2. El hecho imponible

Según el artículo 6 de la Ley 35/2006, de 28 de noviembre, constituye el hecho imponible la obtención de renta por el contribuyente.

En base a ello, componen la renta del contribuyente:

- Los rendimientos del trabajo.
- Los rendimientos del capital.
- Los rendimientos de las actividades económicas.
- Las ganancias y pérdidas patrimoniales.
- Las imputaciones de renta que se establezcan por ley.

 Nota

Las prestaciones de bienes, derechos o servicios que generen rendimientos del trabajo o del capital se consideran retribuidas.

 Actividades

2. Busque información sobre el IRPF y responda a la siguiente pregunta: ¿Está sujeto a este impuesto la renta que se encuentra sujeta al Impuesto sobre Sucesiones y Donaciones? Justifique su respuesta.

Las rentas que no se deben declarar en el IRPF son:

- **Rentas exentas:** son aquellas que gozan de beneficios fiscales y se encuentran reguladas en el artículo 7 de la LIRPF.
- **Rentas no sujetas:** son aquellas en las que no se da el hecho imponible del impuesto y, más concretamente, según el art. 6.4 de la LIRPF, las rentas que estén sujetas al Impuesto sobre Sucesiones y Donaciones. Además, en los artículos 33 y 42 de la LIRPF se establecen una serie de supuestos en los que no existirá ganancia y pérdida patrimonial, así como aquellos supuestos que no tienen la consideración de rendimientos del trabajo en especie.

En la siguiente tabla se pueden ver algunas de las rentas exentas y las rentas no sujetas más usuales:

Rentas exentas	- Las prestaciones públicas extraordinarias por actos de terrorismo. - Las indemnizaciones por despido o cese del trabajador, en la cuantía establecida con carácter obligatorio en el Estatuto de los Trabajadores, en su normativa de desarrollo o, en su caso, en la normativa reguladora de la ejecución de sentencias, sin que pueda considerarse como tal la establecida en virtud de convenio, pacto o contrato. - Las prestaciones reconocidas al contribuyente por la Seguridad Social o por las entidades que la sustituyan como consecuencia de incapacidad permanente absoluta o gran invalidez. - Las pensiones por inutilidad o incapacidad permanente del régimen de clases pasivas, siempre que la lesión o enfermedad que hubiera sido causa de aquellas inhabilitara por completo al perceptor de la pensión para toda profesión u oficio. - Las prestaciones familiares, y las pensiones y los haberes pasivos de orfandad y a favor de nietos y hermanos, menores de veintidós años o incapacitados para todo trabajo, percibidos de los regímenes públicos de la Seguridad Social y clases pasivas. - Las becas públicas, las becas concedidas por las entidades sin fines lucrativos y las becas concedidas por las fundaciones bancarias. - Los premios literarios, artísticos o científicos relevantes. - Las prestaciones por desempleo reconocidas por la respectiva entidad gestora cuando se perciban en la modalidad de pago único. - Rendimientos positivos del capital mobiliario procedentes de los seguros de vida, depósitos y contratos financieros a través de los cuales se instrumenten los planes de ahorro a largo plazo. - Los rendimientos del trabajo percibidos por trabajos efectivamente realizados en el extranjero. - Las prestaciones percibidas por entierro o sepelio.

Continúa en página siguiente >>

<< Viene de página anterior

Rentas exentas	- Los rendimientos del trabajo derivados de las prestaciones obtenidas en forma de renta por las personas con discapacidad. - Las prestaciones económicas establecidas por las comunidades autónomas en concepto de renta mínima de inserción, la prestación del Ingreso Mínimo Vital, las ayudas para atender a los colectivos en riesgo de exclusión social y a las víctimas de delitos violentos. - Las prestaciones y ayudas familiares percibidas de cualquiera de las administraciones públicas, ya sean vinculadas a nacimiento, adopción, acogimiento o cuidado de hijos menores.

Rentas no sujetas	- La renta que se encuentre sujeta al impuesto sobre sucesiones y donaciones.
	- Las ganancias producidas por:
	  - Las donaciones realizadas a entidades sin fines lucrativos, fundaciones, asociaciones de utilidad pública, partidos políticos, federaciones, coaliciones o agrupaciones de electores.
	  - La venta de la vivienda habitual de personas mayores de 65 años o con dependencia severa o gran dependencia.
	  - El pago de la deuda tributaria con bienes del Patrimonio Histórico Español.
	  - La dación en pago de la vivienda habitual del deudor para cancelar deudas garantizadas con hipoteca.
	  - La transmisión de la vivienda en ejecuciones hipotecarias judiciales o notariales.

 Ejemplo

Ernesto ha visto extinguido el contrato laboral con su empresa, donde llevaba 10 años trabajando. La empresa alega causa de fuerza mayor y abona al trabajador 6.000 € en concepto de indemnización.

Conociendo que su salario diario era de 30 €, según el ET, la indemnización es de 20 días de salario por año trabajado (20 x 30 x 10 = 6.000 €), con un máximo de 12 mensualidades (30 x 30 x 12 = 10.800 €).

Por su parte, la Ley 35/2006, de 28 de diciembre, establece que en los supuestos de despido o cese producidos por las causas previstas en la letra c) del artículo 52 del citado Estatuto, siempre que, en ambos casos, se deban a causas económicas, técnicas, organizativas, de producción o por fuerza mayor, quedará exenta la parte de indemnización percibida que no supere los límites establecidos con carácter obligatorio en el mencionado Estatuto para el despido improcedente. Por tanto, el límite de la exención será de 33 días por año trabajado (33 x 30 x 10 = 9.900 €), con un máximo de 24 mensualidades (30 x 30 x 24 = 21.600 €), por lo que los 6.000 € recibidos como indemnización estarán exentos.

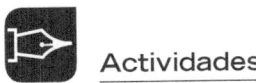 **Actividades**

3. Enumere las rentas que forman parte del hecho imponible en el IRPF.
4. Determine tres rentas exentas de tributar por IRPF.

2.3. Contribuyentes del IRPF

Los contribuyentes obligados a presentar la declaración por el impuesto sobre la renta de las personas físicas, son los siguientes:

■ **Las personas físicas que tengan su residencia habitual en territorio español.** Esa situación se entiende cuando se den las siguientes circunstancias:

- El contribuyente permanezca más de 183 días, durante el año natural, en territorio español.
- Que radique en España el núcleo principal o la base de sus actividades o intereses económicos, de forma directa o indirecta.
- Cuando residan habitualmente en España el cónyuge no separado legalmente y los hijos menores de edad que dependan de aquel.

■ **Las personas físicas que tuviesen su residencia habitual en el extranjero.** Serán contribuyentes del IRPF las personas que tengan nacionalidad española, aunque tuvieran su residencia habitual en el extranjero, así como su cónyuge no separado legalmente e hijos menores de edad, siempre que sean:

- Miembros de misiones diplomáticas españolas.
- Miembros de las oficinas consulares españolas.
- Titulares de cargo o empleo oficial del Estado español que sean miembros de las delegaciones y representaciones permanentes acreditadas ante organismos internacionales o que formen parte de delegaciones o misiones de observadores en el extranjero.
- Funcionarios cuyo cargo en el extranjero no tenga carácter diplomático o consular.

Aplicación práctica

Juan, de nacionalidad española, es trasladado por su empresa a Francia durante los meses de julio y agosto. En esta situación, ¿Juan es contribuyente del IRPF?

SOLUCIÓN

Juan es una persona física de nacionalidad española que ha tenido que trabajar en Francia durante dos meses (62 días). Este trabajador es contribuyente del IRPF, ya que reside habitualmente en territorio español, porque permanece en el mismo más de 183 días.

2.4. La obligación de retener

Están obligados a retener o ingresar en cuenta el IRPF los siguientes sujetos o entidades (artículo 76 Real Decreto 439/2007, de 30 de marzo):

- Las personas jurídicas y demás entidades, incluidas las comunidades de propietarios y las entidades en régimen de atribución de rentas.
- Los contribuyentes que ejerzan actividades económicas, cuando satisfagan rentas en el ejercicio de sus actividades.
- Todas las personas físicas, empresas o entidades no residentes en España, pero que operen en territorio español mediante establecimiento permanente.
- Las personas físicas, jurídicas y demás entidades no residentes en territorio español, que operen en él sin mediación de establecimiento permanente, en cuanto a los rendimientos del trabajo que satisfagan, así como respecto de otros rendimientos sometidos a retención o ingreso a cuenta que constituyan gasto deducible para la obtención de las rentas a que se refiere el artículo 24.2 del texto refundido de la Ley del Impuesto sobre la Renta de no Residentes.

 **Nota**

Cuando una persona o entidad se limite a realizar una simple mediación de pago, se entiende que satisface rentas. Por simple mediación de pago se entiende el pago de una cantidad por cuenta y orden de un tercero.

No se consideran operaciones de simple mediación de pago las siguientes. Además, las personas y entidades antes mencionadas estarán obligadas a retener e ingresar el impuesto en los siguientes casos:

- Cuando depositen valores extranjeros que sean propiedad de residentes en territorio español o deban realizar a su cargo la gestión de cobro de las rentas procedentes de estos valores, siempre que estas rentas no hayan sido sujeto de retención en España.
- Cuando se realicen pagos a cuenta de la Seguridad Social correspondientes de su personal.
- Cuando satisfagan a su personal cantidades desembolsadas por terceros en concepto de propina, retribución por el servicio u otros similares.
- En el caso de cooperativas agrarias, siempre que se distribuyan o comercialicen productos que procedan de las explotaciones de sus socios.

En definitiva, los empresarios están obligados a realizar las retenciones a cuenta del Impuesto sobre la Renta de las Personas Físicas, sobre los salarios que abonan a sus trabajadores. Además, deben efectuar ingresos a cuenta cuando el pago del salario se realiza en especie.

 Importante

Serán los empresarios los encargados de ingresar en el Tesoro Público las cantidades retenidas a los trabajadores.

Las retenciones se practicarán sobre los rendimientos íntegros del trabajo, entendiendo por tales todas las retribuciones, tanto en dinero como en especie, siempre que retribuyan el trabajo personal o sean consecuencia de una relación laboral. No obstante, se debe tener en cuenta que están exentos de retención por IRPF los siguientes conceptos:

- Gastos de locomoción, siempre que estén justificados y no excedan los límites establecidos.
- Dietas y asignación para gastos de viajes, siempre que no superen los límites establecidos.
- Indemnizaciones por despido, cese en el puesto de trabajo, traslado, extinción del contrato y fallecimiento.

No obstante, no existe obligación de retener el IRPF cuando las retribuciones íntegras anuales no superen las cuantías indicadas en el artículo 81 del Real Decreto 439/2007, de 30 de marzo:

Situación del contribuyente	N.º de hijos y otros descendientes		
	0 — Euros	1 — Euros	2 o más — Euros
1.ª Contribuyente soltero, viudo, divorciado o separado legalmente.	–	17.270	18.617
2.ª Contribuyente cuyo cónyuge no obtenga rentas superiores a 1.500 € anuales, excluidas las exentas.	16.696	17.894	19.241
3.ª Otras situaciones.	15.000	15.599	16.272

Los hijos y otros descendientes indicados en la tabla anterior son los previstos en el artículo 58 de la Ley del IRPF.

En cuanto a la situación del contribuyente, esta podrá ser una de las tres siguientes:

1. Contribuyente soltero, viudo, divorciado o separado legalmente, con hijos menores de 18 años o mayores incapacitados sujetos a patria potestad prorrogada o rehabilitada que convivan solo con él, sin convivir también con el otro progenitor, siempre que proceda consignar en el apartado "Descendientes" al menos un hijo o descendiente (unidades familiares monoparentales).

2. Contribuyente casado, y no separado legalmente, cuyo cónyuge no obtenga rentas anuales superiores a 1.500 €, excluidas las exentas.

3. Otras situaciones, que incluye las siguientes:

   ▪ El contribuyente casado, y no separado legalmente, cuyo cónyuge obtenga rentas superiores a 1.500 €, excluidas las exentas.

   ▪ El contribuyente soltero, viudo, divorciado o separado legalmente, sin descendientes o con descendientes a su cargo, cuando, en este último caso, no tenga derecho a la reducción establecida en el artículo 84.2.4.º de la Ley del Impuesto por darse la circunstancia de convivencia a que se refiere el párrafo segundo de dicho apartado.

   ▪ Los contribuyentes que no manifiesten estar en ninguna de las situaciones 1.ª y 2.ª anteriores.

 Aplicación práctica

Alejandra es una trabajadora divorciada que percibe rentas por 13.240 €/anuales, y tiene un hijo mayor de edad que no trabaja. ¿Estaría exenta de retención por IRPF?

SOLUCIÓN

Debido a su situación, Alejandra estaría exenta de IRPF, ya que pertenece al grupo número 1, cuyo límite de rentas se establece en 17.270 €. Como no supera dicho límite, estaría exenta de retención por IRPF.

2.5. Comunicación de datos al pagador

Los contribuyentes al pago del IRPF tienen la obligación de comunicar al pagador del impuesto la situación personal y familiar que influye en el importe excepcionado de retener, en la determinación del tipo de retención o en las regularizaciones necesarias. De esta forma, el pagador queda obligado a conservar la comunicación, que debe estar debidamente firmada por el contribuyente.

 Importante

El trabajador deberá comunicar al empresario (pagador del impuesto) su situación personal y familiar, así como las variaciones de estos datos, siempre que influyan en el tipo de retención que se debe aplicar a la nómina del trabajador.

En particular, los datos que debe conocer el empresario de sus trabajadores, para poder calcular correctamente su retención, son los siguientes:

- Situación familiar del trabajador, es decir, si está soltero, casado, viudo, divorciado, si tiene o no hijos, etc.
- Grado de discapacidad.
- Si es necesario que, para desempeñar el puesto de trabajo, se desplace geográficamente.
- Si satisface alguna pensión compensatoria, por orden judicial, a favor de su cónyuge.
- Si satisface anualidades por alimentos, por orden judicial, a favor de sus hijos.
- Si parte del salario está dirigido a la adquisición o rehabilitación de su vivienda habitual, mediante financiación ajena, por la que tenga derecho a practicar la deducción por inversión de vivienda habitual. Esto no será de aplicación si las cantidades van destinadas a ampliar la vivienda o a la construcción.

 **Importante**

Si el trabajador percibe rendimientos del trabajo de dos o más pagadores, solo se puede comunicar que destina cantidades a la adquisición o rehabilitación de su vivienda habitual, utilizando financiación ajena, cuando la cuantía total que perciba sea inferior a 33.007,2 €.

Las comunicaciones de los datos a la empresa se realizará mediante el modelo 145 o mediante medios telemáticos o electrónicos, que garanticen la autenticidad del origen y la integridad de los datos, la conservación adecuada de la comunicación y la accesibilidad a la información de la Administración Tributaria.

Impuesto sobre la Renta de las Personas Físicas Retenciones sobre rendimientos del trabajo
Comunicación de datos al pagador (artículo 88 del Reglamento del IRPF)

Modelo
145

Si prefiere no comunicar a la empresa o entidad pagadora alguno de los datos a que se refiere este modelo, la retención que se le practique podría resultar superior a la procedente. En tal caso, podrá recuperar la diferencia, si procede, al presentar su declaración del IRPF correspondiente al ejercicio de que se trate.

Atención: la inclusión de datos falsos, incompletos o inexactos en esta comunicación, así como la falta de comunicación de variaciones en los mismos que, de haber sido conocidas por el pagador, hubieran determinado una retención superior, constituye infracción tributaria sancionable con multa del 35 al 150 por 100 de las cantidades que se hubieran dejado de retener por esta causa. (Artículo 205 de la Ley 58/2003, de 17 de diciembre, General Tributaria).

1. Datos del perceptor que efectúa la comunicación

NIF   Apellidos y Nombre   Año de nacimiento

Situación familiar:

▪ Soltero/a, viudo/a, divorciado/a o separado/a legalmente con hijos solteros menores de 18 años o incapacitados judicialmente y sometidos a patria potestad prorrogada o rehabilitada que convivan exclusivamente con Vd., sin convivir también con el otro progenitor, siempre que proceda consignar al menos un hijo o descendiente en el apartado 2 de este documento **1**

▪ Casado/a y no separado/a legalmente cuyo cónyuge no obtiene rentas superiores a 1.500 euros anuales, excluidas las exentas **2**

NIF del cónyuge (si ha marcado la casilla 2, deberá consignar en esta casilla el NIF de su cónyuge) ....

▪ Situación familiar distinta de las dos anteriores (solteros sin hijos, casados cuyo cónyuge obtiene rentas superiores a 1.500 euros anuales, ..., etc.) **3**
(Marque también esta casilla si no desea manifestar su situación familiar).

Discapacidad (grado de minusvalía reconocido)   Igual o superior al 33% e inferior al 65% ....   Igual o superior al 65% ....   Además, tengo acreditada la necesidad de ayuda de terceras personas o movilidad reducida ....

Movilidad geográfica: Si anteriormente estaba Vd. en situación de desempleo e inscrito en la oficina de empleo y la aceptación del puesto de trabajo actual ha exigido el traslado de su residencia habitual a un nuevo municipio, indique la fecha de dicho traslado ....

Obtención de rendimientos con período de generación superior a 2 años durante los 5 períodos impositivos anteriores:
Marque esta casilla si, en el plazo comprendido en los 5 períodos impositivos anteriores al ejercicio al que corresponde la presente comunicación, ha percibido rendimientos del trabajo con período de generación superior a 2 años a los que, a efectos del cálculo del tipo de retención le haya sido aplicada la reducción por irregularidad contemplada en el artículo 18.2 de la Ley del impuesto y, sin embargo, posteriormente usted no haya aplicado la citada reducción en su correspondiente autoliquidación del Impuesto sobre la Renta

2. Hijos u otros descendientes menores de 25 años, o mayores de dicha edad si son discapacitados, que conviven con el perceptor

Datos de los hijos o descendientes menores de 25 años (o mayores de dicha edad si son discapacitados) que convivan con Vd. y que no tienen rentas anuales superiores a 8.000 euros.

Año de nacimiento	Año de adopción o acogimiento (1)	Hijos o descendientes con discapacidad (grado de minusvalía reconocido)			Cómputo por entero de hijos o descendientes
		Si alguno de los hijos o descendientes tiene reconocido un grado de minusvalía igual o superior al 33 por 100, marque con una "X" la/s casilla/s que corresponda/n a su situación.			En caso de hijos que convivan únicamente con Vd., sin convivir también con el otro progenitor (padre o madre), o de nietos que convivan únicamente con Vd., sin convivir también con ningún otro de sus abuelos, indíquelo marcando con una "X" esta casilla.
		Grado igual o superior al 33% e inferior al 65%	Grado igual o superior al 65%	Además, tiene acreditada la necesidad de ayuda de terceras personas o movilidad reducida	

Atención: Si tiene más de cuatro hijos o descendientes, adjunte otro ejemplar con los datos del quinto y sucesivos.

(1) Solamente en el caso de hijos adoptados o de menores acogidos. Tratándose de hijos adoptados que previamente hubieran estado acogidos, indique únicamente el año del acogimiento.

3. Ascendientes mayores de 65 años, o menores de dicha edad si son discapacitados, que conviven con el perceptor

Datos de los ascendientes mayores de 65 años (o menores de dicha edad si son discapacitados) que convivan con Vd. durante, al menos, la mitad del año y que no tienen rentas anuales superiores a 8.000 euros.

Año de nacimiento	Ascendientes con discapacidad (grado de minusvalía reconocido)			Convivencia con otros descendientes
	Si alguno de los ascendientes tiene reconocido un grado de minusvalía igual o superior al 33 por 100, marque con una "X" la/s casilla/s que corresponda/n a su situación.			Si alguno de los ascendientes convive también, al menos durante la mitad del año, con otros descendientes del mismo grado que Vd., indique en esta casilla el número total de descendientes con los que convive, incluido Vd. (Si los ascendientes sólo conviven con Vd., no rellene esta casilla).
	Grado igual o superior al 33% e inferior al 65%	Grado igual o superior al 65%	Además, tiene acreditada la necesidad de ayuda de terceras personas o movilidad reducida	

4. Pensiones compensatorias en favor del cónyuge y anualidades por alimentos en favor de los hijos, fijadas ambas por decisión judicial

Pensión compensatoria en favor del cónyuge. Importe anual que está Vd. obligado a satisfacer por resolución judicial ....

Anualidades por alimentos en favor de los hijos. Importe anual que está Vd. obligado a satisfacer por resolución judicial ....

5. Pagos por la adquisición o rehabilitación de la vivienda habitual utilizando financiación ajena, con derecho a deducción en el IRPF

Importante: sólo podrán cumplimentar este apartado los contribuyentes que hayan adquirido su vivienda habitual, o hayan satisfecho cantidades por obras de rehabilitación de la misma, antes del 1 de enero de 2013.

Si está Vd. efectuando pagos por préstamos destinados a la adquisición o rehabilitación de su vivienda habitual por los que vaya a tener derecho a deducción por inversión en vivienda habitual en el IRPF y la cuantía total de sus retribuciones íntegras en concepto de rendimientos del trabajo procedentes de todos sus pagadores es inferior a 33.007,20 euros anuales, marque con una "X" esta casilla ....

6. Fecha y firma de la comunicación

Manifiesto ser contribuyente del IRPF y declaro que son ciertos los datos arriba indicados, presentando ante la empresa o entidad pagadora la presente comunicación de mi situación personal y familiar, o de su variación, a los efectos previstos en el artículo 88 del Reglamento del IRPF.

_____, ____ de _____ de _____

Firma del perceptor:

Fdo.: D / D.ª_____

7. Acuse de recibo

La empresa o entidad: _____
acusa recibo de la presente comunicación y documentación.

_____, ____ de _____ de _____

Firma autorizada y sello
de la empresa o entidad
pagadora:

Fdo.: D / D.ª_____

De conformidad con lo dispuesto en el artículo 5 de la Ley Orgánica 15/1999, de 13 de diciembre, de Protección de Datos de Carácter Personal, el perceptor tendrá derecho a ser informado previamente de la existencia de un fichero o tratamiento de datos de carácter personal, de la finalidad de la recogida de éstos y de los destinatarios de la información, de la identidad y dirección del responsable del tratamiento o, en su caso, de su representante, así como de la posibilidad de ejercitar sus derechos de acceso, rectificación o cancelación de los mismos.

Ejemplar para la empresa o entidad pagadora

En definitiva, este modelo cuenta con las siguientes partes:

1. **Datos del perceptor,** que sería el trabajador:

- Se deben revisar los datos personales del trabajador, como: NIF, apellidos, nombre y fecha de nacimiento. En relación a la situación familiar, solo se debe marcar una opción:

  - Si el trabajador está soltero sin hijos, se debe marcar la casilla 3.
  - Si el trabajador está casado (con o sin hijos) y su cónyuge gana o prevé que va a ganar menos de 1.500 €/año, se debe marcar la casilla 2 y se deberá rellenar la casilla del NIF del cónyuge.
  - Si el trabajador está casado (con o sin hijos) y su cónyuge gana o prevé que va a ganar más de 1.500 €/año, se debe marcar la casilla 3.
  - Si el trabajador está soltero, separado o divorciado con algún hijo menor de 18 años, se debe marcar la casilla 1 y se debe rellenar el apartado 2 (hijos y otros descendientes).
  - Si el trabajador está soltero, separado y divorciado con hijos solo mayores de 18 años, se debe marcar la casilla 3.
  - Si el trabajador está viudo con algún hijo menor de 18 años, se debe marcar la casilla 1 y cumplimentar el apartado 2 (hijos y otros descendientes).
  - Si el trabajador es viudo y con hijos mayores de 18 años, se debe marcar la casilla 3.

- En el caso de que el trabajador tenga reconocido un grado de discapacidad igual o superior al 33 %, se debe marcar la casilla correspondiente del apartado de discapacidad.

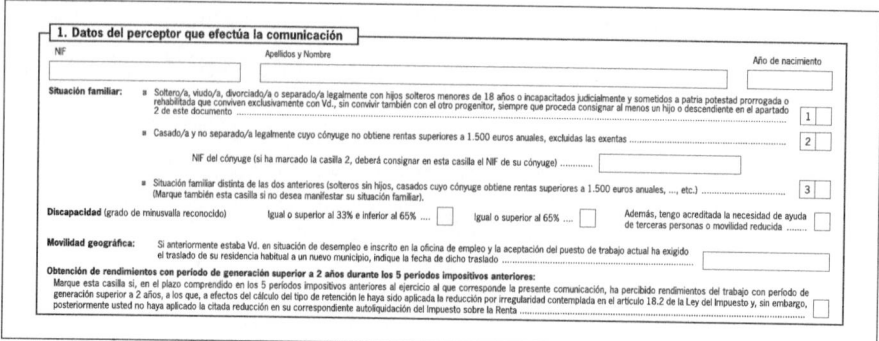

2. **Hijos y otros descendientes.** En este apartado, se debe reflejar el año de nacimiento o adopción de todos los hijos menores de 25 años, solteros y que convivan con el trabajador (si son discapacitados, no hay límite de edad), siempre que no ganen o prevea que no van a ganar más de 8.000 € en el año. En el caso de que los hijos convivan solo con el trabajador, sin convivir también con el otro progenitor, se debe marcar la casilla denominada "Cómputo por entero de hijos o descendientes".

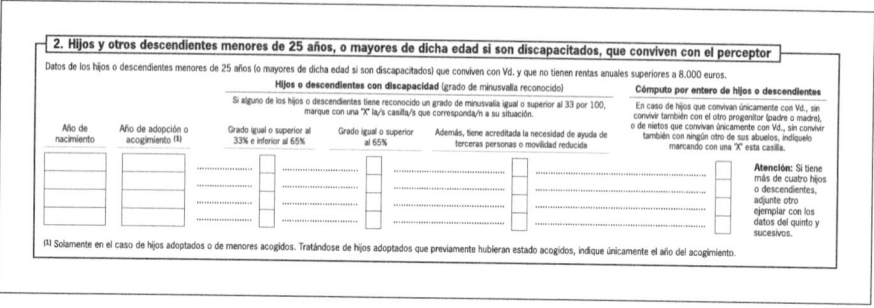

3. **Ascendientes mayores de 65 años.** Se cumplimentará este apartado cuando los padres del trabajador convivan con él al menos la mitad del año y no tengan rentas anuales mayores a 8.000 €. Los ascendientes deben tener más de 65 años, o menos en el caso de que sean personas discapacitadas.

3. Ascendientes mayores de 65 años, o menores de dicha edad si son discapacitados, que conviven con el perceptor					
Datos de los ascendientes mayores de 65 años (o menores de dicha edad si son discapacitados) que conviven con Vd. durante, al menos, la mitad del año y que no tienen rentas anuales superiores a 8.000 euros.					
	Ascendientes con discapacidad (grado de minusvalía reconocido)				**Convivencia con otros descendientes**
	Si alguno de los ascendientes tiene reconocido un grado de minusvalía igual o superior al 33 por 100, marque con una "X" la/s casilla/s que corresponda/n a su situación.				Si alguno de los ascendientes convive también, al menos durante la mitad del año, con otros descendientes del mismo grado que Vd., indique en esta casilla el número total de descendientes con los que convive, incluido Vd. (Si los ascendientes sólo conviven con Vd., no rellene esta casilla).
Año de nacimiento	Grado igual o superior al 33% e inferior al 65%	Grado igual o superior al 65%	Además, tiene acreditada la necesidad de ayuda de terceras personas o movilidad reducida		

4. **Pensiones compensatorias.** Este apartado se cumplimentará en el caso de que el trabajador deba aportar una pensión compensatoria al cónyuge o una anualidad por alimentos a los hijos, siempre por resolución judicial.

4. Pensiones compensatorias en favor del cónyuge y anualidades por alimentos en favor de los hijos, fijadas ambas por decisión judicial
Pensión compensatoria en favor del cónyuge. Importe anual que está Vd. obligado a satisfacer por resolución judicial ....
Anualidades por alimentos en favor de los hijos. Importe anual que está Vd. obligado a satisfacer por resolución judicial ....

5. **Pago por la adquisición o rehabilitación de la vivienda habitual utilizando financiación ajena.** Este campo se cumplimentará para las personas que tengan una hipoteca por adquisición de vivienda habitual con derecho a deducción (solo en el caso de viviendas habituales adquiridas antes del 01-01-2013).

5. Pagos por la adquisición o rehabilitación de la vivienda habitual utilizando financiación ajena, con derecho a deducción en el IRPF
Importante: sólo podrán cumplimentar este apartado los contribuyentes que hayan adquirido su vivienda habitual, o hayan satisfecho cantidades por obras de rehabilitación de la misma, antes del 1 de enero de 2013.
Si está Vd. efectuando pagos por préstamos destinados a la adquisición o rehabilitación de su vivienda habitual por los que vaya a tener derecho a deducción por inversión en vivienda habitual en el IRPF y la cuantía total de sus retribuciones íntegras en concepto de rendimientos del trabajo procedentes de todos sus pagadores es inferior a 33.007,20 euros anuales, marque con una "X" esta casilla ....

6. **Firma del trabajador y de la empresa.** Los últimos apartados son el 6 y el 7, donde deberá firmar el trabajador y la empresa. Por un lado, el trabajador deberá firmar y fechar la comunicación, y por otro lado, la empresa debe acreditar el haber recibido la comunicación.

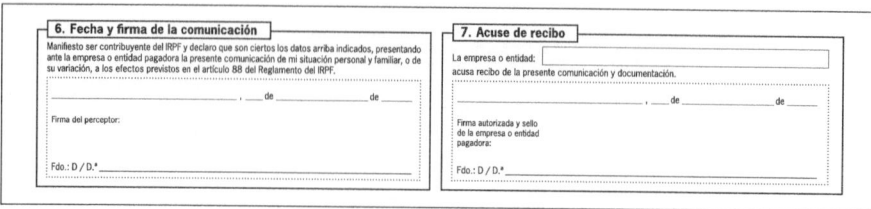

En definitiva, la empresa es la que debe calcular las retenciones de IRPF que se deben aplicar en las nóminas de sus trabajadores, teniendo en cuenta:

- Los datos económicos de la propia nómina.
- La situación personal y familiar del trabajador. Esta información se obtiene cuando el trabajador comunica sus datos mediante el modelo 145.

Actividades

5. Antonio lleva 3 años trabajando para la misma empresa y siempre le han retenido el mismo porcentaje de IRPF en su nómina. Recientemente ha tenido un hijo, ¿debe comunicar a su empresa que ha sido padre? ¿Afectaría esta situación a la retención por IRPF?
6. Luisa lleva 8 meses trabajando para una inmobiliaria y se ha dado cuenta de que le retienen mucho IRPF, ya que, al comenzar a trabajar, no comunicó correctamente su situación familiar. ¿Qué debe hacer Luisa en este caso? ¿Puede recuperar de alguna forma el dinero que se le ha retenido de más en sus nóminas?

2.6. Retenciones a cuenta del IRPF

Se entiende por retenciones a cuenta del IRPF las cantidades que el empresario detrae al trabajador para ingresarlas en la Administración Tributaria en concepto de anticipo de la cuota del impuesto que el contribuyente debe pagar.

En concreto, estarán sujetas a retención o ingreso a cuenta las siguientes rentas (artículo 75 del Real Decreto 439/2007, de 30 de marzo):

- Los rendimientos del trabajo.
- Los rendimientos del capital mobiliario.
- Los rendimientos de las siguientes actividades económicas:

  - Los rendimientos de actividades profesionales.
  - Los rendimientos de actividades agrícolas y ganaderas.
  - Los rendimientos de actividades forestales.
  - Los rendimientos de las actividades empresariales previstas en el artículo 95.6.2° del Reglamento del IRPF que determinen su rendimiento neto por el método de estimación objetiva.

- Las ganancias patrimoniales obtenidas como consecuencia de las transmisiones o reembolsos de acciones y participaciones representativas del capital o patrimonio de las instituciones de inversión colectiva, así como las derivadas de los aprovechamientos forestales de los vecinos en montes públicos.
- Los rendimientos procedentes del arrendamiento o subarrendamiento de inmuebles urbanos. A estos efectos, las referencias al arrendamiento se entenderán realizadas también al subarrendamiento.
- Los rendimientos procedentes de la propiedad intelectual, industrial, de la prestación de asistencia técnica, del arrendamiento de bienes muebles, negocios o minas, del subarrendamiento sobre los bienes anteriores y los procedentes de la cesión del derecho a la explotación del derecho de imagen.
- Los premios que se entreguen como consecuencia de la participación en juegos, concursos, rifas o combinaciones aleatorias, estén o no vinculados a la oferta, promoción o venta de determinados bienes, productos o servicios.

Por su parte, en los casos previstos en el artículo 75.3 del Real Decreto 439/2007, de 30 de marzo, no existirá obligación de practicar retención o ingreso a cuenta, entre ellos destacan los siguientes:

- Las rentas exentas y las dietas y gastos de viaje exceptuados de gravamen.
- Los rendimientos de las Letras del Tesoro.

- Las primas de conversión de obligaciones en acciones.
- Los rendimientos procedentes del arrendamiento o subarrendamiento de inmuebles urbanos en determinados supuestos.

Importante

Cuando se paguen o abonen las rentas, nacerá la obligación de retener.

En concreto, el modelo por el que se practican las retenciones salariales a cuenta del IRPF es el **modelo 111.** El periodo y la forma de presentación del modelo dependen del tipo de contribuyente, siendo:

Contribuyente	Presentación	
	Periodo	Formas
- Gran empresa - AA. PP. con presupuesto superior a 6.000.000 €	Mensual	Electrónica, mediante firma electrónica avanzada o certificado electrónico.
- S. A. y S. L. (salvo las que son grandes empresas) - Empresas adscritas a la DCGC / UGGE[1] - Resto de AA. PP.	Trimestral	
Personas físicas que no estén adscritas a la DCGC	Trimestral	Opcional: - Electrónica, mediante Cl@ve PIN. - Electrónica, mediante firma electrónica avanzada o certificado electrónico. - Papel impreso generado por el servicio de impresión de la sede electrónica de la AEAT.

Continúa en página siguiente >>

<< Viene de página anterior

Resto de contribuyentes	Trimestral	Opcional: - Electrónica, mediante firma electrónica avanzada o certificado electrónico. - Papel impreso generado por el servicio de impresión de la sede electrónica de la AEAT.

(1) DCGC: Delegación Central de Grandes Contribuyentes; UGGE: Unidad de Gestión de Grandes Empresas

Una vez identificado el contribuyente mediante DNI electrónico, certificado electrónico o Cl@ve, debe cumplimentar los campos que componen el modelo, siguiendo estas normas:

1. **Datos identificativos:** se incluye el NIF, nombre y apellidos o razón social.
2. **Devengo:** en el campo Ejercicio hay que poner las cuatro cifras del año natural al que corresponde el periodo por el que se hace la declaración, y en el campo Periodo se consigna el código que corresponda del menú desplegable, según sea declaración trimestral o mensual.

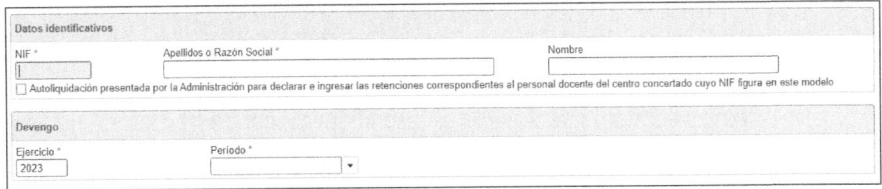

3. **Liquidación:** este apartado del modelo está compuesto de varios campos:

   ■ **Retenciones del trabajo:** en este apartado se deben reflejar los tipos de rendimientos, separando los correspondientes a los rendimientos dinerarios y a los rendimientos satisfechos en especie:

      ı **En la casilla 01:** hay que poner el número total de personas físicas a las que el declarante ha practicado una retención a cuenta del IRPF en concepto de rendimientos del trabajo. Es decir, el número total de personas a las que se les retiene en su nómina en el período impositivo que se está declarando.

▮ **En la casilla 02:** se debe reflejar la suma de todas las bases que están sujetas a retención por el declarante en concepto de rendimiento del trabajo, es decir, la suma de los totales devengados de las nóminas de los trabajadores a los que se les practica retención en sus nóminas en el período impositivo que se declare.

▮ **En la casilla 03:** se recoge la cantidad total de retenciones que se han practicado a todos los trabajadores durante el período impositivo declarado.

▮ **En las casillas 04, 05 y 06:** serían igual que las casillas 01, 02 y 03, pero teniendo en cuenta que se trata de rendimiento en especie.

■ **Rendimientos actividades económicas:** este apartado se debe cumplimentar de la siguiente forma:

▮ **En la casilla 07:** hay que poner el número total de profesionales o entidades en régimen de atribución de rentas a las que el declarante haya satisfecho retención en concepto de actividades económicas, es decir, se deben sumar las cantidades de todos los profesionales que han practicado alguna retención en la factura.

▮ **En la casilla 08:** se debe reflejar la suma de todas las contraprestaciones económicas sujetas a retención en concepto de actividades económicas. Es decir, se sumarán las bases imponibles de las facturas emitidas por profesionales a los que se les haya practicado retenciones por IRPF.

▮ **En la casilla 09:** se debe reflejar el importe total de las retenciones en concepto de rendimiento de actividades económicas.

▮ **En las casillas 10, 11 y 12:** se cumplimentan igual que las 07, 08 y 09, teniendo en cuenta que se refieren a los rendimientos en especie.

■ **Premios por la participación en juegos, concursos, rifas o combinaciones aleatorias:** este apartado se rellena solo cuando el declarante ha entregado premios sujetos a retenciones durante el período declarado.

Se deben distinguir los premios en metálico, como dinero o cheques, de los premios en especie, como un coche, una vivienda, etc.

- **Ganancias patrimoniales derivadas de los aprovechamientos forestales de los vecinos en montes públicos:** se recogen las percepciones satisfechas por el declarante por los aprovechamientos forestales en montes públicos, siempre que generen para los perceptores una ganancia patrimonial.

- **Contraprestaciones por la cesión de derechos de imagen** (ingresos a cuenta según el art. 92.8 de la ley del IRPF): cuando corresponda, se indicarán las contraprestaciones sujetas a ingreso a cuenta, satisfechas por el declarante.

- **Total liquidación:** ese apartado se rellenará del siguiente modo:

  - **En la casilla 28:** se pondrá la suma de las retenciones e ingresos a cuenta de todos los epígrafes anteriores.

  - **La casilla 29:** se rellenará en el caso de declaración complementaria. En esta casilla se debe poner la cantidad de la declaración presentada anteriormente para el mismo año y período. Esta casilla solo se cumplimenta cuando se debe corregir un error en declaraciones presentadas anteriormente.

  - **En la casilla 30:** aparece el resultado final de la liquidación, que es la diferencia entre las casillas 28 y 29.

Liquidación

I. Retenciones del trabajo

Rendimientos dinerarios

Número de perceptores	Importe de las percepciones	Importe de las retenciones
[01]	[02]	[03]

Rendimientos en especie

Número de perceptores	Valor percepciones en especie	Importe de los ingresos a cuenta
[04]	[05]	[06]

II. Rendimientos de actividades económicas

Rendimientos dinerarios

Número de perceptores	Importe de las percepciones	Importe de las retenciones
[07]	[08]	[09]

Rendimientos en especie

Número de perceptores	Valor percepciones en especie	Importe de los ingresos a cuenta
[10]	[11]	[12]

III. Premios por la participación en juegos, concursos, rifas o combinaciones aleatorias

Premios dinerarios

Número de perceptores	Importe de las percepciones	Importe de las retenciones
[13]	[14]	[15]

Premios en especie

Número de perceptores	Valor percepciones en especie	Importe de los ingresos a cuenta
[16]	[17]	[18]

IV. Ganancias patrimoniales derivadas de los aprovechamientos forestales de los vecinos en los montes públicos

Percepciones dinerarias

Número de perceptores	Importe de las percepciones	Importe de las retenciones
[19]	[20]	[21]

Percepciones en especie

Número de perceptores	Valor percepciones en especie	Importe de los ingresos a cuenta
[22]	[23]	[24]

V. Contraprestaciones por la cesión de derechos de imagen, ingresos a cuenta previstos en el art. 92.8 de la Ley del Impuesto

Contrapartidas dinerarias o en especie

Número de perceptores	Contraprestaciones satisfechas	Importe de los ingresos a cuenta
[25]	[26]	[27]

Total liquidación

Suma de las retenciones e ingresos a cuenta ([03] + [06] + [09] + [12] + [15] + [18] + [21] + [24] + [27]) [28]

A deducir   (exclusivamente en caso de declaración complementaria)

Resultado de la anterior o anteriores declaraciones del mismo concepto, ejercicio y periodo   [29]

Resultado a ingresar ([28] - [29])   [30]

Una vez incluidos los datos identificativos y económicos, al pulsar en el botón Ingreso/Devolución, dependiendo del resultado, aparecerá una ventana en la que se ha de elegir el tipo de declaración e incluir (opcional) el IBAN. A continuación, ya se puede generar la declaración. Si el resultado obtenido es a pagar, se ha de presentar en una entidad colaboradora y proceder a su pago. En el caso de que la declaración sea negativa, es decir, no se ha practicado retención alguna, el modelo se ha de presentar según la modalidad elegida (papel impreso o vía electrónica).

Nota

En el caso de que la declaración sea complementaria de otra anterior, se ha de indicar el número identificativo (13 dígitos) que esa declaración tiene junto a su código de barras.

El plazo de presentación del modelo 111 es dentro de los 20 días posteriores al final de cada trimestre natural o de cada mes, dependiendo si la declaración es trimestral o mensual. En el caso de la declaración trimestral los periodos son:

Primer trimestre: del 1 al 20 de abril, ambos inclusive.
Segundo trimestre: del 1 al 20 de julio, ambos inclusive.
Tercer trimestre: del 1 al 20 de octubre, ambos inclusive.
Cuarto trimestre: del 1 al 20 de enero, ambos inclusive.

 Importante

Si el día de finalización del plazo coincide con un sábado, domingo o festivo, el plazo será hasta el siguiente día hábil.

 Actividades

7. ¿Cuándo se presentará el modelo 111?
8. Razone si las empresas deben entregar certificados de retenciones por las retribuciones en especie, retribuciones dinerarias o dietas exentas.

Se debe tener en cuenta que, al finalizar el ejercicio y coincidiendo con el cuarto trimestre o mes del año, se debe presentar un resumen de las retenciones que se han practicado durante todo el ejercicio. Este resumen anual se hace efectivo mediante la cumplimentación del modelo 190, es decir, es un resumen anual de la información del modelo 111.

El **modelo 190** se presenta del 1 al 31 de enero y debe hacer referencia a las retenciones practicadas en el año anterior. Cuando la declaración se presenta por vía electrónica y no es posible por razones técnicas en el plazo legal establecido, la presentación se puede realizar durante los cuatro días naturales siguientes al del fin de dicho plazo.

Las formas de presentación del modelo 190, al igual que el modelo 111, también dependen del tipo de empresa:

Contribuyente	Formas
- S. A. o S. L. - Empresas adscritas a la DCGC / UGGE[1] - Administraciones públicas	Electrónica, mediante firma electrónica avanzada o certificado electrónico.
Personas físicas	- Electrónica, mediante Cl@ve PIN. - Electrónica, mediante firma electrónica avanzada o certificado electrónico.

[1] *DCGC: Delegación Central de Grandes Contribuyentes; UGGE: Unidad de Gestión de Grandes Empresas*

En la sede electrónica de la **AEAT** se accede a la siguiente pantalla para cumplimentar los datos del modelo y así poder presentar la declaración por vía electrónica.

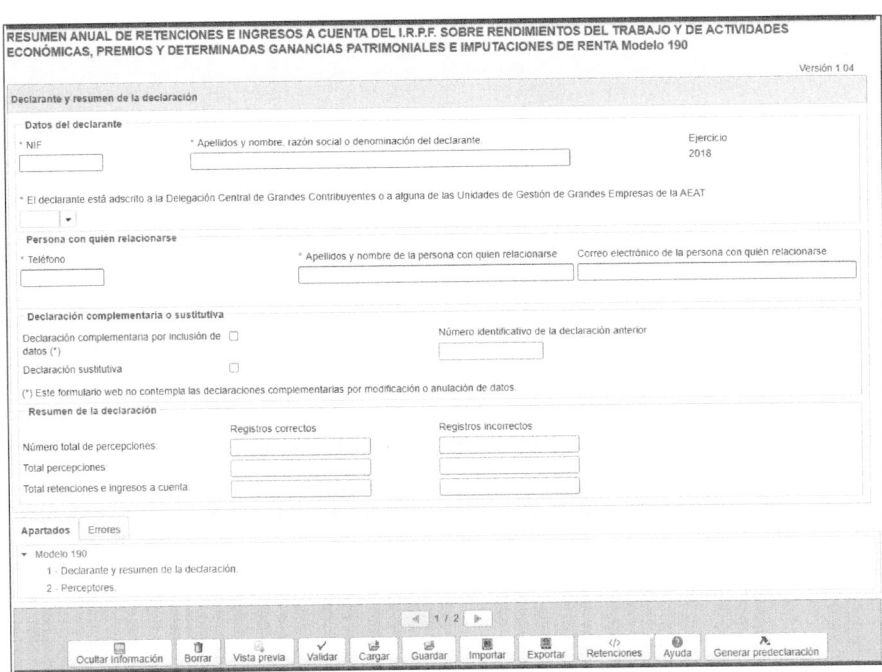

Los apartados incluyen la siguiente información:

- **Datos del declarante:** se cumplimenta el NIF del contribuyente, sus datos identificativos (nombre y apellidos) o la razón social.
- **Persona con la que relacionarse:** en este apartado se debe incluir el nombre y apellidos de la persona de contacto y el número de teléfono, para poder localizarla en caso de que surja alguna incidencia en la tramitación. Además, se puede indicar una dirección de correo electrónico, de forma opcional.
- **Declaración complementaria o sustitutiva:** cuando la declaración se realice para incluir percepciones que no se han incluido con anterioridad, es decir, que se deberían haber incluido pero han sido omitidas anteriormente, se rellenará este apartado. En concreto, pueden existir dos posibilidades:

  - Casilla Declaración complementaria por inclusión de datos: se cumplimentará cuando existiendo obligación de incluir determinada información en la declaración anterior, esta se omitiera.

▮ Casilla Declaración sustitutiva: se debe cumplimentar cuando sea necesario anular o sustituir una declaración anterior en la que hubiera datos erróneos, siempre que sea del mismo ejercicio.

En este apartado deberá aparecer el número identificativo de 13 dígitos que aparece junto al código de barras de la declaración presentada anteriormente (declaración errónea).

■ **Resumen de los datos incluidos en la declaración:** en este apartado se encuentran las siguientes casillas:

▮ Casilla 01: se indicará el numero total de percepciones relacionadas en la declaración.

▮ Casilla 02: se indicará el importe total de las percepciones relacionadas.

▮ Casilla 03: se indicará el importe total de las retenciones e ingresos a cuenta relacionados.

En concreto, a la hora de cumplimentar el modelo 190, se debe tener en cuenta que por cada percepción se debe rellenar un apartado como este:

Datos del perceptor y de la percepción	Datos adicionales
Datos del perceptor: - Casilla "NIF perceptor": se indicará el NIF de cada perceptor. - Casilla "NIF representante": se debe cumplimentar cuando el perceptor es menor de 14 años. - Casilla "Apellidos y nombre, razón social o denominación del perceptor": en el caso de personas físicas, se debe indicar el primer apellido, el segundo apellido y el nombre completo. Para entidades en régimen de atribución de rentas, se indicará la denominación completa de la entidad.	- Casilla "Año de nacimiento": se indica el año en el que nació el perceptor. - Casilla "Situación familiar": se debe identificar la situación familiar mediante el dígito numérico correspondiente : * 1: si el perceptor es soltero, viudo, divorciado o separado legalmente, con hijos menores de 18 años o mayores incapacitados sujetos a patria potestad prorrogada o rehabilitada que conviven exclusivamente con él, siempre que tenga, al menos, un hijo o descendiente con derecho a la aplicación del mínimo por descendientes.

Continúa en página siguiente >>

<< Viene de página anterior

Datos del perceptor y de la percepción	Datos adicionales

Datos del perceptor y de la percepción

- **Casilla "Provincia (Código)":** se cumplimentará con los dos dígitos numéricos que correspondan a la provincia o ciudad del domicilio del perceptor.

Datos de la percepción:

- **Casilla "Clave":** se debe indicar la clave alfabética que corresponda a la percepción de que se trate:

    * **Clave A.** Rendimientos del trabajo correspondientes a empleados por cuenta ajena en general.
    * **Clave B.** Rendimientos del trabajo: pensionistas y perceptores de haberes pasivos y demás prestaciones previstas en el artículo 17.2.a) de la Ley del Impuesto.
    * **Clave C.** Rendimientos del trabajo: prestaciones o subsidios por desempleo, excepto las prestaciones satisfechas por este concepto en la modalidad de pago único.
    * **Clave D.** Rendimientos del trabajo: prestaciones por desempleo abonadas en la modalidad de pago único.
    * **Clave E.** Rendimientos del trabajo: retribuciones a consejeros y administradores.
    * **Clave F.** Rendimientos del trabajo: cursos, conferencias, seminarios y similares y elaboración de obras literarias, artísticas o científicas.
    * **Clave G.** Rendimientos de actividades económicas: actividades profesionales.
    * **Clave H.** Rendimientos de actividades económicas: actividades agrícolas, ganaderas y forestales y actividades empresariales en estimación objetiva.

Datos adicionales

    * **2:** si el perceptor está casado y no separado legalmente y su cónyuge no tiene rentas anuales superiores a la cuantía a que se refiere la situación 2ª de las contempladas en el artículo 81.1 del Reglamento del Impuesto de IRPF.
    * **3:** si la situación familiar del perceptor es distinta a las anteriores o no comunicó este dato ante la persona o entidad retenedora.

- **Casilla "NIF del cónyuge".** Solo se rellena si la situación familiar del perceptor es la que se marca con el número 2.
- **Casilla "Discapacidad".** Se cumplimentará si el perceptor es una persona con discapacidad que tiene acreditado un grado de minusvalía igual o superior al 33 por 100. El código numérico indicativo sería:

    * **0:** si no hay minusvalía o es inferior al 33 %.
    * **1:** si el grado de minusvalía es igual o superior al 33 por 100 e inferior al 65 por 100.
    * **2:** si el grado de minusvalía es igual o superior al 33 por 100 e inferior al 65 por 100, siempre que, además, el perceptor tenga acreditada la necesidad de ayuda de terceras personas o movilidad reducida.
    * **3:** si el grado de minusvalía es igual o superior al 65 %. Si el perceptor no padece ninguna discapacidad o si, padeciéndola, el grado de minusvalía es inferior al 33 por 100, no se cumplimentará esta casilla.

- **Casilla "Contrato o relación".** En el supuesto de empleados por cuenta ajena en activo, se indicará el código numérico asociado al tipo de contrato o relación existente entre el perceptor y la persona o entidad retenedora:

Continúa en página siguiente >>

<< Viene de página anterior

Datos del perceptor y de la percepción	Datos adicionales

* Clave I. Rendimientos de actividades económicas: se incluyen los rendimientos de la propiedad intelectual o industrial, de la prestación de asistencia técnica, del arrendamiento de bienes muebles, negocios o minas o del subarrendamiento de dichos bienes, así como los procedentes de la cesión del derecho a la explotación del derecho de imagen, cuando dichos rendimientos tengan para su perceptor la calificación fiscal de rendimientos de actividades económicas distintos de los procedentes de actividades profesionales que deban incluirse en la clave G.*** Clave J.** Imputación de rentas por la cesión de derechos de imagen.

* Clave K. Premios y ganancias patrimoniales de los vecinos derivadas de los aprovechamientos forestales en montes públicos.

* Clave L. Rentas exentas y dietas exceptuadas de gravamen.

- **Casilla "Subclave".** Para percepciones correspondientes a las claves B, E, F, H, I, K y L, se debe rellenar, la subclave numérica de dos dígitos que corresponda a cada percepción, según la relación de subclaves.

Percepciones dinerarias:

- **Casilla "Percepción íntegra":** se debe indicar el importe íntegro anual de las percepciones dinerarias.

- **Casilla "Retenciones practicadas":** se debe indicar, sin signo, el importe anual efectivamente retenido a cuenta del IRPF en relación con las percepciones dinerarias consignadas previamente en la casilla "Percepción íntegra".

* **1:** contrato o relación de carácter general, que comprenderá todas las situaciones no contempladas en los códigos siguientes.

* **2:** contrato o relación de duración inferior al año, con excepción de los supuestos contemplados en el código 4.

* **3:** contrato o relación laboral especial de carácter dependiente, con excepción de los rendimientos obtenidos por los penados en las instituciones penitenciarias y de los derivados de relaciones laborales de carácter especial que afecten a personas con discapacidad, que se considerarán comprendidos en el código 1.

* **4:** relación esporádica propia de los trabajadores manuales que perciben sus retribuciones por peonadas o jornales diarios.

- **Casilla "Movilidad geográfica":** cuando se trata de empleados por cuenta ajena en activo que tengan derecho en el ejercicio al incremento en la reducción por obtención de rendimientos del trabajo establecido en el artículo 20.2.b) de la Ley del Impuesto para los supuestos de movilidad geográfica previstos en el citado artículo y en el artículo 12.2 del Reglamento del Impuesto, se hará constar en esta casilla el número 1. En otro caso, no se cumplimentará esta casilla.

- **Casilla "Reducciones aplicables":** de haberse incluido entre las percepciones satisfechas al perceptor de que se trate alguna a la que resulte aplicable cualquiera de las reducciones previstas en los apartados 2 y 3 del artículo 18 o en las disposiciones transitorias 11ª y 12ª de la Ley del IRPF, se consignará en esta casilla el importe de dichas reducciones efectivamente considerado por la persona o entidad pagadora a efectos de determinar el tipo de retención.

Continúa en página siguiente >>

<< Viene de página anterior

Datos del perceptor y de la percepción	Datos adicionales
Percepciones en especie: - **Casilla "Valoración"**. Se debe indicar la suma de las valoraciones correspondientes a las percepciones en especie efectivamente satisfechas en el ejercicio. - **Casilla "Ingresos a cuenta efectuados"**. Se indicará, sin signo, el importe anual realmente ingresado a cuenta por el pagador en relación con las percepciones en especie cuyo importe se haya anotado previamente en la casilla "Valoración". - **Casilla "Ingresos a cuenta repercutidos"**: se indicará el importe de los ingresos a cuenta realizados que el pagador de las retribuciones en especie hubiera repercutido al perceptor. **Ejercicio devengo:** Se indica el año del devengo al que se refiere el modelo. **Ceuta o Melilla:** En los supuestos en que, por tratarse de rentas obtenidas en Ceuta o Melilla con derecho a una deducción, el pagador hubiera determinado otro tipo de retención, se anotará el número 1. Para otros casos, esta casilla no tiene que cumplimentarse.	- **Casilla "Gastos deducibles"**: se anotarán las cotizaciones a la Seguridad Social o a mutualidades generales obligatorias de funcionarios, detracciones por derechos pasivos y cotizaciones a colegios de huérfanos o entidades similares. - **Casilla "Pensiones compensatorias"**: se anotará la pensión compensatoria que el perceptor estuviese obligado a pagar a su cónyuge por resolución judicial. - **Casilla "Anualidades por alimentos"**: se anotará el importe anual de las anualidades por alimentos que el perceptor estuviese obligado a pagar a favor de sus hijos por decisión judicial.

Fuente: Modelos de Hacienda

Además, el apartado **Datos Adicionales** suministra también la siguiente información:

■ **Casilla "Hijos y otros descendientes":** datos sobre aquellos por los que tenga derecho a la aplicación del mínimo por descendientes. Se divide en cuatro:

* < 3 años. N.º Total: número de descendientes que, dando derecho al mínimo, sean menores de 3 años el 31 de diciembre del ejercicio.

* < 3 años. Por entero: se indica el n.º de descendientes menores de 3 años que han sido computados por entero para determinar el tipo de retención.

* Resto. N.º Total: número de los demás descendientes que, dando derecho al mínimo, no estén incluidos en el campo «< 3 años».

* Resto. Por entero: se indica, el número de los descendientes anteriores que han sido computados por entero para determinar el tipo de retención.

■ **Casilla "Hijos y otros descendientes con discapacidad":** datos sobre aquellos por los que tenga derecho a la aplicación del mínimo por descendientes y, a su vez, el mínimo por discapacidad. En esta ocasión se divide en seis apartados: ≥ 33 % y < 65 %. N.º Total; ≥ 33 % y < 65 %. Por entero; Movilidad reducida. Nº total; Movilidad reducida. Por entero; ≥ 65 %. N.º total; ≥ 65 %. Por entero.

■ **Casilla "Ascendientes":** datos de los ascendientes que den lugar a la reducción por edad. Se divide en cuatro:

* < 75 años. N.º Total: número de ascendientes que tengan menos de 75 años el 31 de diciembre del ejercicio.

* < 75 años. Por entero: se indica el nº de ascendientes anteriores que han sido computados por entero para determinar el tipo de retención.

* ≥ 75 años. N.º Total: número de ascendientes que tengan 75 años o más el 31 de diciembre del ejercicio.

* ≥ 75 años. Por entero: se indica, el número de los ascendientes anteriores que han sido computados por entero para determinar el tipo de retención.

■ **Casilla "Ascendientes con discapacidad":** datos sobre aquellos por los que tenga derecho a la aplicación del mínimo por ascendientes, y a su vez, del mínimo por discapacidad. En esta ocasión se divide en seis apartados: ≥ 33 % y < 65 %. N.º Total; ≥ 33 % y < 65 %. Por entero; Movilidad reducida. Nº total; Movilidad reducida. Por entero; ≥ 65 %. N.º total; ≥ 65 %. Por entero.

■ **Casilla "Cómputo de los tres primeros hijos":** datos referidos a la proporción en la que ha sido computado cada uno de los tres primeros hijos, ordenados de mayor a menor edad, de los ya incluidos en los campos "< 3 años. N.º Total" y "Resto. N.º Total". Este campo se divide en tres: Hijo 1º, Hijo 2º e Hijo 3º.

- **Casilla "Comunicación préstamos vivienda habitual":** si, en algún momento del ejercicio, ha resultado de aplicación la reducción del tipo de retención prevista en el artículo 86.1, último párrafo, del Reglamento del Impuesto, por haber comunicado el perceptor que está destinando cantidades a la adquisición o rehabilitación de su vivienda habitual, por la que vaya a tener derecho a la deducción por vivienda habitual regulada en la disposición transitoria decimoctava de la Ley del Impuesto y por cumplirse los demás requisitos establecidos. Se divide en:
    * 0 : si en ningún momento del ejercicio se ha aplicado la reducción del tipo de retención.
    * 1: si ha habido aplicación de la reducción del tipo de retención.

- **Casilla "Percepciones dinerarias derivadas de incapacidad laboral":**

    * Percepción íntegra derivada de incapacidad laboral: se incluye el importe íntegro anual de las percepciones dinerarias en concepto de incapacidad laboral abonadas directamente por el empresario. Se divide en parte entera y en parte decimal, del importe de las percepciones íntegras.
    * Retenciones practicadas sobre prestaciones derivadas de incapacidad laboral: se indica el importe anual efectivamente retenido a cuenta del IRPF de las percepciones dinerarias derivadas de incapacidad laboral. Se divide en parte entera y en parte decimal, del importe de las percepciones íntegras.

- **Casilla "Percepciones en especie derivadas de incapacidad laboral":**

    * Valoración de la percepción en especie derivada de incapacidad laboral: cuando el empresario haya acordado con la Seguridad Social el pago en especie de la incapacidad laboral, se indicará la suma de las valoraciones de las percepciones abonadas en el ejercicio. Se divide en parte entera y en parte decimal, del importe de las valoraciones.

* Ingresos a cuenta efectuados por prestaciones en especie derivadas de incapacidad laboral: se indica el importe anual efectivamente ingresado a cuenta por el empresario en relación con las percepciones en especie derivadas de incapacidad laboral. Se divide en parte entera y en parte decimal, del importe de los ingresos a cuenta efectuados.

* Ingresos a cuenta repercutidos por prestaciones en especie derivadas de incapacidad laboral: se indica el importe anual de los ingresos a cuenta efectuados que y que el empresario haya repercutido al trabajador. Se divide en parte entera y en parte decimal, del importe de los ingresos a cuenta repercutidos.

 Actividades

9. ¿Quién debe presentar el modelo 190?
10. Si se paga un servicio profesional donde la factura lleva retención, ¿esta acción se debe tener en cuenta a la hora de cumplimentar el modelo 111? ¿Y a la hora de realizar el modelo 190?

2.7. Liquidación anual del impuesto

Para conocer cómo se procede a liquidar el impuesto, se debe tener en cuenta el siguiente esquema:

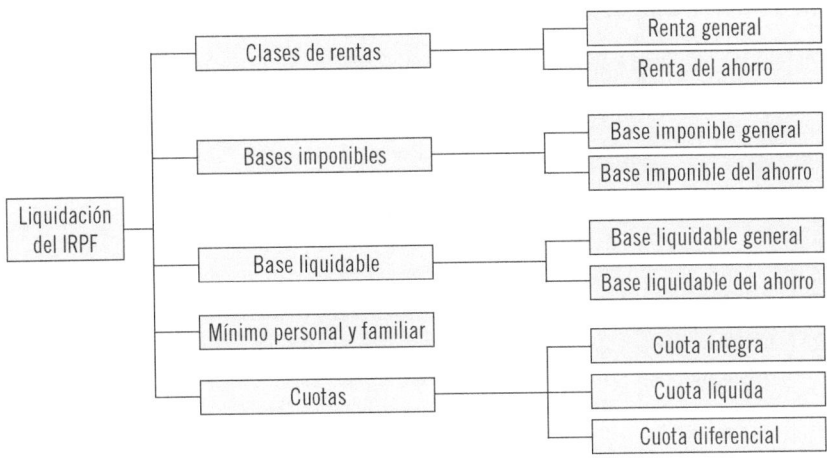

Clases de rentas

Para calcular el impuesto, se debe tener en cuenta que la renta obtenida por el contribuyente en el período impositivo se divide en:

- Rendimientos
- Imputaciones de rentas
- Ganancias y pérdidas patrimoniales

 Nota

La renta general está formada por los rendimientos y las ganancias y pérdidas patrimoniales que no tengan la consideración de renta del ahorro.

Además, se debe destacar que las rentas obtenidas por el contribuyente se clasifican como renta general o renta del ahorro, según proceda.

Renta general	Rendimientos	- Rendimientos del trabajo personal. - Rendimientos del capital inmobiliario. - Rendimientos de capital mobiliario, calificados como otros rendimientos de capital mobiliario (apartado 4 del artículo 25 de la LIRPF). - Rendimientos del Capital Mobiliario procedentes de entidades vinculadas. - Rendimientos de actividades económicas.
	Imputaciones de rentas	- Rentas inmobiliarias. - Transparencia fiscal internacional. - Cesión de derechos de imagen. - Tributación en IIC en paraísos fiscales. - Agrupaciones de interés económico (españolas y europeas). - Uniones temporales de empresas.
	Ganancias y pérdidas patrimoniales	- Ganancias y pérdidas patrimoniales, que no deriven de transmisiones de elementos patrimoniales.
Renta del ahorro	Rendimientos del capital mobiliario (art. 25.1, 2 y 3 de la LIRPF)	- Rendimientos obtenidos por la participación en fondos propios de cualquier tipo de entidad. - Rendimientos obtenidos por la cesión a terceros de capitales propios, excepto los procedentes de entidades vinculadas con el contribuyente. - Rendimientos procedentes de operaciones de capitalización, contratos de seguros de vida o invalidez, y rentas derivadas de imposición de capitales.
	Ganancias y pérdidas patrimoniales	- Ganancias y pérdidas patrimoniales, que deriven de transmisiones de elementos patrimoniales adquiridos o de mejoras realizadas en los mismos.

 Aplicación práctica

Alejandro tiene como rentas del ejercicio de liquidación las siguientes:

I Trabaja en una empresa como asesor laboral, con una renta neta del trabajo de 27.000 €.
I Tiene 10.200 € en el banco, obteniendo unos intereses de las cuentas bancarias de 250 €.
I Un local comercial con valor de adquisición de 12.500 €, y de valor catastral revisado de 9.000 €, que se encuentra alquilado, resultando un rendimiento imputado de 600 €.

Continúa en página siguiente >>

<< Viene de página anterior

I Ha vendido un local comercial adquirido, resultando una pérdida patrimonial de 3.200 €.

I Obtuvo un premio de la lotería nacional de 6.000 €.

¿A qué tipos de rendimientos corresponden, conforme su origen? ¿Forman parte de la renta general o del ahorro?

SOLUCIÓN

Renta general:

I Rendimiento del trabajo: 27.000 € por su trabajo.

I Rendimientos del capital inmobiliario: 600 € por el alquiler del local.

I La ganancia patrimonial: 6.000 del premio de lotería (la Ley establece que los importes inferiores a 40.000 € están exentos del gravamen especial del 20 %).

Renta del ahorro:

I Rendimientos del capital mobiliario: 250 €, por los intereses de las cuentas bancarias.

I Pérdida patrimonial derivada de transmisiones: 3.200 € por la pérdida tras la venta del local.

Base imponible

Según el artículo 15 de la LIRPF, la base imponible está constituida por el importe de la renta del contribuyente, y se determinará aplicando los métodos previstos en el artículo 16:

■ **Método de estimación directa:** está considerado como el método general de cálculo de los rendimientos. Está formado por dos modalidades, normal y simplificada.

■ **Método de estimación objetiva:** está considerado como un método voluntario de determinación para aquellas actividades económicas especificadas por el ministerio correspondiente.

Importante

Para el cálculo del impuesto, se procederá a la cuantificación de la base imponible para la calificación y cuantificación de las rentas, obteniendo los rendimientos netos por diferencia entre los ingresos computables y los gastos deducibles, determinando las ganancias y pérdidas patrimoniales por diferencia entre el valor de transmisión y de adquisición, aplicando las reducciones sobre el rendimiento íntegro o neto que correspondan, y procediendo a la integración y compensación de las cuantías positivas y negativas de la renta del contribuyente.

Se aplican unas reglas de integración y compensación de rentas para la obtención de la base imponible general y la base imponible del ahorro, establecidas en la LIRPF.

En concreto, la **base imponible general** será el resultado de sumar los siguientes saldos (art. 48 de la LIRPF):

a. El saldo resultante de integrar y compensar entre sí, sin limitación alguna, en cada período impositivo, los rendimientos y las imputaciones de renta considerados como Renta General.

b. El saldo positivo resultante de integrar y compensar, exclusivamente entre sí, en cada período impositivo, las ganancias y pérdidas patrimoniales. Si el saldo resultante fuese negativo, su importe se compensará con el saldo positivo del apartado anterior, con un límite del 25 % de dicho saldo. Si aun así sigue quedando saldo negativo, este se compensará en los cuatro años siguientes.

Por otra parte, la **base imponible del ahorro** será el resultado de sumar los siguientes saldos (art. 49 de la LIRPF):

a. El saldo positivo resultante de integrar y compensar, exclusivamente entre sí, en cada período impositivo, las rentas del ahorro. Si el resultado de la integración y compensación fuese saldo negativo, su importe se compensará con el saldo positivo de las rentas previstas del siguiente apartado, obtenido en el mismo período impositivo, con el límite del 25 % de dicho saldo positivo.

Si, tras dicha compensación, quedase saldo negativo, su importe se compensará en los cuatro años siguientes.

b. El saldo positivo resultante de integrar y compensar las ganancias y pérdidas patrimoniales que se deriven de transmisiones de elementos patrimoniales. Si el resultado de la integración y compensación fuese negativo, su importe se compensará con el saldo positivo de las rentas previstas en el apartado anterior, obtenido en el mismo período impositivo, con el límite del 25 % de dicho saldo positivo.

Si, tras dicha compensación, continuara quedando saldo negativo, su importe se compensará en los cuatro años siguientes.

 Actividades

11. ¿Qué son las ganancias y pérdidas patrimoniales? ¿Cómo se compensan las pérdidas?
12. ¿Qué diferencias existen entre la base imponible general y la del ahorro?

Base liquidable

La base liquidable es el resultado de practicar en la base imponible las reducciones para dar lugar a la base liquidable general y la base liquidable del ahorro.

La **base liquidable general** se calculará teniendo en cuenta la base imponible general, a la que se le practicarán las reducciones siguientes, en el orden que se expone a continuación:

1. Reducciones por aportaciones y contribuciones a sistemas de previsión social (art. 51 de la LIRPF).

2. Reducciones por aportaciones y contribuciones a sistemas de previsión social constituidos a favor de personas con discapacidad (art. 53 de la LIRPF).
3. Reducciones por aportaciones a patrimonios protegidos de las personas con discapacidad (art. 54 de la LIRPF).
4. Reducciones por pensiones compensatorias (art. 55 de la LIRPF).

Reducciones	Explicación
Reducciones por aportaciones y contribuciones a sistemas de previsión social	Podrán reducirse en la base imponible general las siguientes aportaciones y contribuciones a sistemas de previsión social: 1. Aportaciones y contribuciones a planes de pensiones. 2. Aportaciones y contribuciones a mutualidades de previsión social. 3. Primas satisfechas a los planes de previsión asegurados. 4. Aportaciones realizadas por los trabajadores a los planes de previsión social empresarial. 5. Primas satisfechas a los seguros privados que cubran exclusivamente el riesgo de dependencia severa o de gran dependencia. Como límite máximo conjunto para las reducciones indicadas, se aplicará la menor de las siguientes cantidades: - El 30 % de la suma de los rendimientos netos del trabajo y de actividades económicas percibidos individualmente. - 1.500 € anuales. Este límite se aumentará en 8.500 o en 4.250 € anuales, según los supuestos establecidos en los apartados 1º y 2º del artículo 52.1 de la LIRPF.

Continúa en página siguiente >>

<< Viene de página anterior

Reducciones	Explicación
Reducciones por aportaciones y contribuciones a sistemas de previsión social constituidos a favor de personas con discapacidad	Las aportaciones realizadas a planes de pensiones a favor de personas con discapacidad con un grado de minusvalía física o sensorial igual o superior al 65 %, psíquica igual o superior al 33 %, así como de personas que tengan una incapacidad declarada judicialmente con independencia de su grado, podrán ser objeto de reducción en la base imponible, con los siguientes límites máximos: - Las aportaciones anuales realizadas a planes de pensiones a favor de personas con discapacidad con las que exista relación de parentesco o tutoría, con el límite de 10.000 € anuales. - Las aportaciones anuales realizadas por las personas con discapacidad partícipes, con el límite de 24.250 € anuales. - En los cinco años posteriores podrán reducirse las aportaciones que no hubieran sido objeto de reducción en la base imponible en el ejercicio vigente.
Reducciones por aportaciones a patrimonios protegidos de las personas con discapacidad	Se podrá reducir la base imponible hasta 10.000 € anuales para personas con discapacidad que tengan una relación de parentesco hasta el tercer grado de consanguinidad, así como por el cónyuge de la persona con discapacidad o las personas que lo tuvieran a su cargo en régimen de tutela o acogimiento. El conjunto de las reducciones practicadas por todas las personas que efectúen aportaciones a favor de un mismo patrimonio protegido no podrá exceder de 24.250 € anuales.
Reducciones por pensiones compensatorias	Podrán reducirse en la base imponible las cantidades derivadas de las pensiones compensatorias a favor del cónyuge y las anualidades por alimentos, salvo las establecidas para los hijos del contribuyente impuestas por decisión judicial.

La **base liquidable del ahorro** es el resultado de disminuir la base imponible del ahorro en el remanente no aplicado, si existiese, de las reducciones por tributación conjunta, por pensiones compensatorias y anualidades por alimentos, y por cuotas de afiliación y aportaciones a los partidos políticos, sin que esta pueda resultar negativa como consecuencia de tales minoraciones. Es decir, la base liquidable del ahorro siempre será positiva o cero.

Aplicación práctica

Saray, trabajadora por cuenta ajena, presenta los siguientes datos, a efectos de la declaración por IRPF:

I Retribuciones íntegras dinerarias: 26.500 €.
I Deducciones cotizaciones a la Seguridad Social: 2.650 €.
I Aportación empresarial al plan de pensiones: 2.000 €.

Calcule la base liquidable general.

SOLUCIÓN

Rendimiento íntegro del trabajo: 26.500 €.

Retribuciones en especie: 2.000 €.

Seguridad Social: 2.650 €.

Reducciones rendimiento trabajo: (- 2.000 €).

Rendimiento neto del trabajo = 26.500 + 2.000 - 2.650 − 2.000 = 23.850 €.

Base imponible general: 23.850 €.

Reducciones: -1.500 €.

La menor de las siguientes:

1.500 €

30 % de 23.850 = 7.155 €.

Base liquidable general: 23.850 - 1.500 = 22.350 €.

Adecuación del impuesto a las circunstancias personales y familiares del contribuyente. Mínimo personal y familiar

El mínimo personal y familiar constituye la parte de la base liquidable que, por destinarse a satisfacer las necesidades básicas personales y familiares del contribuyente, no se somete a tributación por IRPF (artículo 56 de la Ley 35/2006, de 28 de noviembre).

 Importante

La suma del mínimo del contribuyente y los mínimos por descendientes, ascendientes y discapacidad, conforman el mínimo personal y familiar, al que se le deberá sumar o restar los importes aprobados por la comunidad autónoma a efectos del cálculo del gravamen autonómico.

Los importes se calculan dependiendo de las circunstancias de los trabajadores y teniendo en cuenta las siguientes cuantías:

Mínimo del contribuyente	El mínimo del contribuyente será, con carácter general, de 5.550 € anuales. Cuando el contribuyente tenga una edad superior a 65 años, el mínimo se aumentará en 1.150 € anuales. Si la edad es superior a 75 años, el mínimo se aumentará adicionalmente en 1.400 € anuales.
Mínimos por descendientes	El mínimo por descendientes será, por cada uno de ellos menor de veinticinco años o con discapacidad cualquiera que sea su edad, siempre que conviva con el contribuyente y no tenga rentas anuales, excluidas las exentas, superiores a 8.000 €, de: - 2.400 € anuales por el primero. - 2.700 € anuales por el segundo. - 4.000 € anuales por el tercero. - 4.500 € anuales por el cuarto y siguientes.

Continúa en página siguiente >>

<< Viene de página anterior

Mínimo por ascendientes	El mínimo por ascendientes será de 1.150 € anuales, por cada uno de ellos mayor de 65 años o con discapacidad cualquiera que sea su edad que conviva con el contribuyente y no tenga rentas anuales, excluidas las exentas, superiores a 8.000 €. Cuando el ascendiente sea mayor de 75 años, el mínimo se aumentará en 1.400 € anuales.
Mínimo por discapacidad del trabajador, ascendientes o descendientes	El mínimo por discapacidad del contribuyente, ascendiente o descendiente será de 3.000 € anuales cuando sea una persona con discapacidad y 9.000 € anuales cuando sea una persona con discapacidad y acredite un grado de discapacidad igual o superior al 65 %. Este mínimo se aumenta en 3.000 € por gastos de asistencia cuando se acredite que se necesita ayuda de terceras personas, o se acredite la condición de movilidad reducida, o un grado de discapacidad igual o superior al 65 %.

Aplicación práctica

Rodolfo tiene 71 años y su mujer 67 años. ¿Cómo podrían aplicar el mínimo general del contribuyente?

SOLUCIÓN

El mínimo general del contribuyente asciende a 5.550 €. Teniendo en cuenta la edad de los cónyuges, podrán añadirse al mínimo general de 5.550 € incrementos de 1.150 € por cada uno de ellos. Por lo que el mínimo del contribuyente sería de:

5.550 € + 1.150 € + 1.150 € = 7.850 €

Actividades

13. Adela y Raúl son un matrimonio sin hijos que conviven con el padre de él, de 70 años, durante tres meses al año. En este caso, ¿se podría aplicar el mínimo por ascendientes? Razone su respuesta.

Continúa en página siguiente >>

<< Viene de página anterior

14. Un matrimonio tiene un hijo de 25 años con una discapacidad del 33 % y movilidad reducida acreditada. ¿Tendrán derecho al mínimo por discapacidad? ¿Cuál sería su cuantía?

Cuota íntegra

La cuota íntegra es el resultado de aplicar la escala progresiva a la base liquidable general, y los tipos fijos de gravamen a la base liquidable del ahorro.

Cuota íntegra estatal

Para la determinación de la cuota íntegra general estatal, se establece que la parte de la base liquidable general que exceda del importe del mínimo personal y familiar será gravada de la siguiente forma:

1. A la base liquidable general se le aplicarán los tipos que se indican en la siguiente escala:

Base liquidable -------- Hasta euros	Cuota íntegra -------- Euros	Resto base liquidable -------- Hasta euros	Tipo aplicable -------- Porcentaje
0,00	0,00	12.450,00	9,50
12.450,00	1.182,75	7.750,00	12,00
20.200,00	2.112,75	15.000,00	15,00
35.200,00	4.362,75	24.800,00	18,50
60.000,00	8.950,75	240.000,00	22,50
300.000,00	62.950,75	En adelante	24,50

2. La cuantía resultante se reducirá en la cantidad resultante de aplicar a la parte de la base liquidable general correspondiente al mínimo personal y familiar, la escala prevista en la tabla anterior.

Importante

Si se multiplica por 100 el cociente de dividir la cuota obtenida entre la base liquidable general, se obtiene el tipo medio de gravamen general estatal, el cual se expresará en dos decimales.

Aplicación práctica

Mario está casado y tiene dos hijos, obtiene una renta total cuya base liquidable es de 25.000 €. ¿Cuál sería la base general?

SOLUCIÓN

Aplicación de la escala:

- Hasta 20.200 € → 2.112,75 €
- Resto: 4.800 al 15 % → 720 €
  Cuota total: 2.832,75 €

Aplicación del mínimo personal y familiar:

- Personal: 5.550 €
- Descendientes (2.400 + 2.700) = 5.100 €
- Total = 10.650 €
  Aplicación del porcentaje: 10.650 x 9,50 % = 1.011,75 €

  Cuota de la base general: 2.832,75 - 1.011,75 = 1.821 €

La parte de base liquidable del ahorro que exceda, en su caso, del importe del mínimo personal y familiar será gravada de la siguiente forma:

1. A la base liquidable del ahorro se le aplicarán los tipos que se indican en la siguiente escala:

Base liquidable del ahorro — Hasta euros	Cuota íntegra — Euros	Resto base liquidable del ahorro — Hasta euros	Tipo aplicable — Porcentaje
0	0	6.000	9,5
6.000,00	570	44.000	10,5
50.000,00	5.190	150.000	11,5
200.000,00	22.440	100.000	13,50
300.000,00	35.940	En adelante	14,00

2. A la cantidad obtenida se le restará el importe derivado de aplicar a la parte de la base liquidable del ahorro correspondiente al mínimo personal y familiar, la escala prevista en la tabla anterior.

Cuota íntegra autonómica

La suma de las cuantías que se obtienen al aplicar los tipos de gravamen, correspondientes a la base liquidable general y del ahorro, dará como resultado la cuota íntegra autonómica del impuesto.

 Importante

Cada comunidad autónoma aprueba su propia escala de gravamen.

La parte de la base liquidable general que exceda del importe del mínimo personal y familiar será gravada de la siguiente forma (artículo 74 de la Ley 35/2006, de 28 de noviembre del IRPF):

1. A la base liquidable general se le aplicarán los tipos de la escala autonómica del impuesto que, conforme a lo previsto en la Ley 22/2009, por la que se regula el sistema de financiación de las comunidades autónomas de régimen común y ciudades con estatuto de autonomía, hayan sido aprobadas por la comunidad autónoma.
2. La cuantía resultante se minorará en el importe derivado de aplicar a la parte de la base liquidable general correspondiente al mínimo personal y familiar la escala autonómica.

La parte de base liquidable del ahorro que exceda, en su caso, del importe del mínimo personal y familiar, será gravada de la siguiente forma:

1. A la base liquidable del ahorro se le aplicarán los tipos que se indican en la siguiente escala:

Base liquidable del ahorro — Hasta euros	Cuota íntegra — Euros	Resto base liquidable del ahorro — Hasta euros	Tipo aplicable — Porcentaje
0	0	6.000	9,5
6.000,00	570	44.000	10,5
50.000,00	5.190	150.000	11,5
200.000,00	22.440	100.000	13,50
300.000,00	35.940	En adelante	14,00

2. La cuantía obtenida se reducirá en el importe derivado de aplicar a la parte de la base liquidable del ahorro correspondiente al mínimo personal y familiar la escala indicada en la tabla anterior.

Cuota líquida

Una vez determinada la cuota íntegra, estatal y autonómica, se deberá proceder a determinar la respectiva cuota líquida, estatal y autonómica. Para ello, deben aplicarse sobre el importe de las cuotas íntegras las deducciones correspondientes.

Cuota líquida estatal	Cuota líquida autonómica
La cuota líquida estatal del impuesto será el resultado de disminuir la cuota íntegra estatal en la suma de: a. La deducción por inversión en empresas de nueva o reciente creación prevista en el apartado 1 del artículo 68 de la LIRPF. b. El 50 % del importe total de las deducciones previstas en los apartados 2, 3, 4 y 5 del artículo 68 de la LIRPF. c. Deducción por obras de mejora de la eficiencia energética de viviendas. d. Deducción a unidades familiares con residentes fiscales en algún estado miembro de UE o del espacio económico europeo. El resultado no podrá ser negativo.	La cuota líquida autonómica será el resultado de disminuir la cuota íntegra autonómica en la suma de: a. El 50 % del importe total de las deducciones previstas en los apartados 2, 3, 4 y 5 del artículo 68 de la LIRPF, con los límites y requisitos de situación patrimonial previstos en sus artículos 69 y 70. b. El importe de las deducciones establecidas por la comunidad autónoma. c. Deducción a unidades familiares de residentes fiscales en algún estado miembro de UE o del espacio económico europeo. El resultado no podrá ser negativo.

 Importante

La suma de la cuota líquida estatal y la cuota líquida autonómica dará como resultado la cuota líquida total.

Cuota diferencial

Tal y como determina el artículo 79 de la LIRPF, la cuota diferencial es el resultado de restar a la cuota líquida total del impuesto los siguientes importes:

Deducción por doble imposición internacional	Cuando entre las rentas del contribuyente existan rendimientos o ganancias patrimoniales obtenidas y gravadas en el extranjero, se deducirá la menor de las cantidades siguientes: a) El importe efectivo de lo satisfecho en el extranjero correspondiente a un impuesto de naturaleza idéntica o análoga al IRPF o al Impuesto sobre la Renta de no Residentes sobre dichos rendimientos o ganancias patrimoniales. b) El resultado de aplicar el tipo medio efectivo de gravamen a la parte de base liquidable gravada en el extranjero.
Deducciones del artículo 91.10 y el artículo 92.4 de la LIRPF	Se refieren al impuesto o gravamen efectivamente satisfecho en el extranjero por razón de la distribución de los dividendos o participaciones en beneficios, conforme a un convenio para evitar la doble imposición o conforme a la legislación del país o territorio de que se trate, en la parte correspondiente a la renta positiva incluida en la base imponible. Y también cuando proceda la imputación de rentas por la cesión de derechos de imagen.
Las retenciones del artículo 99.11 de la LIRPF	Se consideran pagos a cuenta del IRPF las retenciones a cuenta practicadas, según el artículo 11 de la Directiva 2003/48/CE del Consejo, de 3 de junio de 2003, en materia de fiscalidad de los rendimientos del ahorro en forma de pago de intereses.

Las retenciones e ingresos a cuenta indicados en el apartado 8 del artículo 99 de la Ley del IRPF, así como las cuotas satisfechas del Impuesto sobre la Renta de no Residentes y devengadas durante el período impositivo en que se produzca el cambio de residencia, cuando el contribuyente adquiera su condición por cambio de residencia.

Las retenciones, los ingresos a cuenta y los pagos fraccionados previstos en la LIRPF y en sus normas reglamentarias de desarrollo.

La cuota diferencial será el resultado de restar a la cuota líquida total las deducciones y los pagos fraccionados realizados.

Nota

Se debe tener en cuenta que a la cuota diferencial se le debe restar la deducción por maternidad y por familia numerosa o personas con discapacidad a cargo en el caso que corresponda.

La cuota resultante de la declaración puede reflejar saldo positivo o negativo:

- Si el resultado es positivo, el contribuyente deberá ingresar el importe en los plazos establecidos.
- Si el resultado es negativo, el contribuyente debe presentar la liquidación del impuesto, donde le será reintegrado el importe obtenido, es decir, la liquidación del IRPF será a devolver.

Actividades

15. Elabore un esquema que muestre la liquidación del IRPF.
16. Busque información sobre el IRPF y determine, ¿qué contribuyentes tienen la obligación de declarar? ¿Y qué contribuyentes no tienen obligación de declarar por IRPF?
17. Analice las diferencias entre la tributación individual y la tributación conjunta.

3. Retenciones salariales a cuenta del IRPF

En los sueldos y salarios de los trabajadores, se debe practicar lo que se conoce como retención. Este concepto hace referencia a la cantidad que debe pagar cada trabajador por concepto del impuesto de IRPF. La retención es un porcentaje sobre las rentas o los ingresos de las personas o entidades que están obligadas al pago del IRPF, o sujetas a que se les practique la retención.

3.1. Concepto de rendimientos del trabajo personal: dinerarios y en especie

Según el artículo 17 de la LIRPF:

Se considerarán rendimientos íntegros del trabajo todas las contraprestaciones o utilidades, cualquiera que sea su denominación o naturaleza, dinerarias o en especie, que deriven, directa o indirectamente, del trabajo personal o de la relación laboral o estatutaria y no tengan el carácter de rendimientos de actividades económicas.

En concreto, se denominan rendimientos del trabajo personal:

- Los sueldos y salarios.
- Las prestaciones por desempleo.
- Las remuneraciones en concepto de gastos de representación.
- Las dietas y asignaciones para gastos de viaje, excepto los de locomoción y los normales de manutención y estancia en establecimientos de hostelería con los límites que reglamentariamente se establezcan.
- Las contribuciones o aportaciones satisfechas por los promotores de planes de pensiones previstos en el Texto Refundido de la Ley de regulación de los planes y fondos de pensiones.
- Las contribuciones o aportaciones satisfechas por los empresarios para hacer frente a los compromisos por pensiones en los términos previstos por la disposición adicional primera del Texto Refundido de la Ley de regulación de los planes y fondos de pensiones, y en su normativa de desarrollo, cuando aquellas sean imputadas a las personas a quienes se vinculen las prestaciones.

Además, tienen la consideración de rendimientos del trabajo los que se presentan a continuación (artículo 17.2 de la Ley del IRPF):

1. Prestaciones derivadas de los sistemas de previsión social	- Seguridad Social y clases pasivas. - Mutualidades obligatorias de los funcionarios, colegios de huérfanos y otras entidades similares. - Planes de pensiones. - Mutualidades de previsión social. - Planes de previsión social empresarial y otros contratos de seguros colectivos. - Planes de previsión asegurados. - Seguros de dependencia.

2. Las cantidades que se paguen a los diputados españoles en el Parlamento Europeo, a los diputados y senadores de las Cortes Generales, a los miembros de las asambleas legislativas autonómicas, concejales de ayuntamiento y miembros de las diputaciones provinciales, cabildos insulares u otras entidades locales, con exclusión de la parte que se asigne para gastos de viaje y desplazamiento.

3. Los rendimientos derivados de impartir cursos, conferencias, coloquios, seminarios y similares.

4. Los rendimientos derivados de la elaboración de obras literarias, artísticas o científicas, siempre que se ceda el derecho a su explotación.

5. Las retribuciones de los administradores y miembros de los Consejos de Administración, de las Juntas que hagan sus veces y demás miembros de otros órganos representativos.

6. Las pensiones compensatorias recibidas del cónyuge y las anualidades por alimentos, salvo las percibidas de los padres que se declaran exentas.

7. Los derechos especiales de contenido económico que se reserven los fundadores o promotores de una sociedad como remuneración de servicios personales.

8. Las becas no exentas.

9. Las retribuciones percibidas por quienes colaboren en actividades humanitarias o de asistencia social promovidas por entidades sin ánimo de lucro.

10. Las retribuciones derivadas de relaciones laborales de carácter especial.

11. Las aportaciones realizadas al patrimonio protegido de las personas con discapacidad.

Se debe tener en cuenta que, para el cómputo de los rendimientos íntegros del trabajo, se debe hacer la siguiente clasificación:

- **Rendimientos dinerarios:** son aquellos que se valoran por el importe de la contraprestación pactada, sin reducir las retenciones ni gastos, es decir, es el valor bruto de la nómina.

- **Rendimientos en especie:** son las rentas que se computarán por el importe de la retribución en especie más el ingreso a cuenta no repercutido o trasladado al perceptor de la renta.

En concreto, el artículo 42 de la LIPRF determina lo siguiente:

Constituyen rentas en especie la utilización, consumo u obtención, para fines particulares, de bienes, derechos o servicios de forma gratuita o por precio inferior al normal de mercado, aun cuando no supongan un gasto real para quien las conceda.

Cuando el pagador de las rentas entregue al contribuyente importes en metálico para que este adquiera los bienes, derechos o servicios, la renta tendrá la consideración de dineraria.

Por su parte, no serán rendimientos del trabajo en especie (art. 42.2 de la Ley del IRPF):

- Las cantidades destinadas a la actualización, capacitación o reciclaje del personal empleado, cuando vengan exigidos por el desarrollo de sus actividades o las características de los puestos de trabajo.
- Las primas o cuotas satisfechas por la empresa en virtud de contrato de seguro de accidente laboral o de responsabilidad civil del trabajador.

Estarán exentos los siguientes rendimientos del trabajo en especie (art. 42.3 de la Ley del IRPF):

- Las entregas a empleados de productos a precios rebajados que se realicen en cantinas o comedores de empresa o economatos de carácter social.
- La utilización de los bienes destinados a los servicios sociales y culturales del personal empleado.
- Las primas o cuotas satisfechas a entidades aseguradoras para la cobertura de enfermedad, cuando se cumplan los siguientes requisitos y límites:

  - Que la cobertura de enfermedad alcance al propio trabajador, pudiendo también alcanzar a su cónyuge y descendientes.
  - Que las primas o cuotas satisfechas no excedan de 500 € anuales por cada una de las personas señaladas en el párrafo anterior, o

de 1.500 € para cada una de ellas con discapacidad. El exceso sobre dicha cuantía constituirá retribución en especie.

- La prestación del servicio de educación preescolar, infantil, primaria, secundaria obligatoria, bachillerato y formación profesional por centros educativos autorizados, a los hijos de sus empleados, con carácter gratuito o por precio inferior al normal de mercado.
- Las cantidades satisfechas a las entidades encargadas de prestar el servicio público de transporte colectivo de viajeros con la finalidad de favorecer el desplazamiento de los empleados entre su lugar de residencia y el centro de trabajo, con el límite de 1.500 € anuales para cada trabajador.
- En los términos que reglamentariamente se establezcan, la entrega a los trabajadores en activo, de forma gratuita o por precio inferior al normal de mercado, de acciones o participaciones de la propia empresa o de otras empresas del grupo de sociedades, en la parte que no exceda, para el conjunto de las entregadas a cada trabajador, de 12.000 € anuales, siempre que la oferta se realice en las mismas condiciones para todos los trabajadores de la empresa, grupo o subgrupos de empresa. El importe de la exención es de 50.000 € cuando se traten de acciones o participaciones concedidas a trabajadores de un empresa emergente.

 Actividades

18. Busque información sobre la valoración de los rendimientos del trabajo en especie y elabore un esquema donde se identifiquen las reglas especiales de valoración aplicables para este tipo de rendimientos del trabajo.

3.2. Rendimientos del trabajo irregulares

Se entiende que los rendimientos del trabajo son irregulares:

- Cuando están incluidos en una relación en los que la renta se produce de manera irregular en el tiempo.
- Cuando los rendimientos se generan en un período superior a dos años y su obtención no es periódica o recurrente.

 Definición

Rendimientos del trabajo irregular
Aquellos cuyo período de generación no se corresponde con el de su obtención, cuando esta no se produzca de forma periódica.

El artículo 12 del Reglamento del IRPF establece que son rendimientos del trabajo obtenidos de forma notoriamente irregular en el tiempo, exclusivamente, los siguientes:

- Las cantidades satisfechas por la empresa a los empleados con motivo del traslado a otro centro de trabajo que excedan de los importes previstos para las dietas y asignaciones para gastos de locomoción y gastos normales de manutención y estancia.
- Las indemnizaciones derivadas de los regímenes públicos de Seguridad Social o clases pasivas, así como las prestaciones satisfechas por colegios de huérfanos e instituciones similares, en los supuestos de lesiones no invalidantes.
- Las prestaciones satisfechas por lesiones no invalidantes o incapacidad permanente, en cualquiera de sus grados, por empresas y por entes públicos.
- Las prestaciones por fallecimiento y los gastos por sepelio o entierro que excedan del límite exento de acuerdo con el artículo 7.r) de la Ley del Impuesto, de trabajadores o funcionarios, tanto las de carácter público como las satisfechas por colegios de huérfanos e instituciones similares, empresas y por entes públicos.

- Las cantidades satisfechas en compensación o reparación de complementos salariales, pensiones o anualidades de duración indefinida o por la modificación de las condiciones de trabajo.
- Cantidades satisfechas por la empresa a los trabajadores por la resolución de mutuo acuerdo de la relación laboral.
- Premios literarios, artísticos o científicos que no gocen de exención por IRPF.

Se debe tener en cuenta que los rendimientos íntegros, como regla general, se computarán en su totalidad; sin embargo, cuando se habla de rendimientos irregulares, se debe tener en cuenta que la legislación prevé una reducción aplicable a estos rendimientos (art. 18 de la LIRPF):

2. El 30 por ciento de reducción, en el caso de rendimientos íntegros distintos de los previstos en el artículo 17.2. a) de esta Ley que tengan un período de generación superior a dos años, así como aquellos que se califiquen reglamentariamente como obtenidos de forma notoriamente irregular en el tiempo, cuando, en ambos casos, sin perjuicio de lo dispuesto en el párrafo siguiente, se imputen en un único período impositivo.

Tratándose de rendimientos derivados de la extinción de una relación laboral, común o especial, se considerará como período de generación el número de años de servicio del trabajador. En caso de que estos rendimientos se cobren de forma fraccionada, el cómputo del período de generación deberá tener en cuenta el número de años de fraccionamiento, en los términos que reglamentariamente se establezcan. Estos rendimientos no se tendrán en cuenta a efectos de lo establecido en el párrafo siguiente.

No obstante, esta reducción no resultará de aplicación a los rendimientos que tengan un período de generación superior a dos años cuando, en el plazo de los cinco períodos impositivos anteriores a aquel en el que resulten exigibles, el contribuyente hubiera obtenido otros rendimientos con período de generación superior a dos años, a los que hubiera aplicado la reducción prevista en este apartado.

La cuantía del rendimiento íntegro a que se refiere este apartado sobre la que se aplicará la citada reducción no podrá superar el importe de 300.000 € anuales.

Sin perjuicio del límite previsto en el párrafo anterior, en el caso de rendimientos del trabajo cuya cuantía esté comprendida entre 700.000,01 € y 1.000.000 € y deriven de la extinción de la relación laboral, común o especial, o de la relación mercantil a que se refiere el artículo 17.2 e) de esta Ley, o de ambas, la cuantía del rendimiento sobre la que se aplicará la reducción no podrá superar el importe que resulte de minorar 300.000 € en la diferencia entre la cuantía del rendimiento y 700.000 €.

Cuando la cuantía de tales rendimientos fuera igual o superior a 1.000.000 €, la cuantía de los rendimientos sobre la que se aplicará la reducción del 30 % será cero.

A estos efectos, la cuantía total del rendimiento del trabajo a computar vendrá determinada por la suma aritmética de los rendimientos del trabajo anteriormente indicados procedentes de la propia empresa o de otras empresas del grupo de sociedades en las que concurran las circunstancias previstas en el artículo 42 del Código de Comercio, con independencia del período impositivo al que se impute cada rendimiento.

3. El 30 % de reducción, en el caso de las prestaciones establecidas en el artículo 17.2.a) 1.ª y 2.ª de esta Ley que se perciban en forma de capital, siempre que hayan transcurrido más de dos años desde la primera aportación.

El plazo de dos años no resultará exigible en el caso de prestaciones por invalidez.

En definitiva, la reducción que se aplica a los rendimientos íntegros irregulares del trabajo personal con período de generación superior a dos años o que se califican reglamentariamente como obtenidos de forma notoriamente irregular en el tiempo es del 30 %, teniendo en cuenta el límite de 300.000 € al año. Para los rendimientos con período de generación superior a los dos años, que no se haya aplicado esta reducción en el plazo de 5 períodos impositivos anteriores, no resultará de aplicación esta reducción.

 Actividades

19. ¿Qué son los rendimientos del trabajo irregulares?

3.3. Retenciones y exenciones del impuesto

En el capítulo I del Título VII del Reglamento del IRPF (art. 74 a 79) se regulan los aspectos generales sobre las retenciones e ingresos a cuenta.

En concreto, están obligadas a retener e ingresar en el Tesoro Público, en concepto de pago a cuenta del IRPF, las personas o entidades que satisfagan o abonen las rentas sujetas a retención o ingreso a cuenta.

 **Nota**

En las operaciones de transmisión de activos financieros y de transmisión o reembolso de acciones o participaciones de instituciones de inversión colectiva, se debe practicar retención por IRPF de forma obligatoria.

Dependiendo de si las rentas se abonan en metálico o en especie, se practicará una retención o ingreso a cuenta. En concreto, si las rentas son en especie se debe practicar un ingreso a cuenta, y para el resto de los casos se practicará una retención.

Tal y como se establece en el artículo 76 del Reglamento del IRPF, estarán obligados a retener o ingresar a cuenta:

- Las personas jurídicas y demás entidades, incluidas las comunidades de propietarios y las entidades en régimen de atribución de rentas.
- Los contribuyentes que ejerzan actividades económicas, cuando satisfagan rentas en el ejercicio de sus actividades.
- Las personas físicas, jurídicas y demás entidades no residentes en territorio español, que operen en él mediante establecimiento permanente.
- Las personas físicas, empresas y demás entidades no residentes en territorio español, que no tengan un establecimiento permanente, en relación a los rendimientos del trabajo que satisfagan, así como respecto de otros rendimientos sometidos a retención o ingreso a cuenta que constituyan gasto deducible para la obtención de las rentas a que se refiere el artículo 24.2 del Texto Refundido de la Ley del Impuesto sobre la Renta de no Residentes.

Nota

En el apartado 2.6 de este capítulo se pueden consultar las rentas sujetas a retenciones a cuenta del IRPF.

En la Ley del IRPF se determinan una serie de rentas que se consideran exentas, es decir, que **no están sometidas a gravamen por IRPF.** Estas rentas se encuentran desarrolladas en el artículo 7 de la Ley del IRPF, y cabe destacar las siguientes:

- Indemnizaciones por despido o cese del trabajador.
- Becas.
- Planes de ahorro a largo plazo.
- Prestaciones en forma de renta percibidas por las personas con discapacidad.
- Ingreso mínimo vital, renta mínima de inserción y ayudas a víctimas de delitos violentos y de violencia de género.
- Prestaciones y ayudas familiares percibidas de cualquiera de las Administraciones públicas, ya sean vinculadas a nacimiento, adopción, acogimiento o cuidado de hijos menores.
- Indemnizaciones por daños personales que sean como consecuencia de responsabilidad civil y las derivadas de contratos de seguro de accidentes.

Actividades

20. Elabore un esquema donde se recojan las retenciones y exenciones del IRPF.

4. Determinación del tipo de retención

La retención que se debe practicar se calculará aplicando un tipo o porcentaje de retención a la cuantía total de las retribuciones que se abonen.

Para calcular las retenciones sobre rendimientos del trabajo, se deben realizar sucesivamente los siguientes cálculos:

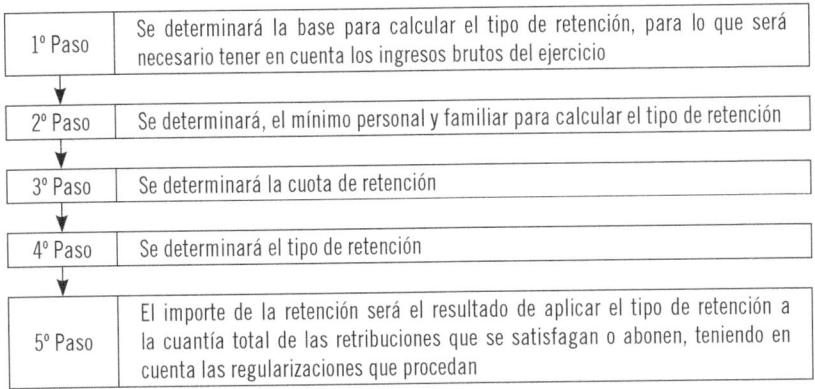

1º Paso	Se determinará la base para calcular el tipo de retención, para lo que será necesario tener en cuenta los ingresos brutos del ejercicio
2º Paso	Se determinará, el mínimo personal y familiar para calcular el tipo de retención
3º Paso	Se determinará la cuota de retención
4º Paso	Se determinará el tipo de retención
5º Paso	El importe de la retención será el resultado de aplicar el tipo de retención a la cuantía total de las retribuciones que se satisfagan o abonen, teniendo en cuenta las regularizaciones que procedan

4.1. Ingresos brutos del ejercicio

La base para calcular el tipo de retención se determina restando a la cuantía total de las retribuciones los importes que se analizarán en los siguientes apartados.

Según el artículo 83 del Reglamento de la Ley del IRPF, la cuantía total de las retribuciones del trabajo se calculará teniendo en cuenta las siguientes reglas:

■ **Regla general:** con carácter general, se deben sumar todas las retribuciones, dinerarias o en especie, que vaya a percibir el trabajador en el año natural, salvo las contribuciones empresariales a los planes de pensiones, a los planes de previsión social empresarial y a las mutualidades de previsión social que minoren la base imponible, así como de los atrasos que corresponda imputar a ejercicios anteriores.

■ **Regla específica:** cuando se refiera a trabajadores manuales que reciban sus retribuciones por peonadas o jornales diarios, se tomará como cuantía de las retribuciones el resultado de multiplicar por 100 el importe de la peonada o jornal diario.

4.2. Mínimos exentos de retención, en función de la situación personal o familiar

Como se ha visto en apartados anteriores, el mínimo personal y familiar constituye la parte de la base liquidable que, por destinarse a satisfacer las necesidades básicas personales y familiares del contribuyente, no se somete a tributación por IRPF.

Tal y como determina el artículo 84 del Reglamento del IRPF, el mínimo personal y familiar para calcular el tipo de retención se determinará con arreglo a lo dispuesto en el título V de la Ley del IRPF, aplicando las siguientes especialidades:

1. El retenedor no deberá tener en cuenta la circunstancia contemplada en el artículo 61.2.ª de la Ley del Impuesto, que hace referencia a lo siguiente:

   ▮ No procederá la aplicación del mínimo por descendientes, ascendientes o discapacidad, cuando los ascendientes o descendientes que generen el derecho a los mismos presenten declaración por este impuesto con rentas superiores a 1.800 €.

2. En el caso de personas descendientes se computarán por la mitad, salvo que el contribuyente tenga derecho a aplicar todo el importe correspondiente al mínimo familiar por este concepto.

Las cantidades se calcularán en función de las circunstancias de cada trabajador, teniendo en cuenta lo siguiente:

Mínimo del contribuyente

- Con carácter general: 5.550 €
- Con edad superior a 65 años: 6.700 €
- Con edad superior a 75 años: 6.950 €

Mínimo por descendientes

Por cada uno de los descendientes menores de 25 años o con discapacidad, independientemente de su edad, siempre que convivan con el trabajador y no tengan rentas anuales superiores a 8.000 €:

- Por el primero: 2.400 €
- Por el segundo: 2.700 €
- Por el tercero: 4.000 €
- Por el cuarto: 4.500 €

Mínimo por menores de 3 años

- Menores de 3 años y adopción o acogimiento: incremento de 2.800 €.

Mínimo por ascendientes

- Por cada uno de los ascendientes mayores de 65 años o con discapacidad, cualquiera que sea la edad, que convivan con el cónyuge y no tengan rentas anuales superiores a 8.000 €: 1.150 €.
- Cuando los ascendientes sean mayores de 75 años: 2.550 €.

Mínimo por discapacidad

Se incluye el mínimo por discapacidad del contribuyente y el mínimo por discapacidad de ascendientes y descendientes:

- Discapacidad del trabajador: 3.000 €.
- Discapacidad del trabajador igual o superior al 65 %: 9.000 €.
- Discapacidad de ascendiente o de descendiente: 3.000 € por cada uno.

Este mínimo se aumenta en 3.000 € por gastos de asistencia cuando se acredite que se necesita ayuda de terceras personas, o se acredite la condición de movilidad reducida, o un grado de discapacidad igual o superior al 65 %.

Aquellos contribuyentes del IRPF que acrediten tener un grado de discapacidad igual o superior al 33 % tendrán la consideración de personas con discapacidad.

Importante

Las personas que tengan reconocida una pensión de incapacidad permanente total, absoluta o gran invalidez, o los pensionistas de clases pasivas que tengan reconocida una pensión de jubilación o retiro por incapacidad permanente para el servicio o inutilidad, tendrán acreditado un grado de discapacidad igual o superior al 33 %.

Además, se considerará acreditado un grado de discapacidad igual o superior al 65 % cuando se trate de personas cuya incapacidad sea declarada judicialmente, aunque no alcance dicho grado.

Las normas comunes para la aplicación del mínimo del contribuyente y por descendientes, ascendientes y discapacidad están regidas en el artículo 61 de la Ley del IRPF, y son las siguientes:

- El importe se prorrateará entre ellos por partes iguales, cuando dos o más contribuyentes tengan derecho a la aplicación del mínimo por descendientes, ascendientes o discapacidad, respecto de los mismos ascendientes o descendientes. Sin embargo, si los contribuyentes tienen diferente grado de parentesco con el ascendiente o descendiente, el mínimo corresponderá a los parientes de grado más cercano, salvo que estos no tengan rentas anuales, excluidas las exentas, superiores a 8.000 €, en cuyo caso corresponderá a los del siguiente grado.
- No procederá la aplicación del mínimo por descendientes, ascendientes o discapacidad, cuando los ascendientes o descendientes que generen el derecho a los mismos presenten declaración por este impuesto con rentas superiores a 1.800 €.
- La determinación de las circunstancias personales y familiares que deban tenerse en cuenta se realizará atendiendo a la situación existente en la fecha de devengo del impuesto.
- En caso de muerte de un descendiente o ascendiente que genere el derecho al mínimo por descendientes o ascendientes, la cuantía será de 2.400 € anuales o 1.150 € anuales por ese descendiente o ascendiente, respectivamente.

- Para aplicar el mínimo por ascendientes, es preciso que estos convivan con el contribuyente, al menos, la mitad del período impositivo. Por su parte, en el caso de fallecimiento del ascendiente antes de la finalización del ejercicio, la mitad del período transcurrido entre el inicio del período impositivo y la fecha de fallecimiento.

 Aplicación práctica

Alicia y Rubén tienen cuatro hijas:

I Almudena, con 30 años, que está trabajando y tiene unos ingresos de 14.000 € anuales.
I Andrea, de 23 años, también trabaja y obtiene 14.000 € anuales.
I Silvia, de 20 años, no tiene ingresos, vive con sus padres y tiene un hijo de 2 años.
I Juana, de 17 años, que estudió el año pasado en París.

¿Se puede aplicar el mínimo familiar por todas las hijas?

SOLUCIÓN

Primero, habrá que ver cuáles de los descendientes cumplen los requisitos para que se puedan aplicar los mínimos familiares:

I Almudena, por ser mayor de 25 años, no da derecho a aplicar el mínimo familiar.
I Andrea, por ganar más de 8.000 €, no da derecho a aplicar el mínimo familiar.
I Silvia es menor de 25 años, convive con sus padres y no tiene ingresos, por lo que da derecho a la aplicación del mínimo familiar, de 2.400 € anuales por el primero. Además, tiene un hijo, que también se considera descendiente.
I Juana estudia fuera el año anterior, pero sigue viviendo con sus padres, por lo que da derecho al mínimo por descendientes, de 2.700 € por el segundo.

El mínimo por descendientes será de: 2.400 € por Silvia y 2.700 € por Juana. En relación al hijo de Silvia, se debe tener en cuenta que se debe aplicar: 4.000 € como el tercer descendiente + 2.800 € por ser menor de 3 años = 6.800 €.

Por tanto, el mínimo por descendientes es de: 2.400 + 2.700 + 6.800 = 11.900 €.

4.3. Minoraciones y/o deducciones

La cuantía total de las retribuciones de trabajo (dinerarias y en especie) se minorará en los importes siguientes:

- En las reducciones previstas en el artículo 18, apartados 2 y 3, y disposiciones transitorias undécima y duodécima de la Ley del IRPF, es decir, un 30 % de reducción en el caso de rendimientos distintos a los recogidos en el artículo 17.2 a) de la LIRPF que tengan un período de generación superior a 2 años, así como los rendimientos irregulares en el tiempo, cuando se imputen en un único período impositivo.
- Las cantidades correspondientes a las cotizaciones de la Seguridad Social, a las mutualidades generales obligatorias de funcionarios, detracciones por derechos pasivos y cotizaciones a colegios de huérfanos o entidades similares.
- En los gastos a que se refiere la letra f) del artículo 19.2 de la Ley del IRPF, cuya cuantía será de 2.000 € anuales (otros gastos deducibles). Tal y como se expresa en el artículo 19 de la LIRPF, tendrán la consideración de gastos deducibles exclusivamente los siguientes:

    a. Las cotizaciones a la Seguridad Social o a mutualidades generales obligatorias de funcionarios.
    b. Las detracciones por derechos pasivos.
    c. Las cotizaciones a los colegios de huérfanos o entidades similares.
    d. Cantidades que se aportan a sindicatos y colegios profesionales, siempre que sea necesaria esa colegiación, en la parte que corresponda a los fines esenciales de estas instituciones, y con el límite establecido reglamentariamente.
    e. Los gastos de defensa jurídica derivados directamente de litigios suscitados en la relación del contribuyente con la persona de la que percibe los rendimientos, con el límite de 300 € anuales.
    f. En concepto de otros gastos distintos de los anteriores, 2.000 € anuales.

En el caso de contribuyentes desempleados inscritos en la oficina de empleo que acepten un puesto de trabajo que exija el traslado de su residencia habitual a un nuevo municipio, se incrementará dicha cuantía, en el período impositivo en el que se produzca el cambio de residencia y en el siguiente, en 2.000 € anuales adicionales.

Se incrementará en 3.500 € anuales para personas con discapacidad que tengan rendimientos del trabajo como trabajadores en activo. Este incremento será de 7.750 € para las personas con discapacidad que justifiquen la necesidad de recibir ayuda de terceras personas o movilidad reducida, o un grado de discapacidad igual o superior al 65 %.

Estos gastos deducibles tendrán como límite el rendimiento íntegro del trabajo una vez minorado por el resto de gastos deducibles.

- En la reducción por obtención de rendimientos del trabajo que se regula en el artículo 20 de la Ley del IRPF, es decir, los contribuyentes con rendimientos netos del trabajo inferiores a 19.747,5 €siempre que no tengan rentas, excluidas las exentas, distintas de las del trabajo superiores a 6.500 €, minorarán el rendimiento neto del trabajo en las siguientes cuantías:

Contribuyentes con rendimientos netos del trabajo iguales o inferiores a 14.047,5 €.	6.498 € anuales.
Contribuyentes con rendimientos netos del trabajo comprendidos entre 14.047,5 y 19.747,5 €.	6.498 € menos el resultado de multiplicar por 1,14 la diferencia entre el rendimiento del trabajo y 14.047,5 € anuales.

- En el importe que proceda, según las siguientes circunstancias:

Cuando se trate de contribuyentes que perciban pensiones y haberes pasivos del régimen de Seguridad Social y de clases pasivas, o que tengan más de dos descendientes que den derecho a la aplicación del mínimo por descendientes.	600 €
Cuando sean prestaciones o subsidios por desempleo.	1.200 €

Estas reducciones son compatibles entre sí.

- En la cantidad para satisfacer una pensión compensatoria al cónyuge impuesta por resolución judicial.

Nota

En el importe derivado de las cotizaciones a la Seguridad Social se calcula, como se analizó en el capítulo anterior, que se debe tener en cuenta que el importe de deducción derivado por las cotizaciones a la Seguridad Social es de 6,45 %, formado por:

▌ Contingencias comunes + MEI: 4,80 %.
▌ Desempleo: 1,55 %.
▌ Formación profesional: 0,10 %.

Aplicación práctica

Ramón es un trabajador por cuenta ajena, está soltero y sin hijos, y percibe las siguientes remuneraciones:

▌ Salario base: 1.200 €.
▌ Antigüedad: 150 €.
▌ Plus de transporte: 230 €.
▌ Además, tiene dos pagas extraordinarias formadas por el salario base y la antigüedad.

¿Cuál será la cantidad correspondiente a las minoraciones y/o deducciones de este trabajador?

SOLUCIÓN

En primer lugar, se deben calcular las retribuciones anuales de Ramón:

▌ Retribución mensual: 1.200 + 150 + 230 = 1.580 x 12 = 18.960 €.
▌ Pagas extraordinarias: 1.200 + 150 = 1.350 x 2 = 2.700 €.
  Total retribuciones anuales: 18.960 + 2.700 = 21.660 €.

Las minoraciones y/o deducciones aplicables serán las siguientes:

▌ Importe de las cotizaciones a la Seguridad Social: 21.660 x 6,45 % = 1.397,07 €.
▌ Otros gastos deducibles: 2.000 €.

Continúa en página siguiente >>

<< Viene de página anterior

Total de las minoraciones y/o deducciones: $1.397,07 + 2.000 = 3.397,07$ €.

Por lo que la base de retención será: $21.660 - 3.397,07 = 18.262,93$ €.

4.4. Cálculo de la cuota de retención

El proceso para calcular la cuota de retención partirá de la base para calcular el tipo de retención (cuantía total retribuciones minorado por los rendimientos generados en un período de generación superior a dos años, cotizaciones a la Seguridad Social, etc.) y se le aplicarán los tipos que se indican en la siguiente escala (artículo 85 del Reglamento del IRPF):

Base para calcular el tipo de retención — Hasta euros	Cuota de retención — Euros	Resto base para calcular el tipo de retención — Hasta euros	Tipo aplicable — Porcentaje
0,00	0,00	12.450,00	19,00
12.450,00	2.365,50	7.750,00	24,00
20.200,00	4.225,50	15.000,00	30,00
35.200,00	8.725,50	24.800,00	37,00
60.000,00	17.901,50	240.000,00	45,00
300.000,00	125.901,50	En adelante	47,00

La cuantía obtenida se reducirá en la cantidad resultante de aplicar al importe del mínimo personal y familiar el tipo de retención indicado en la escala anterior; no obstante, esa cantidad no puede ser negativa como consecuencia de esa reducción.

Cuando el trabajador satisfaga anualidades por alimentos en favor de los hijos por decisión judicial sin derecho a la aplicación por estos últimos del mínimo por descendientes, siempre que su importe sea inferior a la base para calcular el tipo de retención, para calcular la cuota de retención se practicarán, sucesivamente, las siguientes operaciones:

1. Se aplicará la escala anterior separadamente al importe de dichas anualidades y al resto de la base para calcular el tipo de retención.
2. La cuantía obtenida se reducirá en el importe derivado de aplicar la escala al importe del mínimo personal y familiar para calcular el tipo de retención aumentada en 1.980 € anuales, sin que pueda resultar negativa como consecuencia de esa reducción.

 Nota

Cuando el trabajador perciba una cuantía total de retribución no superior a 35.200 € anuales, la cuota de retención tendrá como límite máximo el resultado de aplicar el porcentaje del 43 % a la diferencia positiva entre el importe de la cuantía total de retribución y el que corresponda, según su situación, de los mínimos excluidos de retención.

 Aplicación práctica

Continuando con el caso de Ramón, cuya retribución anual ascendía a 21.660 € y la base de retención era de 18.262,93 €, ¿cuál será la cantidad correspondiente a la cuota de retención de este trabajador?

SOLUCIÓN

Como la base de retención es de 18.262,93 €, se aplica de la siguiente forma la escala de retención:

- Hasta 12.450 → 2.365,50 €.
- Resto: 5.812,93 x 24 % = 1.395,10 €.
  Cuota 1 = 2.365,50 + 1.395,10 = 3.760,60 €.

Continúa en página siguiente >>

<< Viene de página anterior

Se debe aplicar la escala de retención al mínimo personal y familiar, que, en este caso, asciende a 5.550 € del contribuyente, ya que no tiene hijos:

- Hasta 0,000 → 0.
- Resto: 5.550 x 19 % = 1.054,50 € = Cuota 2.
  Cuota total = Cuota 1 − Cuota 2 = 3.760,60 − 1.054,50 = 2.706,10 €.

4.5. Cálculo del tipo de retención

Si al cociente obtenido de dividir la cuota de retención por la cuantía total de las retribuciones se multiplica por 100, se obtiene el tipo de retención, que se expresará en dos decimales, tal y como indica el artículo 86 del Reglamento del IRPF.

 Importante

Si la diferencia entre la base y el mínimo personal fuese negativa o cero, el tipo de retención será cero.

Por otra parte, si la cuantía total de las retribuciones es inferior a 33.007,2 € y el trabajador ha comunicado al empresario que destina cantidades para la adquisición o rehabilitación de su vivienda habitual utilizando financiación ajena por la que va a tener derecho a la deducción por inversión en vivienda habitual, el tipo de retención se reducirá en dos enteros, sin que pueda resultar negativo como consecuencia de tal disminución.

Importante

El tipo de retención no podrá ser inferior al 2 % en el caso de contratos de menos de un año o derivados de la relación laboral especial de los artistas, técnicos o auxiliares.

Cuando los rendimientos del trabajo se deriven de relaciones laborales especiales de carácter dependiente, el tipo de retención no podrá ser inferior al 15 %.

Estos porcentajes serán el 0,8 % y el 6 % respectivamente, cuando se trate de rendimientos del trabajo obtenidos en Ceuta y Melilla que se beneficien de la deducción prevista en el artículo 68.4 de la Ley del Impuesto.

No serán de aplicación los tipos mínimos del 6 y 15 % de retención, a los rendimientos obtenidos por los penados en las instituciones penitenciarias ni a los rendimientos derivados de relaciones laborales de carácter especial que afecten a personas con discapacidad.

Sabía que...

La agencia tributaria pone a disposición de los contribuyentes por IRPF, en su página web, un programa para calcular el porcentaje de retención a cuenta del IRPF.

Aplicación práctica

Continuando con el caso de Ramón, cuya cuantía total de retribuciones era de 18.262,93 y la cuota de retención era de 2.706,10 €.

¿Cuál será el tipo de retención aplicable?

Continúa en página siguiente >>

<< Viene de página anterior

SOLUCIÓN

Para calcular el tipo de retención, se debe tener en cuenta la siguiente fórmula:

Tipo de retención = (cuota de retención / cuantía total de retribuciones) x 100.

Tipo de retención = (2.706,10 / 18.262,93) x 100 = 14,82 %.

---

5. Regularización de retenciones

Cuando se produzcan variaciones en los datos que determinen el tipo de retención, será necesario proceder a la regularización de las retenciones.

 Importante

La regularización de las retenciones se basa en calcular un nuevo tipo de retención como consecuencia de las modificaciones en las variables que determinan su procedencia. Este nuevo tipo de retención debe aplicarse hasta el final del ejercicio o hasta que sea necesaria una nueva regularización.

Para realizar la regularización será necesario calcular un nuevo importe sujeto a retención, teniendo en cuenta las nuevas circunstancias del trabajador.

5.1. Situaciones personales o familiares objeto de regularización

El artículo 87.2 del reglamento de la Ley del IRPF establece las circunstancias por las que debe regularizarse el tipo de retención:

1. Si, al finalizar el período inicialmente previsto en un contrato o relación laboral, el trabajador continúa prestando sus servicios al mismo empleador o volviese a hacerlo dentro del año natural.

2. Si, después de la suspensión del cobro de prestaciones por desempleo, se reanudase el derecho o se pasase a cobrar el subsidio por desempleo, dentro del año natural.

3. Cuando haya variaciones en la cantidad de las retribuciones o en los gastos deducibles que se han tenido en cuenta para aplicar el tipo de retención.

4. Cuando, dentro del año natural, una persona pensionista comienza a recibir nuevas pensiones o haberes pasivos que se suman a las que ya estaba obteniendo, o aumenta el importe de estas.

5. Cuando el trabajador traslade su residencia habitual a un nuevo municipio y resulte de aplicación el incremento de la cuantía de los gastos prevista en el artículo 19.2.f) de la Ley del Impuesto, por darse un supuesto de movilidad geográfica.

6. Si se produjera un aumento en el número de descendientes o una variación en sus circunstancias, ocurriera alguna situación que conllevara a la condición de persona con discapacidad o aumentara el grado de discapacidad en el perceptor de rentas de trabajo o en sus descendientes, siempre que dichas circunstancias implicasen un aumento en el mínimo personal y familiar para calcular el tipo de retención, dentro del curso del año natural.

7. Cuando el perceptor de rendimientos del trabajo tenga la obligación, por resolución judicial, de satisfacer una pensión compensatoria a su cónyuge o anualidades por alimentos en favor de los hijos sin derecho a la aplicación por estos últimos del mínimo por descendientes, siempre que el importe de estas últimas sea inferior a la base para calcular el tipo de retención.

8. Si, en el curso del año natural, el cónyuge del contribuyente obtuviera rentas superiores a 1.500 € anuales, excluidas las exentas.

9. Cuando en el curso del año natural el contribuyente cambiara su residencia habitual de Ceuta o Melilla, Navarra o los Territorios Históricos del País Vasco al resto del territorio español o del resto del territorio español a las Ciudades de Ceuta o Melilla, o cuando el contribuyente adquiera su condición por cambio de residencia.

10. Si, en el curso del año natural, se produjera una variación en el número o las circunstancias de los ascendientes que diera lugar a una variación en el mínimo personal y familiar para calcular el tipo de retención.

11. Si, en el curso del año natural, el contribuyente destinase cantidades a la adquisición o rehabilitación de su vivienda habitual, utilizando financiación ajena, por las que vaya a tener derecho a la deducción por inversión en vivienda habitual regulada en la disposición transitoria decimoctava de la Ley del Impuesto determinante de una reducción en el tipo de retención, o comunicase posteriormente la no procedencia de esta reducción.

 Actividades

21. Andrés es un trabajador por cuenta ajena que está casado con Rocío, actualmente en situación de desempleo. En el mes de marzo, Rocío encuentra un trabajo, obteniendo unas rentas superiores a 1.500 € al año. ¿Esta situación es una causa para que Andrés tenga que regularizar sus retenciones por IRPF?

5.2. Plazos para comunicar las variaciones de datos

Tal y como establece el artículo 88.3 del Reglamento de la Ley del IRPF, la comunicación de datos deberá realizarse con anterioridad al primer día de cada año natural o del inicio de la relación laboral, teniendo en cuenta la situación personal y familiar que vaya a existir en estas dos últimas fechas, sin perjuicio de que, de no subsistir aquella situación en las fechas señaladas, se deberá comunicar su variación al empresario.

Importante

No será necesario comunicar cada año la situación del trabajador si no existen variaciones en sus circunstancias personales y familiares.

Cuando se produzcan variaciones en las circunstancias personales y familiares de los trabajadores, pueden ocurrir dos situaciones:

- **El tipo de retención será menor:** se deberán comunicar dichos cambios a efectos de regularización, y surtirán efecto a partir de la fecha de la comunicación, siempre y cuando queden, al menos, cinco días para la confección de las correspondientes nóminas.
- **El tipo de retención será mayor:** en este caso, el trabajador deberá comunicarlo, a efectos de la regularización, en el plazo de diez días desde que se producen esas circunstancias, y se tendrán en cuenta en la primera nómina a confeccionar con posterioridad a esa comunicación, siempre y cuando queden, al menos, cinco días para la confección de la nómina.

Importante

Si no se comunica la variación de los datos personales o familiares al empresario, puede ocurrir que se aplique un tipo de retención que no corresponda a la verdadera situación del trabajador. Si el tipo de retención que se aplica es superior al que se debería estar aplicando, el trabajador puede recuperar la diferencia presentando la declaración anual de IRPF.

En cualquier momento, los trabajadores pueden solicitar al empresario la aplicación de los tipos de retención superiores a los que les corresponda, teniendo en cuenta que:

■ La solicitud se realizará por escrito y se dirigirá al empresario, que es el que tendrá la obligación de atender las solicitudes que se les formulen, al menos, con cinco días de antelación a la confección de las correspondientes nóminas.

■ El nuevo tipo de retención solicitado se aplicará, como mínimo, hasta el final del año, y siempre que no se renuncie por escrito al citado porcentaje o no solicite un tipo de retención superior, durante los ejercicios sucesivos, salvo que se produzca alguna variación de las circunstancias que impliquen un tipo superior.

5.3. Cálculo para la regularización del tipo aplicable

La regularización del tipo de retención se llevará a cabo del siguiente modo (artículo 87.3 del Reglamento de la Ley del IRPF):

a. Se deberá calcular una nueva cuota de retención, teniendo en cuenta las circunstancias que motivan la regularización.

b. Esta nueva cuota de retención se minorará en la cuantía de las retenciones e ingresos a cuenta practicados hasta ese momento.

c. El nuevo tipo de retención se obtendrá multiplicando por 100 el cociente obtenido de dividir la diferencia resultante del apartado b) anterior entre la cuantía total de las retribuciones que resten hasta el final del año, y se expresará con dos decimales.

 Importante

La regularización se debe realizar el día 1 de abril, julio y octubre, siempre a instancia del pagador y respecto a las variaciones de datos que se produzcan en los trimestres anteriores a esas fechas.

Cuando se realicen regularizaciones por circunstancias que determinen una reducción de la diferencia positiva entre la base para calcular el tipo de retención y el mínimo personal y familiar, no podrá incrementarse el tipo de retención. Tampoco podrá incrementarse el tipo de retención cuando el perceptor quede obligado por resolución judicial a satisfacer anualidades por alimentos a favor de sus hijos.

 Importante

El nuevo tipo de retención aplicable no podrá ser superior al 47 % cuando se realicen regularizaciones. El porcentaje de retención será del 19 % cuando la totalidad de los rendimientos del trabajo se adquieran en Ceuta y Melilla, y se beneficien de la deducción prevista en el artículo 68.4 de la Ley del IRPF.

6. El certificado de retenciones

Gracias al certificado de retenciones, el trabajador podrá realizar la declaración de la renta, ya que es un documento donde se indican todas las retribuciones que ha percibido el trabajador por la empresa durante todo el año anterior. Además, se reflejan las deducciones y retenciones que se han aplicado en las nóminas durante el ejercicio anterior.

6.1. Obligaciones

Según lo establecido en el art. 108.3 del Reglamento de la Ley del IRPF, se determina que la persona obligada a ingresar a cuenta las retenciones debe emitir un certificado acreditativo de las retenciones practicadas o de los ingresos a cuenta realizados, así como de los datos relativos al contribuyente que deben constar en la declaración anual. Este certificado se deberá entregar al trabajador.

Este certificado debe ponerse a disposición del contribuyente con anterioridad a la apertura del plazo de declaración por el IRPF.

En cada trimestre (enero, abril, julio y octubre), los empresarios están obligados a presentar en la Agencia Tributaria el modelo 111, donde se recogen las cantidades que durante los tres meses se les ha retenido a los trabajadores en concepto de IRPF. En el mes de enero, además de presentar el último modelo trimestral (correspondiente a los meses de octubre, noviembre y diciembre), el empresario está obligado a presentar el modelo 190, donde se informa a Hacienda de las cantidades que se han pagado a los trabajadores en concepto de retribución, de las deducciones prácticas sobre las cotizaciones sociales y de las cantidades retenidas en concepto de IRPF.

 Sabía que...

Lo normal es que, mientras el empresario elabora el impuesto anual, el programa informático con el que se trabaje genere los certificados de retenciones, que son entregados al trabajador y que reflejan las cantidades recogidas en el modelo 190.

En definitiva, el certificado de retenciones será el siguiente modelo:

Certificado de retenciones e ingresos a cuenta del Impuesto sobre la Renta de las Personas Físicas

Rendimientos del trabajo, dietas exceptuadas de gravamen y rentas exentas	Datos correspondientes al ejercicio

● Datos del perceptor

NIF

Apellidos y nombre

● Datos de la persona o entidad pagadora

NIF

Apellidos y nombre, denominación o razón social

● Rendimientos del trabajo: detalle de las percepciones y de las retenciones e ingresos a cuenta

Rendimientos correspondientes al ejercicio.

	Importe íntegro satisfecho	Retenciones practicadas
Retribuciones dinerarias		

	Valoración	Ingresos a cuenta efectuados	Ingresos a cuenta repercutidos
Retribuciones en especie			

Contribuciones empresariales a planes de pensiones, planes de previsión social empresarial y mutualidades de previsión social (excepto a seguros colectivos de dependencia) ....
— Importe imputado al perceptor

Contribuciones empresariales a seguros colectivos de dependencia ....
— Importe imputado al perceptor

Reducciones a que se refieren el artículo 18, apartados 2 y 3, y/o las disposiciones transitorias 11.ª y 12.ª de la Ley del Impuesto ....
— Importe de las reducciones

Gastos fiscalmente deducibles a que se refiere el artículo 19.2 (letras a), b) y c)] de la Ley del Impuesto ....
— Importe de los gastos
(Cotizaciones a la Seguridad Social o a mutualidades generales obligatorias de funcionarios, detracciones por derechos pasivos y cotizaciones a Colegios de Huérfanos o entidades similares).

Rendimientos satisfechos en el ejercicio correspondientes a ejercicios anteriores (atrasos).

Se hace constar asimismo que, con independencia de las retribuciones anteriormente detalladas, en el ejercicio a que este certificado se refiere le han sido satisfechas al perceptor que figura en el encabezamiento otras cantidades en concepto de atrasos correspondientes a ejercicios anteriores cuyos datos, a efectos de lo dispuesto en el artículo 14.2.b) de la Ley del Impuesto, se desglosan como sigue:

Ejercicio de devengo	Importe íntegro satisfecho	Retenciones practicadas	Reducciones (art.º 18, 2 y 3, y DT 11.ª y 12.ª de la Ley del Impuesto)	Gastos deducibles (art.º 19.2 [letras a), b) y c)] de la Ley del Impuesto)

Información de interés para el perceptor.- La percepción de cantidades en concepto de atrasos de rendimientos del trabajo dará lugar a la presentación de una declaración complementaria del IRPF por cada uno de los ejercicios a los que dichas cantidades se refieran, sin que estas declaraciones complementarias comporten la exigencia de intereses de demora ni recargo alguno.

Cantidades reintegradas por el perceptor en el ejercicio por haber sido indebida o excesivamente percibidas en ejercicios anteriores (reintegros).

Se hace constar también que, con independencia de los rendimientos anteriormente detallados, el perceptor que figura en el encabezamiento ha reintegrado en el ejercicio a que este certificado se refiere las cantidades que a continuación se detallan, que fueron indebida o excesivamente percibidas en cada uno de los ejercicios que se indican. Asimismo, se hace constar el importe de las reducciones que, en su caso, correspondieron a dichas cantidades a efectos de determinar el tipo de retención en los respectivos ejercicios.

Ejercicio de percepción	Importe íntegro reintegrado	Reducciones que correspondieron

Información de interés para el perceptor.- El reintegro de cantidades incluidas en declaraciones del IRPF ya presentadas por el contribuyente, dará derecho a éste a solicitar de la Administración tributaria la rectificación de dichas declaraciones y, en su caso, la devolución de los ingresos indebidamente realizados en el Tesoro por esta causa, con arreglo a lo dispuesto en los artículos 120.3 y 221.4 de la Ley 58/2003, de 17 de diciembre, General Tributaria.

● Dietas exceptuadas de gravamen y rentas exentas del Impuesto

	Importe satisfecho
Dietas y asignaciones para gastos de viaje, en las cuantías exceptuadas de gravamen del IRPF	
Rentas exentas del IRPF incluidas por la empresa o entidad pagadora en el resumen anual de retenciones e ingresos a cuenta (mod. 190)	

● Fecha y firma

Para que conste y sirva de justificante al interesado, en cumplimiento de lo dispuesto en el Reglamento del Impuesto sobre la Renta de las Personas Físicas, se expide la presente

En _____ a ____ de _____ de ____

Firma y sello de la empresa o entidad pagadora

Fdo.: D. / D.ª _____

La presente certificación deberá ser firmada por el retenedor, su apoderado o su representante

6.2. Términos y plazos

Como se ha visto, en el mes de enero las empresas deben enviar a la Agencia Tributaria el modelo 190, donde se resumen las retenciones practicadas durante el año anterior y que se han ido ingresando con carácter trimestral al Tesoro Público.

Utilizando ese resumen, Hacienda confeccionará los borradores y los datos fiscales del trabajador. Por su parte, el empresario deberá comunicar a los trabajadores esa misma información, haciéndoles entrega del certificado de retenciones.

 Importante

No existe un plazo establecido para presentar el certificado de retenciones al trabajador; no obstante, el empresario puede tener realizado este documento desde enero, y debe entregarlo al trabajador con la suficiente antelación para permitirle comprobar los datos a efectos de la declaración anual de la renta, es decir, se debe entregar al trabajador el certificado de retenciones antes de la apertura del plazo de la declaración anual del IRPF.

El empresario debe tener en cuenta que no entregar el certificado de retenciones conlleva un incumplimiento de una obligación tributaria, por lo que comete una infracción que puede ser sancionable.

 Importante

En el momento en que se paguen los salarios, los empresarios deben comunicar a los trabajadores la retención o el ingreso a cuenta que se ha realizado, y se deberá indicar el porcentaje aplicado.

Actividades

22. ¿Está obligado el empresario a entregar a los trabajadores el certificado de retenciones? Justifique su respuesta.
23. ¿Qué ocurre cuando el trabajador se ha quedado en paro? ¿Cómo obtiene el certificado de retenciones?

7. Otros aspectos sobre la liquidación de las retenciones a cuenta del IRPF

Se debe tener en cuenta que, al practicar retenciones por IRPF para los trabajadores, estas se deben reflejar en el proceso de contabilización de la empresa. Además, es necesario conocer qué son las cartas de pago y para qué se utilizan.

7.1. Contabilización de las retenciones a cuenta del IRPF

En el proceso contable que debe realizar una empresa a lo largo de su ejercicio económico, debe tener en cuenta la contabilización de las nóminas pagadas a los trabajadores y las retenciones e ingresos a cuenta en concepto de IRPF.

Importante

Es necesario informar al personal que realiza el proceso contable de la empresa, de los pagos de las nóminas y las liquidaciones realizadas sobre las retenciones del IRPF, a efectos de llevar la contabilización de estos conceptos.

Para realizar el proceso contable, se debe tener en cuenta que se debe dar de alta la retención cuando se devengue la nómina. Por otro lado, cuando se realice el pago de dicha retención se dará baja. Dichos movimientos se realizarán en torno a la cuenta (4751) Hacienda pública acreedora por retenciones practicadas. En concreto, su contabilización es la siguiente:

■ Por el devengo y pago de la nómina, se realizará el siguiente asiento contable:

(640) Sueldo y Salarios	A (572) Bancos
(642) Seg. Soc. a cargo de la empresa	A (476) Org. Seg. Soc., acreedores
	A (4751) H.P. acreedora por retenciones practicadas

■ Por el pago de las retenciones, se realizará el siguiente asiento contable:

(4751) H.P. acreedora por retenciones practicadas	A (572) Bancos

7.2. Cartas de pago

Pagar a Hacienda es un trámite que no suele gustar a los contribuyentes, además, en ocasiones es un proceso que resulta difícil, debido a la falta de liquidez; no obstante, Hacienda da la posibilidad de solicitar un aplazamiento o fraccionar los pagos de los impuestos.

Para solicitar el aplazamiento o el fraccionamiento de la cantidad a pagar, será el propio contribuyente el que proponga el calendario de pagos y la cantidad que irá abonando.

Si la Agencia Tributaria decide si lo acepta o no, en el caso de rechazar la propuesta del contribuyente, deberá realizar otra propuesta de plazos y enviará una carta de pago por el total de la deuda que se deberá abonar.

Nota

Si se obtiene el aplazamiento o se concede el fraccionamiento y el contribuyente no abona alguno de los plazos, se anulará el aplazamiento y Hacienda exigirá la totalidad del pago de la deuda restante.

Para realizar la consulta de una deuda, el contribuyente podrá acceder, o bien, al módulo "Pagar, aplazar y consultar" o bien a "Deudas, apremios, embargos, subastas y concursos" situados en la página de inicio de la Sede Electrónica de la Agencia Tributaria. Algunas de las opciones que existen en estos módulos son:

Deudas, apremios, embargos, subastas, y concursos

Pago, aplazamiento y gestión de deudas

Pagar, aplazar y consultar
Accede a toda la información y gestiones necesarias para consultar, pagar, aplazar y/o fraccionar tus deudas

Apremios
Encuentra todas las gestiones e información tanto de las notificaciones de deudas como del procedimiento de apremio.

Embargos
Localiza todas las gestiones e información sobre una diligencia de embargo recibida y sobre tus deudas en fase de embargo.

Compensaciones
Puedes obtener información acerca de las gestiones relacionadas tanto de las compensaciones a instancia solicitadas por el obligado tributario como las realizadas de oficio por la Administración

Derivaciones, responsables y sucesores
Tienes a tu disposición toda la información y trámites de los requerimientos de pago y de las declaraciones de responsabilidad y de sucesores de otros deudores

Medidas cautelares
Toda la información y gestiones relativas a las medidas cautelares

Certificados
Solicita y descarga tus certificados de ingresos realizados, deuda pendiente y de sucesión de actividad

Preconcursos, concursos y procedimientos especiales microempresas
Accede a todas las gestiones e información sobre las situaciones preconcursales (planes de reestructuración), concursos de acreedores y procedimientos especiales para microempresas (planes de continuación y planes de liquidación) reguladas en el Texto Refundido de la Ley Concursal

---

En el apartado "Pagar, aplazar y consultar", se accede a gestiones sobre el pago, aplazamiento y fraccionamiento de deudas, así como las consultas de estas. En "Todas las gestiones" el contribuyente tiene disponible las distintas formas de pago que la Agencia Tributaria permite en el tratamiento de las deudas.

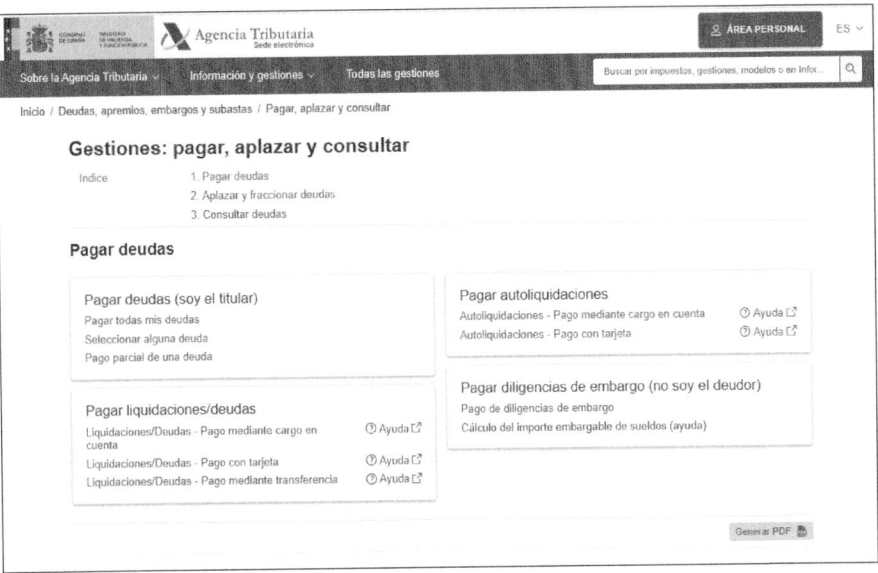

Para cualquiera de las acciones el contribuyente debe identificarse a través de un certificado electrónico, DNI electrónico o Cl@ve PIN. Si los datos son correctos, accederá a la siguiente pantalla donde se muestra un listado con la relación de deudas.

Para abonar las deudas pendientes, se puede hacer obteniendo una carta de pago por cada una de ellas, o bien generando una de forma conjunta con las deudas que se pueden agrupar.

Para crear la **carta pago individual,** se siguen los siguientes pasos:

- Seleccionar la deuda a saldar.
- Hacer clic en "Obtener carta de pago", en la pantalla de identificación de la deuda.

- Pulsar en "Generar documento de ingreso" en la siguiente pantalla. En este momento se puede modificar el importe de la deuda, si se quiere realizar un pago parcial.

- Finalmente, se abre una pantalla con el detalle del documento de ingreso correspondiente a la deuda seleccionada. Este incluye las distintas formas de pago admitidas por la Agencia Tributaria.

Importante

La AEAT recomienda el uso del adeudo en cuenta o la tarjeta de crédito/débito como medios preferentes para realizar el pago de deudas.

En el supuesto de optar por la creación de una **carta de pago conjunta,** en la pantalla de la relación de deudas se ha de hacer clic en "Obtención de cartas de pago" (esquina superior izquierda). A continuación aparece una pantalla en la que se diferencian las deudas que se pueden agrupar en una carta de pago conjunta, de las que solo se puede obtener su carta de pago individual. En ambos casos, existe la opción "Obtener carta de pago", a partir de la cual se siguen los mismos pasos ya explicados.

8. Resumen

El IRPF es un impuesto de carácter personal y directo que grava la renta de las personas físicas, en función de su naturaleza y de las circunstancias personales y familiares del contribuyente.

En concreto, el objeto de este impuesto son las rentas que obtiene el sujeto, es decir, se tienen en cuenta los rendimientos, las pérdidas y ganancias patrimoniales e imputaciones de rentas, independientemente del lugar donde se haya devengado el hecho imponible, y de la residencia del contribuyente.

Para proceder a la liquidación anual del impuesto, será necesario calcular, en primer lugar, la renta general y la renta del ahorro. A continuación, se deberá determinar la base imponible, que se divide en base imponible general y base imponible del ahorro. Restando a estas bases las reducciones establecidas, se obtendría la base liquidable general y la base liquidable del ahorro. Posteriormente, se deberá proceder al cálculo del mínimo personal y familiar, el cual constituye la parte de la base liquidable que, por destinarse a satisfacer las necesidades básicas personales y familiares del contribuyente, no se somete a tributación por IRPF.

Con todos estos cálculos realizados, se podrá obtener la cuota íntegra, que será el resultado de aplicar la escala progresiva a la base liquidable general, y los tipos fijos de gravamen a la base liquidable del ahorro.

Una vez determinada la cuota íntegra, estatal y autonómica, se deberá proceder a determinar la respectiva cuota líquida, estatal y autonómica, para ello se aplicarán sobre el importe de las cuotas íntegras las deducciones correspondientes.

Por último, se procedería a obtener la cuota diferencial, que surge de restar a la cuota líquida total del impuesto una serie de deducciones. El resultado reflejará un valor positivo o negativo: si es positivo, la declaración sale a pagar, pero si es negativo, la declaración sale a devolver.

La obligación de practicar las retenciones a cuenta del IRPF en la nómina del trabajador recae sobre el empresario, el cual deberá retener el porcentaje acorde a la situación del trabajador, e ingresarlo en la Agencia Tributaria. Además, la empresa está obligada a presentar una serie de documentos: el modelo 111, que se cumplimentará trimestralmente y mediante este se realizarán las retenciones e ingresos a cuenta, y el modelo 190, que muestra un resumen anual de las retenciones e ingresos a cuenta realizados, se presentará en enero del ejercicio posterior al de la liquidación.

Para que el empresario pueda practicar las retenciones adecuadas, el trabajador deberá comunicarle su situación personal y familiar, así como las variaciones de estos datos, siempre que influyan en el tipo de retención que se debe aplicar a la nómina del trabajador. Esta variación de datos se presentará mediante la cumplimentación del modelo 145.

Por último, el empresario debe entregar de forma anual el modelo de certificado de retenciones e ingresos a cuenta del IRPF, que es el documento donde se informará al trabajador de todas las retenciones y deducciones efectuadas, y mediante el cual podrá realizar su declaración de la renta.

Ejercicios de repaso y autoevaluación

1. **¿Cuáles de los siguientes rendimientos componen la renta del contribuyente?**

    a. Los rendimientos del trabajo.
    b. Los rendimientos del capital.
    c. Los rendimientos de las actividades económicas.
    d. Todas las opciones son correctas.

2. **Determine si las siguientes rentas son no sujetas o exentas.**

    a. La renta que se encuentre sujeta al impuesto sobre sucesiones y donaciones.
    b. El pago de la deuda tributaria con bienes del Patrimonio Histórico Español.
    c. Las indemnizaciones por despido o cese del trabajador.
    d. Las donaciones realizadas a entidades sin fines lucrativos.
    e. Las becas públicas.
    f. Las prestaciones y ayudas familiares.

    __ Rentas exentas.
    __ Rentas no sujetas.

3. **¿Quiénes están obligados a retener el IRPF?**

4. Complete el siguiente texto.

Las _____ se practicarán sobre los rendimientos íntegros del _____, entendiendo por tales todas las _____, tanto en dinero como en _____, siempre que retribuyan el trabajo personal o sean consecuencia de una relación_____.

5. Determine si las siguientes afirmaciones son verdaderas o falsas.

a. El modelo 111 es el modelo anual por el que las empresas y autónomos declaran e ingresan las retenciones que han practicado durante el trimestre a trabajadores, a profesionales o a empresarios.

☐ Verdadero
☐ Falso

b. El modelo 190 es un resumen anual de la información del modelo 111.

☐ Verdadero
☐ Falso

c. Las empresas deben enviar a la Agencia Tributaria el certificado de retencio-nes, donde se resumen las retenciones practicadas durante el año anterior y que se han ido ingresando con carácter trimestral al Tesoro Público.

☐ Verdadero
☐ Falso

6. ¿Cuál de los siguientes se considera imputaciones de rentas?

a. Rendimientos del trabajo personal.
b. Rendimientos del capital inmobiliario.
c. Rentas inmobiliarias.
d. Rendimientos de actividades económicas.

7. Complete el siguiente texto.

El _____ personal y familiar será el resultado de _____ el mínimo del contribuyente y los mínimos por _____, ascendientes y discapacidad, incrementados o _____ a efectos de cálculo del gravamen_____ en los importes que hayan sido aprobados por la _____ autónoma.

8. ¿Qué son los rendimientos íntegros del trabajo?

_____

_____

_____

_____

9. ¿Cómo se calcula el tipo de retención por IRPF?

a. El tipo de retención será el resultado de multiplicar por 100 el cociente obtenido de dividir la cuota de retención por la cuantía total de las retribuciones menos el importe de la paga extra.

b. El tipo de retención será el resultado de multiplicar por 100 el cociente obtenido de dividir la cuota de retención por la cuantía total de las retribuciones, que se expresará con dos decimales.

c. El tipo de retención será el resultado de multiplicar por 100 el cociente obtenido de dividir la base liquidable por la cuantía total de las retribuciones, que se expresará con dos decimales.

d. El tipo de retención será el resultado de multiplicar por 100 el cociente obtenido de dividir la renta del ahorro por la cuantía total de las retribuciones, que se expresará con dos decimales.

10. ¿En qué plazos se debe presentar el certificado de retenciones al trabajador?

a. En los 10 primeros días de cada mes.

b. Cuando se le envía la nómina de cada mes.

c. No existe un plazo establecido; no obstante, el empresario debe entregarlo al trabajador antes de la apertura del plazo de la declaración anual del IRPF.

d. Todas las opciones son incorrectas.

Glosario

Accidente de trabajo
Toda lesión corporal que el trabajador sufra con ocasión o por consecuencia del trabajo que ejecute por cuenta ajena.

Accidente no laboral
El que no tenga el carácter de accidente de trabajo.

Base de cotización
Cantidad que resulta de aplicar las reglas que, para los distintos regímenes del sistema de la Seguridad Social y tanto en las situaciones ordinarias como en las especiales, se establecen en la Ley de Presupuestos Generales del Estado para cada ejercicio económico, en el Reglamento General sobre Cotización y Liquidación de otros derechos de la Seguridad Social, y en las normas que lo complementen.

Complementos salariales
Cantidades que, por algunos de los conceptos establecidos en el convenio colectivo o en el contrato individual de trabajo, complementan al salario base.

Cuota de la Seguridad Social
Resultado de aplicar el tipo de cotización a la base de cotización y deducir, en su caso, el importe de las bonificaciones y/o reducciones que resulten aplicables,
sin perjuicio de que pueda ser fijada directamente por las normas reguladoras de la cotización en los distintos regímenes del sistema de la Seguridad Social.

Derecho Laboral
Norma que regula los derechos y obligaciones por los que se rige la relación laboral entre empresarios y trabajadores.

Enfermedad común
Alteración de la salud que no tenga la condición de accidente de trabajo ni de enfermedad profesional.

Enfermedad profesional
Aquella contraída a consecuencia del trabajo ejecutado por cuenta ajena en las actividades que se especifiquen en el cuadro que se apruebe por las disposiciones de aplicación y desarrollo de la LGSS, y que esté provocada por la acción de los elementos o sustancias que en dicho cuadro se indiquen para cada enfermedad profesional.

Grupo de cotización
Clasificación, a efectos de cotización a la Seguridad Social, de los diferentes grupos profesionales que pueden corresponder a cada trabajador en función

con la actividad o puesto de trabajo que ocupa.

Horas extraordinarias estructurales

Aquellas que se hacen porque son necesarias para la empresa. Son de carácter voluntario por parte del trabajador, salvo que se haya pactado lo contrario en el convenio colectivo o en el contrato individual.

Horas extraordinarias por fuerza mayor

Aquellas que se necesitan para prevenir o reparar imprevistos ocasionados en la empresa, por ejemplo inundaciones, incendios, etc., es decir, no están relacionadas con la naturaleza de la actividad de la empresa.

IRPF

Tributo de carácter personal y directo que grava la renta de las personas físicas, según su naturaleza y circunstancias personales y familiares.

Percepciones fijas

Aquellas que no varían y que el trabajador conoce desde el inicio de la relación laboral.

Percepciones salariales

Aquellas cantidades que se pagan por el trabajo realizado, es decir, son las percepciones económicas de los trabajadores, pudiendo ser en dinero o en especie.

Percepciones variables

Aquellas que el trabajador no conoce de antemano, y que están formadas por conceptos que pueden variar a lo largo de la relación laboral.

Recibo individual del salario (nómina)

Documento que mensualmente deben entregar las empresas a cada uno de sus trabajadores. En el recibo de salarios se debe reflejar la liquidación de las diferentes partidas salariales y deducciones por Seguridad Social e IRPF.

Rendimientos del trabajo irregular

Aquellos cuyo período de generación no se corresponde con el de su obtención, cuando esta no se produzca de forma periódica.

Rentas exentas

Aquellas que gozan de beneficios fiscales.

Rentas no sujetas

Aquellas en las que no se da el hecho imponible del impuesto.

Retribuciones no salariales

Cantidades que perciben los trabajadores por el trabajo realizado, pero no retribuyen el trabajo efectivo ni los períodos de descanso.

Salario

Totalidad de las percepciones económicas de los trabajadores, en dinero o en especie, por la prestación profesional de los servicios laborales por cuenta ajena, ya retribuyan el trabajo efectivo, cualquiera que sea la forma de remuneración, o los períodos de descanso computables como de trabajo.

Salario base

Cantidad que va a percibir el trabajador por el servicio prestado, fijado por unidad de tiempo, de obra o ambas a la vez.

Salario bruto

Total devengado en la nómina, formado por el salario base, los complementos salariales, horas extraordinarias, gratificaciones, complementos no salariales, etc.

Salario en especie

Consiste en entregar al trabajador determinados bienes, servicios o elementos que le ayuden a su manutención o alojamiento, no pudiendo superar el 30 % de las percepciones salariales.

Salario en metálico

Consiste en pagar al trabajador mediante dinero, en la moneda de curso legal. El pago se hace efectivo mediante un talón o a través de un ingreso en una cuenta bancaria.

Salario líquido o neto

Cantidad que resulta de restar al salario bruto la deducción por cotizaciones a la Seguridad Social y la deducción por IRPF a cargo del trabajador, es decir, es la cantidad que realmente va a recibir el trabajador.

Tipo de cotización

Porcentaje que se aplica a la base de cotización, siendo el resultado la cuota o importe a pagar.

Bibliografía

Monografías

❚ JIMÉNEZ García, A.: *Gestión Auxiliar del Personal.* Antequera: IC Editorial, 2023.

❚ JIMÉNEZ García, A.: *Gestión de personal. Nóminas.* Antequera: IC Editorial, 2023.

❚ LÓPEZ López, I.: *Práctica de salarios y cotizaciones.* Madrid: CEF (Centro de Estudios Financieros), 2023.

❚ VV. AA.: *Memento Práctico Salario y Nómina 2023.* Madrid: Ed. Francis Lefebvre, 2023.

❚ VV. AA.: *Prácticum Social 2023.* Navarra. Editorial Aranzadi SAU, 2023.

Normativa

❚ Constitución Española.

❚ Ley 35/2006, de 28 de noviembre, del Impuesto sobre la Renta de las Personas Físicas, y de modificación parcial de las leyes de los Impuestos sobre Sociedades, sobre la Renta de no Residentes y sobre el Patrimonio (LIRPF).

❚ Real Decreto-ley 32/2021, de 28 de diciembre, de medidas urgentes para la reforma laboral, la garantía de la estabilidad en el empleo y la transformación del mercado de trabajo.

- Real Decreto-ley 3/2004, de 25 de junio, para la racionalización de la regulación del SMI y para el incremento de su cuantía.

- Real Decreto Legislativo 8/2015, de 30 de octubre, por el que se aprueba el texto refundido de la Ley General de la Seguridad Social.

- Real Decreto Legislativo 2/2015, de 23 de octubre, por el que se aprueba el texto refundido de la Ley del Estatuto de los Trabajadores.

- Real Decreto 439/2007, de 30 de marzo, por el que se aprueba el Reglamento del Impuesto sobre la Renta de las Personas Físicas y se modifica el Reglamento de Planes y Fondos de Pensiones, aprobado por Real Decreto 304/2004, de 20 de febrero (RIRPF).

- Real Decreto 2064/1995, de 22 de diciembre, por el que se aprueba el Reglamento General sobre Cotización y Liquidación de otros Derechos de la Seguridad Social.

- Orden HAC/773/2019, de 28 de junio, por la que se regula la llevanza de los libros registros en el Impuesto sobre la Renta de las Personas Físicas.

- Orden de 27 de diciembre de 1994, por la que se aprueba el modelo de recibo individual de salarios.

Textos electrónicos, bases de datos y programas informáticos

- Agencia Tributaria, de: <https://sede.agenciatributaria.gob.es/>.

- Guía laboral 2023, de: <https://www.mites.gob.es/es/guia/index.htm>.

- Seguridad Social, de: <http://www.seg-social.es>.

- Servicio Público de Empleo Estatal, de: <http://www.sepe.es/>.